新萬有文庫
New Variety

元史研究論集

袁冀 著

臺灣商務印書館發行

萬卷書籍，有益人生

——「新萬有文庫」彙編緣起

台灣商務印書館從二〇〇六年一月起，增加「新萬有文庫」叢書，學哲總策劃，期望經由出版萬卷有益的書籍，來豐富閱讀的人生。

「新萬有文庫」包羅萬象，舉凡文學、國學、經典、歷史、地理、藝術、科技等社會學科與自然學科的研究、譯介，都是叢書蒐羅的對象。作者群也開放給各界學有專長的人士來參與，讓喜歡充實智識、願意享受閱讀樂趣的讀者，有盡量發揮的空間。

家父王雲五先生在上海主持商務印書館編譯所時，曾經規劃出版「萬有文庫」，列入「萬有文庫」出版的圖書數以萬計，至今仍有一些圖書館蒐藏運用。「新萬有文庫」也將秉承「萬有文庫」的精神，將各類好書編入「新萬有文庫」，讓讀者開卷有益，讀來有收穫。

「新萬有文庫」出版以來，已經獲得作者、讀者的支持，我們決定更加努力，讓傳統與現代並翼而翔，讓讀者、作者、與商務印書館共臻圓滿成功。

台灣商務印書館董事長 王學哲

目錄

一、元代眞大道教考

一、前　言

眞大道教，以力主遠勢力，安貧賤。虛心而弱志，和光而同塵。故其道侶，律皆深居簡出，不求聞達。刻苦自勵，不濡跡公卿。遂致其碑版文獻，遠較元代道教之其他支派爲少。兼以時日既久，史料本多散亡，而刻板印書，每又刪去釋道文字。所以，有關眞大道教之資料，雖經十年力積，亦僅下列二十餘篇而已。且有若干未能睹及全文者。

一、《元代白話碑》：〈河南輝縣頤真宮聖旨碑〉。

二、《柳待制集》：〈真大道教祖師劉德仁加封真君制〉。

三、《宋文憲公集》：〈書劉真人事〉。

四、《秋澗大全集》：〈遊嬀川水谷太玄道宮〉。
五、《雪樓集》：〈鄭真人碑〉。
六、《道園學古錄》：〈真大道教第八代崇玄廣化真人岳公碑〉。
七、《道園學古錄》：〈大道教十一祖張真人制〉。
八、《道園學古錄》：〈吳張高風圖序〉。
九、《元史》：〈釋老傳〉。
十、《新元史》：〈驛老傳〉。
十一、《畿輔通志》：〈金石三〉、劉賡撰：〈崇元廣化岳真人道行碑〉。
十二、《畿輔通志》：〈金石三〉、吳澄撰：〈元應真人張志清道行碑〉。
十三、《畿輔通志》：〈金石二〉、李謙撰：〈制贈大道四世稱號碑〉。
十四、《畿輔通志》：〈金石十二〉、劉賡撰：〈太元真人酈希誠本行碑〉。
十五、《畿輔通志》：〈金石二〉、王鶚撰：〈重修天長觀記〉。
十六、《畿輔通志》：〈金石二〉、楊果撰：〈玉虛觀大道祖師傳授碑〉。
十七、《畿輔通志》：〈金石二〉、陳時可撰：〈白雲觀處順堂會葬記〉。
十八、《畿輔通志》：〈金石三〉、龐鑄撰：〈重修玉虛觀三清殿記〉。
十九、《畿輔通志》：〈金石十二〉、胡慶雲撰：〈重修天成觀碑〉。

二十、《山東通志》〈雜志〉：〈張信真傳〉。
二十一、《山東通志》、〈雜志〉：〈劉真人傳〉。
二十二、《古今圖書集成》、〈神異典・神仙部〉：〈金劉真人傳〉。
二十三、《古今圖書集成》、〈神異典・神仙部〉：〈元張信真傳〉。
二十四、《古今圖書集成》、〈神異典・神仙部〉：〈元岳真人傳〉。
二十五、《古今圖書集成》、〈方士部〉：〈元酈希誠傳〉。
二十六、《吳文正集》：〈天寶宮碑〉。
此外，《元史》〈本紀〉，《古今圖書集成》，以及《方志》之〈寺觀〉、〈山川〉、〈陵墓〉等志，亦每能提供，頗爲珍貴之參考資料。

二、創始與傳宗

眞大道教，亦稱直士教。

《畿輔通志》〈制贈大道四世稱號碑〉：「其時，推崇釋老黃冠之徒，各立名號，凡有五宗。邱處機學於王重陽，號全真教。張宗演傳其祖道陵之學，號正一教。張留孫實正一徒派，以受時王寵異，別其號為元教。酈希誠學於劉德仁，號直士教。蕭輔道學於蕭抱珍，號太一教。」

又簡曰大道教。

《雪樓集》〈鄭真人碑〉：「大道之流，予不能探其源，其見于記述者，已十世。」

《道園學古錄》：〈大道教十一祖張真人制〉。

《秋澗大全集》：〈遊溈川水谷太玄道宮〉：「初大道酈五祖者，逃難此山。」

創始于劉德仁。

《道園學古錄》〈真大道教第八代崇玄廣化真人岳公碑〉：「國朝之制，凡為其教之師者，必得在禁近，號其人曰真人，給以印章，得行文書，視官府。而真大道教者，則制封無憂普濟洞明真君劉德仁之所立也。」

得號于酈希誠。

《元史》〈釋老傳〉：「五傳而至酈希誠，居燕城天寶呂，見知憲宗，始號其教曰真大道。授希誠太玄真人，領教事。」

初治燕京之天長觀，又號太極宮。

《宋文憲公集》〈書劉真人事〉：「劉真人德仁……，金大定初，詔居天長觀，賜號東岳真人。」

《畿輔通志》〈寺觀一〉：「白雲觀，元太極宮故墟。金章宗紀：泰和三年十二月，賜天長觀額曰太極宮。」

《畿輔通志》、〈金石二〉〈長春真人邱處機本行碑〉：「丁亥五月，有旨以瓊華台為萬安宮，天長觀為長春宮。」

《畿輔通志》、〈金石二〉〈白雲觀處順堂會葬記〉：「長春宗師既逝，嗣其道者尹公，乃易其宮之東甲第為觀，題號白雲。」

《畿輔通志》、〈寺觀一〉〈重修白雲觀碑〉：「白雲觀，在都城西南三里，乃邱真人藏蛻之所。」

迨入元之後，改治大都之天寶宮。

《元史》〈釋老傳〉：「五傳而至酈希誠，居燕城天寶宮。」

《道園學古錄》〈真大道教第八代崇玄廣化真人岳公碑〉：「而真大道教者……，治大都城南天寶宮。」

按天寶宮，《畿輔通志》與《古今圖書集成》〈寺觀志〉，均不載，或已堙滅，待考。

且得郡置道官，與全眞、太一、正一、玄教者流相參立。

《道園學古錄》〈真大道教第八代崇玄廣化真人岳公碑〉：「真大道者……，又嘗得郡置道官一人，領其徒屬，與全真正一之流，參立矣。」

至其傳宗授受，自始祖劉德仁，而二祖陳師正。

《宋文憲公集》〈書劉真人事〉：「德仁卒，陳師正嗣。師正初漁於河，德仁挈以入道，能預知凶吉事。」

三祖張信眞。

《宋文憲公集》〈書劉真人事〉：「師正卒，張信真嗣。有詩文數百篇，號玄真集傳於世。」

四祖毛希琮。

《宋文憲公集》〈書劉真人事〉：「信真卒，毛希琮嗣。當金亡之際，兵戈倣擾，希琮能以柔而存。」

五祖酈希誠。

《道園學古錄》〈真大道教第八代崇玄廣化真人岳公碑〉：「五代師太玄酈希誠真人，居懷來水峪之太玄宮。」

《秋澗大全集》〈遊嬀川水谷太玄道宮〉：「初大道酈五祖者，逃難此山。」

六祖孫德福。

《道園學古錄》〈真大道教第八代崇玄廣化真人岳公碑〉：「太玄化去也，密告六代師，玄通孫德福真人曰：岳生其八代乎？」

七祖李德和。

《道園學古錄》〈真大道教第八代崇玄廣化真人岳公碑〉：「第七代師，頤真李德和真人之掌教也……，以教事付真人。」

八祖岳德文。

《道園學古錄》〈真大道教第八代崇玄廣化真人岳公碑〉：「真大道教第八代師，曰岳真人，諱德文……，以大德三年二月化去……。始涿有童謠云：涿有八岳，父老莫之解也。後真人號岳八祖，蓋其徵云。」

九祖張清志。

《宋文憲公集》〈書劉真人事〉：「德文卒，張清志嗣，自德仁至此，世稱之為九祖云。」

十祖待考，十一祖鄭進元。

《雪樓集》〈鄭真人碑〉：「大道之流……，其十一世之祖，曰鄭君，名進元。」

十二祖張某。

《雪樓集》〈鄭真人碑〉：「十二月命召普濟大師張君於秦中，明年四月……，疾作，謂侍者曰，歸期至矣，普濟當嗣。」

逮十二祖而後，以迄元末，當仍有數傳，惜文獻無徵，已無法考得矣。

三、教義與道眾

其教，初以其始祖之九戒爲宗旨。《宋文憲公集》〈書劉真人事〉：「劉真人德仁……，乃取所授書，敷繹其義以示人。一曰視物猶己，勿萌戕害兇嗔之心。二曰忠於君，孝於親，誠於人，詞無綺語，口無惡聲。三曰除邪淫，守清靜。四曰遠勢力，安貧賤，力耕而食，量入為用。五曰毋事博奕，毋習盜竊。六曰毋飲酒茹葷，衣食取足，毋為驕盈。七曰虛心而弱志，和光而同塵。八曰勿恃強梁，謙尊為先。九曰知足不辱，知止不殆。」後遂以攻苦力作，苦節危行爲要道。《道園學古錄》〈真大道教第八代崇玄廣化真人岳公碑〉：「而真大道教者，以苦節危行為要，不妄求於人，不苟得於己，庶幾以徇世夸俗為不敢者。」又云：「皆攻苦力作，嚴祀香火，朔望晨夕，拜望禮其師之為真人者，如神明然。」正唯其能去物慾，彰天理，天人合一，高風卓絕，故感召甚眾。《宋文憲公集》〈書劉真人事〉：「史官曰：道喪千載，諸子之言人言人殊。德仁在宋金之間，髣充老子遺意以化人，人亦多從之者。蓋其清修寡慾，謙卑自守。力作而食，無求於人，實與天理合也。天理人心所同，固足以感召歟！」

《道園學古錄》〈真大道教第八代崇玄廣化真人岳公碑〉：「今其第九代掌教真人……，即舍所賜傳，徒步入京師。深居寡出，人或不識其面。著書以名其學，文多奇奧。貴人達官來見，率告病伏臥內。雖有金玉重幣之獻，漠如也。或拜伏戶下良久，自牖間得一語而去，已為幸甚過望。至於道德忠正，縉紳先生，則納屨杖策往見，不以為難。時人高其風，至畫為圖以相傳。」

所以，奉其教者，亦幾遍國中。

《宋文憲公集》〈書劉真人事〉：「傳其教，幾遍國中。」

自秦隴燕代，以逾江淮河漢，計有宮觀四百處，道眾三千餘。

《道園學古錄》〈真大道教第八代崇玄廣化真人岳公碑〉：「吾聞其徒云，西出關隴，至於蜀。東望齊魯，至於海濱。南極江淮之表，皆有奉其教戒者……。而真人時常使行人江南，錄奉其教者，已三千餘人，庵觀四百，其他可概知矣！」

惜資料喪失殆盡，有關其宮觀地址，道侶姓名，多已不可考得。

四、一代真人劉德仁生平考

劉德仁，滄州樂陵人。會靖康之亂，遂徙家鹽山之太平鄉。

《宋文憲公集》〈書劉真人事〉：「劉真人德仁，滄州樂陵人……。會宋靖康之亂，徙居鹽山太平鄉。」（按：鹽山，即今河北之鹽山縣。樂陵，即今山東之樂陵縣。見《大清一統志》。）

始生之初，即有異徵。

《宋文憲公集》〈書劉真人事〉：「始生，有光照其室。」

及長，讀書稍通大義。一日有老叟，授以道經要言，投筆而去，自是玄學大進。

《宋文憲公集》〈書劉真人事〉：「及長，讀書稍通大義……。一日晨起，有老叟乘犢車相過，摭拾德經要言授之曰：善識之。可以修身，可以化人，仍投筆一枝而去。自是玄學頓進，從之游者眾。」

於是，乃演釋其義，立九戒之教，以化其鄉里。以其教，深契亂世之人心，故奉之者，幾遍國中。

見前引〈書劉真人事〉。

金主重其名，大定初，詔居燕之天長觀，賜號東嶽眞人。

《古今圖書集成》〈神異典・神仙列傳〉：〈金劉真人傳〉：「劉真人，名德仁……，大定初，詔居京城天長觀，賜號東嶽真人。」

時有趙氏者，被狐祟。德仁作法，數百狐鳴嘯赴火死，人共神之。

《古今圖書集成》〈神異典・神仙列傳〉：〈金劉真人傳〉：「有趙氏被狐祟，德仁劾之，狐數百鳴嘯赴火死，人共神之。」

德仁雖法術通靈，爲道家者流。然事母如禮，及喪，亦一遵世俗之法，無稍違悖。

《宋文憲公集》〈書劉真人事〉：「然其養母如禮，及亡，喪祭一遵世教，無衍度者。」

元貞之世，遂追贈眞君，並樹碑棣州冠劍所藏之處，以重名其教。

《道園學古錄》〈真大道教第八代崇玄廣化真人岳公碑〉：「元貞卌卌年，加封其祖師，賜賚尤厚，使人立碑棣州冠劍所藏處。」

《古今圖書集成》〈神異典・神仙列傳〉：〈金劉真人傳〉：「卒後，追封無憂普濟開明洞微真人。」

《柳待制集》〈真大道教祖師無憂普濟真人劉德仁加封真君制〉：「蓋聞大道常清淨自化，固盛治之攸資……。應物無跡，知性皆本。有混同孔老之間，然言不離筌，終始天人之際……。」（按：棣州，即今山東之惠民縣，見《大清一統志》。）

五、三代真人張信真生平考

張信眞，號希逸，滄縣之樂安人。

《山東通志》〈雜志〉：「張信真，號希逸，樂安人。」（按：樂安，即今山東之廣饒縣，見《大清一統志》。）

世業農，生有異徵。

《古今圖書集成》〈神異典‧神仙列傳〉：「張信真……，世以農桑為業。其母嘗夜夢一馭鶴仙人，現空中，遂感而娠。」

三月喪母，甫六歲，喜讀書，聰敏過人。

《古今圖書集成》〈神異典‧神仙列傳〉：「張信真，……，既誕三月，母亡。甫六歲，喜讀書，聰悟過人。」

年十五，從大通學道，戒行精嚴。自是，道術日精。

《古今圖書集成》〈神異典‧神仙列傳〉：「張信真……，泰和初，年十五，從父參禮大通為師，戒行精嚴，袪邪治病，大有靈應。」

後復從天師受正一盟威法籙，遂聲望益隆。由是金主賜號眞人，甚爲寵重。

《古今圖書集成》〈神異典・神仙列傳〉：「張信真……德於天長觀問天師，授正一盟威秘籙，賜號真人。」

年五十五而卒。

《古今圖書集成》〈神異典・神仙列傳〉：「張信真……行年五十五，當眾凌空而去。」

有詩文數百篇，曰玄眞集，傳于世。

《宋文憲公集》〈書劉真人事〉：「張信真嗣，有詩文數百篇，號玄真集，傳于世。」

六、五代真人酈希誠生平考

酈希誠，潙川人。

《古今圖書集成》〈神異典・方士列傳〉：「酈希誠，潙川人。」（按：潙川，亦作嬀川，爲舊察哈爾之延慶縣。）

碑傳多作誠。

《宋文憲公集》〈書劉真人事〉：「希琮卒，酈希誠嗣。」

《元史》〈釋老傳〉：「五傳而至酈希誠。」

《畿輔通志》〈金石十二・延慶州〉、〈重修天成觀碑〉：「元酈希誠重修。」

《畿輔通志》〈金石十二・延慶州〉、〈元太元真人酈希誠本行碑〉：「瑞雲觀……，元太元真人酈希誠建。」

然亦有作成者。

《道園學古錄》〈真大道教第八代崇玄廣化真人岳公碑〉：「是時，五代師太玄真人酈希成。」

《畿輔通志》〈寺觀五・延慶州〉、〈瑞雲觀〉：「元太元真人酈希成建。」

《畿輔通志》〈金石三・涿州〉、〈元・元應真人張志清道行碑〉：「碑書酈希成，傳以成作誠。」

生有異徵。

《古今圖書集成》〈神異典・方士列傳〉：「酈希誠……，生之夕，里見其舍火光，奔救之，至則無有。」

總角時，即淳重岸然，爲里人所重。

《古今圖書集成》〈神異典・方士列傳〉：「酈希誠……，總角時，淳重不戲，豐儀偉然，雅者罔敢慢。」

年十五，師事毛希琮學道。

《古今圖書集成》〈神異典・方士列傳〉：「酈希誠……，年十五，決意入道，師事毛希琮。琮將逝，以法授之。」

後以時值亂離，曾逃難懷來之水峪山，眾追及之，以其所遺衣缽甚重，莫能舉，大異之，遂迎謁俾以主教是地。

《秋澗大全集》〈遊媯川水谷太玄道宮〉：「初大道酈五祖者，逃難此山。眾追及，並衣缽石上而匿。其物重，眾莫能舉，異焉，遂請主其教，今道院蓋酈所建也。」

於是，乃營道觀以居焉。觀曰水峪觀，後曰太玄宮，今稱瑞雲觀，在懷來縣南三里之水峪山中。

《畿輔通志》〈寺觀五・延慶州〉、〈瑞雲觀〉：「在州城西南四十里，水峪山中，內有通元閣，元太玄真人酈希成建。」

《畿輔通志》〈寺觀五・懷來縣〉、〈瑞雲觀〉：「在縣南三里，一名太元宮，一名水峪觀，久廢碑存。」

自是，苦行勸化，足跡幾遍國中，法術通靈，無不事之如神。

《古今圖書集成》〈神異典・方士列傳〉：「酈既領正宗，遂以行化。自秦晉蜀洛燕代齊魯，凡崇嚮之人，莫不恪恭迎拜。」

後嘗詣代嶽，以時值亢旱，吏民以此爲請。乃戒之曰：倘能改過思善，則甘霖可期，眾皆拜諾。乃起乞雨，立大沛。

《古今圖書集成》〈神異典・方士列傳〉：「酈希誠……，嘗詣代嶽，屬時亢旱，吏民以請。希誠曰：若等改過思善，則澤可期，皆再拜曰諾。因取標扇蔽面，雲起所坐之方，雨隨澍。」

逮還嬀，又值大雨雹，禱之，立止。境民大悅，共神之。

《古今圖書集成》〈神異典．方士列傳〉：「酈希誠………還嬀，居水峪，值大雨雹，即起而禱，雹立止，此境不為災。」

《畿輔通志》〈山川九．延慶州〉、〈水峪山〉：「在州西南五十里」。

兼又一生自奉節儉，凡有餽贈，餘則悉以遺貧者。

《古今圖書集成》〈神異典．方士列傳〉：「酈希誠………，數奉餽遺，用有羨贏，轉惠貧者不留。」

由是，憲宗重其名，遂于四年，詔居燕京之天寶宮，名其教曰眞大道，賜號太玄眞人。並降璽書，以護其教。出內府衣冠，以賜之。

《元史》〈釋老傳〉：「五傳而至酈希誠，居燕城天寶宮，見知憲宗，始名其教曰真大道，授希誠太玄真人，領教事。出內府衣冠以賜之，仍給紫衣三十襲，賜其從者。」

《古今圖書集成》〈神異典．方士列傳〉：「酈希誠………，憲宗四年，中書省奏請褒尚，賜號太元真人，給璽書。」

迨至元初，嘗寓言，天成觀將生聖人。乃率道眾，大事營新。後仁宗果於二十二年，誕降於附近之香水園納鉢。

《畿輔通志》〈金石十二・延慶州〉、〈重修天成觀碑〉：「天成觀，在永寧城，創自遼聖宗，元酈希誠重修，胡慶雲撰碑。記云：酈希誠嘗云，當有聖人降生於茲，率道侶倡之。西有香水園，即納鉢之所也。當乙酉、仁宗誕降於此。」又謂「謹案：元史仁宗至元二十二年三月丙子生，考是歲次乙酉，與碑所敘年月同。」

《古今圖書集成》〈職方典・宣化府・祠廟考〉：「天成觀，在永寧城東北十里。」

《近光集》〈扈從詩序〉：「大駕北巡上都，例當扈從。是日啟行，至大口……，龍虎台，皆納鉢，猶漢言頓宿所也。」

《灤京雜詠》：「龍虎台，納寶地也。凡車駕行幸宿頓之所，謂之納寶，又名納鉢。」

《文昌雜錄》：「北人謂住坐處曰納鉢，契丹主四時皆有納鉢……，是契丹語，猶言行在也。」（按：永寧，即舊察哈爾延慶縣之永寧，見《大清一統志》。）

七、六代真人孫德福生平考

孫德福，生平待考。僅知其至元五年，嗣希誠領諸路眞大道教，賜銅章，視五品。

《宋文憲公集》〈書劉真人事〉：「希誠卒，孫德福嗣。」

《元史》〈釋老傳〉：「世祖命其徒孫德福，統轄諸路真大道，賜銅章。」

《道園學古錄》〈仙都山新作玉虛觀碑〉：「三年，刻銅印授之，視五品。」

後賜號玄通眞人。

《道園學古錄》〈真大道教第八代崇玄廣化真人岳公碑〉：「六代師玄通孫德福真人。」

二十年，改授銀印，視二品。

《元史》〈釋老傳〉〈真大道教〉：「孫德福……，二十年，改授銀印二。」

《道園學古錄》〈開元宮碑〉：「刻銀為印，視二品。」

八、七代真人李德和生平考

李德和，生平待考。僅知其賜號頤眞眞人。

《道園學古錄》〈真大道教第八代崇玄廣化真人岳公碑〉：「七代師頤真李德和真人。」

至元十四年，嘗奉旨代祀濟瀆。

《元史》〈世祖本紀〉：「至元十四年……五月，命真人李德和代祀濟瀆。」

十八年，與平章政事張易等，參校道書。

《元代白話碑》〈一二八一年聖旨〉：「在前蒙哥皇帝聖旨裏，戊午年和尚每，折證佛法，先生（按：道士）每輸了底上頭，十七個先生剃頭做了和尚，更將先生每說謊做來訛胡等經，并印板都燒毀了……。更保定、真定……等處，有道藏經板，這般奏的上頭，教張平章……，張天師、祁真人、李真人……，眾先生每，一同於長春宮分揀去來……。」

（按：李眞，馮承鈞氏，註爲德和。）

《元史》〈世祖本紀〉「十八年……，張易等言：參校道書，唯道德經係老子親著，餘皆後人偽撰，宜悉焚燬，從之……。壬子，以平章政事，樞密副使張易，兼領秘書監太史院司天台事。」

《宋文憲公集》〈書劉真人事〉：「德福卒，李德和嗣。」

《雪樓集》〈鄭真人碑〉：「大道七祖李真人，祠岳過輝……。」

嗣德福，領教事，號七祖。

九、八代真人岳德文生平考

岳德文，太宗七年生，原絳州翼縣人，後以兵亂，遂徙家涿州焉。父得慶，母王氏，生三子，德文其季也。

《道園學古錄》〈真大道教第八代崇玄廣化真人岳公碑〉：「真大道第八代師，曰岳真人，諱德文，字甾甾，父曰得慶，故家絳州翼縣，娶澤州王氏。兵間遷涿之范陽，今為涿州人。生三子，真人其季也……。氣止而真人生，歲乙未之九月十九日……，而真人以大德三年二月化去。」（按：岳眞人生年之乙未，自卒年之大德三年上推，計元貞元年（一二九五），太宗七年（一二三五），淳熙二年（一一七五），均爲乙未。若其生年之乙未，爲淳熙二年，至大德三年，則享年一百二十九歲。若爲元貞元年，至其卒，則僅享年四歲，顯爲不當，故其生年，應爲太宗七年之乙未年。復按涿州，即今河北之涿縣。翼縣，即今山西之翼縣。均見《讀史方輿紀要》與《大清一統志》。）

生有異徵，幼異常兒。

《道園學古錄》〈真大道教第八代崇玄廣化真人岳公碑〉：「將生時，其母夢老人皓髮長身，冠劍壯偉，告之曰：當暫寄母家矣。明日，州人見有青氣起西北，若自天來，奔從氣所在，視之，則岳氏家也。氣止而真人生，歲乙未之九月十九日……，生而雄渾，稍長，不為兒嬉，性不嗜酒食，肉亦絕不啖。」

十六歲，入龍陽宮學道，父甚是也。

《道園學古錄》〈真大道教第八代崇玄廣化真人岳公碑〉：「年十六，辭親入道龍陽宮。其父愿慤人也，事稼穡惟謹，心甚是之。」

其長兄興，方以才勇，任百夫長，疑其惰，乃強置諸行伍間。以非其志，遂往依太玄眞人于水峪之太玄宮。

《道園學古錄》〈真大道教第八代崇玄廣化真人岳公碑〉：「而長兄興，方以才勇，為行軍百夫長，疑其惰也，驅而置諸之行伍之間，以非其志也。是時，五代師太玄酈希誠真人，居懷來水峪之太玄宮，往依焉。」

十八受教，自是深受太玄器重。使之主文書出納，與四方之受戒者。

《道園學古錄》〈真大道教第八代崇玄廣化真人岳公碑〉：「十八受教，被其冠服，漸領其文書穀帛之事。又主四方來受戒誓者，太玄甚重之。」

逮七祖嗣領教事，乃署爲法師，充教門諸路都提點，以副己。

《道園學古錄》〈真大道教第八代崇玄廣化真人岳公碑〉：「第七代師頤真李德和真人之掌教也，署為法師，充教門諸路都提點，以副己。」

至元十九年，七祖將化去，遂以五祖之治命，使嗣領教務焉。

《道園學古錄》〈真大道教第八代崇玄廣化真人岳公碑〉：「太玄之化去也，密告六代師玄通孫德福真人曰：岳生其八代乎……？至元十九年十月，真人所焚香爐中，有異徵，方怪之，而李師升堂集眾，以教事付真人曰：先師之囑如此。」

二十一年，朝廷亦宣授眞人，命爲掌教宗師，並賜璽書以重護其教，如故事。

《道園學古錄》〈真大道教第八代崇玄廣化真人岳公碑〉：「遂以二十一年，宣授崇玄廣化真人，掌教宗師，統轄諸路真大道教事。又賜璽書褒護之。自是，眷遇隆渥，中宮至召見，親賜袍焉。」

後丞相安童病，入視之，立瘥。由是諸王親貴，事之如神明。輒各出書幣，以尊崇其教，而作營繕之助。至實都而王，則崇助尤甚。

《道園學古錄》〈真大道教第八代崇玄廣化真人岳公碑〉：「安童丞相嘗疾，入視之，立瘥，時甚神之。諸王邸各以章致書，為崇教禮助者，多至五十餘通。實都而王，又為刱庫藏，修宮宇，廣門牆，充田畝，治冠與衣，間飾金寶，極其精盛。」

以大德三年卒，享年六十有四。

《道園學古錄》〈真大道教第八代崇玄廣化真人岳公碑〉：「真人以大德三年化去」。（按：自大德三年（一二九九），上推至太宗七年（一二三五），故享年六十四。）

十、九代真人張清志生平考

張清志，乾州奉天人。

《畿輔通志》〈金石三‧涿州〉、〈元‧元應真人張清志道行碑〉：「吳澄撰、王毅正書，劉賡篆額，泰定四年四月立……。碑云：師張氏，乾州奉天人……賜名清志。」

史傳作志清。

《元史》〈釋老傳〉：「又三傳至張志清，其教益盛。」

《畿輔通志》〈金石三・涿州〉、吳澄撰〈元・元應真人張清志道行碑〉：「賜名清志，史不著籍，又例訛清志為志清。」（按國家圖書館所收藏之《吳文正公集》，《吳草廬集》，均不載此文。）

又訛爲清忠。

《道園學古錄》〈真大道教第八代崇玄廣化真人岳公碑〉：「今其第九傳掌教真人張清忠者，世家關中。」（疑爲排印之誤）

橫渠之族也。

《道園學古錄》〈真大道教第八代崇玄廣化真人岳公碑〉：「真人張清忠者……，其譜則橫渠氏之族姓也。」（按：宋儒張載，關中郿縣橫渠鎮人，世號橫渠先生。所謂：「爲天地立心，爲生民立命。爲往聖繼絕學，爲萬世開太平。」即先生千古名言也。）

年十六，從天寶李師學道，自是道術大進。

《畿輔通志》〈金石三・涿州〉、〈元・元應真人張清志道行碑〉：「年十六，從天寶（按：宮）李師（按：疑爲德和）為道流。」

後嘗居大珠、勞山，以虎避徙，爲害行人，乃去之。

《元史》〈釋老傳〉〈真大道教〉：「東海珠勞山，舊多虎，志清往結茅居之。虎避徙，然為人害。志清曰：是吾奪其所也，遂去之。」

《畿輔通志》〈金石三・涿州〉、〈元・元應真人張清志道行碑〉：「謹案………，碑云入東海大珠牢山，傳脫大字。」

《讀史方輿紀要》〈大珠山〉：「州（按：膠州）南百二十里，濱海，上有石室，珠亦作朱………。又州南有小珠山，錯水出焉。」

《讀史方輿紀要》〈勞山〉：「縣（按：即墨）東南六十里，二山相連，東濱大海，其高大者，曰大勞，若小者，曰小勞，周圍八十里，高二十五里………。勞亦作嶗，或誤為牢，又誤為勞盛山。」

及居臨汾，地大震，邑宇大摧，獨所居裂爲二。且救死扶傷，全活無數。

《元史》〈釋老傳〉〈真大道教〉：「後居臨汾，地大震，城郭邑屋摧，壓死者不可勝計。獨清所居，裂為二，無少損焉。乃遍巡木石間，聽呻吟聲，救活者甚眾。」（按：臨汾，即今山西臨汾縣，見《大清一統志》。）

逮嗣岳八祖爲掌教也，遂詔授演教大宗師，凝神沖妙玄應眞人。

《宋文憲公集》〈書劉真人事〉：「德文卒，張清志嗣。」

《元史》〈釋老傳〉〈真大道教〉：「又三傳，至張志清………，授演教大宗師，凝神沖妙玄應真人。」

以厭謁請逢迎之煩，乃逃去。

《道園學古錄》〈真大道教第八代崇玄廣化真人岳公碑〉：「今其第九傳掌教真人張清忠……，厭厭謁請逢迎之煩，逃去之。」

朝廷重其名，兼以又久無克充其任者，乃遣使尋訪，給驛致之。清志捨傳乘，徒步至京師。

《道園學古錄》〈真大道教第八代崇玄廣化真人岳公碑〉：「張清忠……，嘗掌教……。逃去之，久無克充其任者，朝廷重其名實，遣使尋訪，給驛致之。既見，度不可辭，即舍所賜傳，徒步至京師。」

自是，深居簡出，或託病臥內，雖達官親貴請謁，輒不交一語。

《元史》〈釋老傳〉〈真大道教〉：「深居簡出，人或不識其面。貴人達官，率告病，伏臥內不起。」

然爲耆德宿儒，則迎謁暢談甚歡。時人高其風節，至繪圖以傳世。

《道園學古錄》〈吳張高風圖序〉：「泰定二年春，翰林學士臨川先生吳（按：澄），移病假寓南城天寶宮之別館。宮中之人，因為先生言其教之因起，與今第九代掌教玄應真人之制行堅白也。先生曰：世乃有斯人也……？他日病愈，返乎史館，思真人為人，乘輿……即天寶而見焉。及門，童子辭曰：真人深居簡出，自中朝貴人大官至者，未嘗敢以報……。先生顧謂從者曰：是其人視走高門縣薄，唯恐失一夫者，有間矣！即命迴車，蓋不唯不以為忤，而更嘆重其不可及……。真人曰：秋高氣清，吾不可不往謁吳先生。因著芒𡳐，戴臺笠，策木杖，布褐短才及膝……，步入國史院門。弟子告閽人曰：真大道張真人，上謁吳學士。閽人相顧……疑不為通，而先生……不知也。先生之子偶出門，見而識之……，真人……曰：還告若翁，吾來報謁。先生亟出見，真人去矣……。使追及麗正門南三里所，長歌徐行……，追者不敢致詞而返。好事者，高二公之風，畫為圖以傳觀。」

一生不唯制行嚴峻，刻苦自助，尤事母至孝，且屢有神異。

《畿輔通志》〈金石三．涿州〉、〈元．元應真人張清志道行碑〉：「碑云……，若母嘗病疽，口吮其膿，遂得蘇瘥。又患膈氣，幾不救，師禱神進病，不寢食四旬，母忽吐涎塊如瓜，漸底平復。」

及卒，居喪致哀，亦不悖儒家之制。

《畿輔通志》〈金石三．涿州〉、〈元．元應真人張清志道行碑〉：「居喪致哀，於儒家喪制不悖。」

十、十一代真人鄭進元之生平考

鄭進元，永嘉人，至元十四年生。家本業儒，以值離亂，遂流于輝。

《雪樓集》〈鄭真人碑〉：「其十一世之祖，曰鄭君，名進元，以宋咸淳三年（按：至元十四年）五月十四日，生於永嘉。家本儒也，動値亂離，至於輝州。」（按：永嘉，即今浙江之永嘉縣。輝州，即今河南之輝縣，見《大清一統志》。）

年十三，悟眞大師，見而器之，乃留之使學，自是通儒道二家言。

《雪樓集》〈鄭真人碑〉：「悟真大師黨君，器其穎異，留使之學，遂通孔老二氏言。時年十三矣。」

明年，七祖李德和眞人過輝見之，許爲道器。嘗謂黨師曰：一紀後，當至堂下。

《雪樓集》〈鄭真人碑〉：「明年，大道七祖李真人祀岳過輝，一見許為道器，且謂黨曰：吾二人皆弗及見，後一紀當至堂下也。」

後果如其言，於至元二十八年，從衛輝道錄賈師，入居燕京之天寶宮。並從明眞大師，受神籙秘訣。由是玄學大進，法術通靈。

《雪樓集》〈鄭真人碑〉：「既而李黨二師俱逝，至元庚寅（按：二十八），君從衛輝道錄賈師來燕，抵天寶居堂下，適十二年矣。又受明真大師神籙秘訣，及親書道訓四章。自是術業益著，治病立驗。」

逮賈師卒，乃進嗣衛輝道錄。

《雪樓集》〈鄭真人碑〉：「賈師逝……，進嗣其職。」

旋受九祖張清志眞人之召，升教門諸路都提舉。

《雪樓集》〈鄭真人碑〉：「第九祖某（按：張清志）真人，召之者三，至則以為都提舉。」

十祖化去，遂以九祖之治命，嗣領教務。

《雪樓集》〈鄭真人碑〉：「第九祖……，付以祖師筆經劍，為詞一篇授之。師再辭不獲，乃為詞以復，遂嗣。十祖，喪之如賈師而加毀。」

八年，奉旨設金籙大齋于天寶宮。既畢，乃賜號眞人，演教大宗師，爲掌教，如故事。

《雪樓集》〈鄭真人碑〉：「八年，有旨命君設金籙大齋于天寶宮。既畢，賜號曰演教大宗師，明真慧照復觀真人。」

九年，又受命設大齋于玉虛宮。十年，復奉旨設齋于天寶宮。事竣陛見，喜賞甚豐。

《雪樓集》〈鄭真人碑〉：「明年（按：九年），又命君設大齋于玉虛宮。又明年，再命設于天寶宮。禮畢進見，喜動睟容，賞延於眾甚豐。」（按：玉虛宮，地址待考。惟據《畿輔通志》〈金石二・順天府〉、〈玉虛觀大道祖師傳授碑〉之註：「在纏兒胡同，今未見。」《古今圖書集成》〈職方典・順天府・祠廟考〉：「玉虛觀，在府西北十五里。」未知二者孰是？）

十一年，五月朔，卒于龍山。治命以關中普濟大師張君嗣。

《雪樓集》〈鄭真人碑〉：「又明（按：十）年……十二月，命召普濟大師張君於秦中。明年（按：十一）四月，當朝上京，未至疾作，謂侍者曰：歸期至矣。普濟當嗣。以五月朔，終于龍山。」

《大清一統志》：「懷來，水峪山」：「在縣南二十五里，亦名龍山。」

弟子奉葬于五祖之兆左。

《雪樓集》〈鄭真人碑〉：「弟子奉封于五祖之兆之左。」（按：五祖酈希誠，嬀川人，其陵墓所在，《古今圖書集成》，《畿輔通志》，《大清一統志》之〈陵墓志〉，均不載，待考。唯疑在水峪太玄宮之附近。）

又封衣冠于始祖之兆右。

《雪樓集》〈鄭真人碑〉：「其勤者，又封衣冠于初祖之兆之右。」（按：始祖劉德仁，鹽山人，其陵墓所在，《山東通志》、《大清一統志》，《古今圖書集成》之〈陵墓志〉，均不載，待考。）

以及輝州之頤眞宮。

《雪樓集》〈鄭真人碑〉：「又封于輝，蓋以君所至也。某地昔為大元觀，今為頤真宮。」

《古今圖書集成》〈職方異・衛輝府・祠廟考〉、〈頤真宮〉：「在縣（按：輝）西六里善門村，元至元十八年建。」

《元代白話碑》〈河南輝縣頤真宮聖旨碑〉：「衛輝路真大道頤真宮裏，圓明德政普照大師提點于進吉……，為頭兒先生每根底，執把了，聖旨與了也。」

君性孝友，復尊師敬祖。不唯諸師之卒，哀毀逾恒，且記五祖之功于龍山，創眾眞堂，以祀教之列祖。

《雪樓集》〈鄭真人碑〉：「貫師逝，居喪之如所生……。十祖喪之，如貫師而加毀……。樹……第五祖太玄真人之功于龍山……。又創眾真堂于天寶，以祠傳教諸師。」

兼以謙慈和易，復通經史，尤善獎勵。故學者見之，終生不忘。即其道眾，亦咸歸心。

《雪樓集》〈鄭真人碑〉：「君性謙慈和易，留心經史。學者見之，終身不忘。善于獎勵，咸歸心焉。」

更雅善生財，嘗購地種柳，以裕歲用。故雖創建甚多，而未稍匱乏。

《雪樓集》〈鄭真人碑〉：「雅善生財，興構雖多，而未嘗共假。」又謂：「買園故都之東，種柳於宮陰，左河之堧，歲用以裕。」

唯按其卒也，碑謂十一年。按世祖以後，諸帝年號，逾十一年者，僅大德與後至元而已。故若爲大德十一年（一三〇七），則泰定二年（一三二五），九祖尚在，其斷無得嗣掌教之理。

《道園學古錄》〈吳張高風圖序〉：「泰定二年春，翰林學士臨川吳公……，乘輿……即天寶而見焉……。真人（按：張清志）曰：秋氣且清，吾不可不往謁吳先生。」故是年秋，九祖尚在，當然，十一祖之鄭真人，斷無較九祖，早卒十八年以上，而得嗣掌教也。

若爲後至元十一年（一三五一），則撰碑之程雪樓文海已卒，更絕無善知後事，預留鄭碑之理，故二者顯屬錯誤。然此十一年，爲何者之誤，待考。

《新元史》〈程鉅夫傳〉：「名文程………，以字行………。至大三年，復拜山南江北道廉訪副使………。二年（按：皇慶），鉅夫應詔，陳桑林六事………。二年（按：延祐），以疾乞歸………，五年卒。泰定二年，贈光祿大夫大司徒……。」

十二、結　論

道家者流，雖以驅神役鬼，祈福禳災，鳴于世。然亦因事涉荒誕，爲後之識者所不値。唯在古代，其以神設教亦良有益于時。尤其當宋金元之際，遍地金戈，大河南北，里社爲墟。

《元遺山先生集》〈廣威將軍郭君墓表〉：「貞祐初，中原被兵………。自北兵長驅而南，燕趙齊魏，蕩無完城。」

《秋澗大全集》〈乞權免大名等路今秋滯納中都遠倉腳錢糧事狀〉：「兼以河以南，千里蕭條，人煙斷絕。」

弱肉強食，無復人紀。

《青崖集》〈重修北岳露台記〉：「有金南渡，河北群雄如牛毛，弱之肉，強之食，鄉人揣惴焉。」

所謂聖賢之學，師道尊嚴，亦湮滅澌盡。

《道園學古錄》〈真大道教第八代崇玄廣化真人岳公碑〉：「當是時，師友道喪，聖賢之學，湮泯澌盡。」

而彼等，或以苦節危行，謙儉無慾，而異乎流俗，表率四民。

《清容居士集》〈通真觀徐君墓誌銘〉：「于時烽燧連驚，百里土舍不相接，獨澗飲草茹，以善勸勵，俾崇信其法，後皆化之……。葛衣布幬，十數年始一易，見者服之。」（按：徐君名懋昭，爲元代玄教道侶。）

《道園學古錄》〈真大道教第八代崇玄廣化真人岳公碑〉：「昔金有中原，豪杰奇偉之士，往往不肯嬰世故，蹈亂離，輒草衣木食，或佯狂獨往，各立名號，以自放於山澤之間。」

或倡去惡復善之說，清心志道之論，以勸化世人。

《道園學古錄》〈真大道教第八代崇玄廣化真人岳公碑〉：「唯是為道家者，多能自異於流俗，而又以去惡復善之說，以勸世人。」

《秋澗大全集》〈衛州胙城縣靈虛觀碑〉：「壬辰、金人撤守……。明年，京城（按：南京汴梁）大饑，人相食，逃死北渡者，日不下千數。人利其財賄，率不時濟，莩死風雪間，及已濟而沈溺者，亦無慮千百數……。師時在衛，目其事，愀然嘆曰：人發殺機，一至此也。吾挈舟而來，正為此也。茲焉不化，安往而施其道哉！遂稅駕河上，起觀……，以此為道場……。於是仁風一扇，比屋回心。貪殘狼戾，化而柔良。津人跋俗悔禍徼福於門者，肩相摩而踵相接矣………！由是而觀，非好生大德，殆於人心者，其能若是哉？」

更或不計生死，爲民請命，救死於鋒鏑之下。

《松雪齋集》〈隆道沖真崇正真人杜公碑〉：「天兵南渡，所在震動，土石丗燬於崑岡，黎庶淪懼於塗炭。弓刀扃措，莫救鄉閭，衣食無從，忍填溝壑。真人冒矢石叩軍門，見太傅淮安忠武王于故鄉，披膽陳詞，為民請命。王與語，大悅，恨見之晚，軍麾為之斂，民社因之安堵。」

《牧菴集》〈長春宮碑〉：「而河之北南已殘，首鼠未平，鼎魚方急。乃大辟元門，遣人招求俘殺于戰伐之際。或一戴黃冠而持其署牒，奴者必民，死賴以生者，無慮二三鉅萬人。其推厚德，值深仁，致吾君于義軒者，歷古外臣受命之初，能為是乎！」

終致閭里田野之間，信之者眾。且輒能孝悌力田，守望相助。

《道園學古錄》〈真大道教第八代崇玄廣化真人岳公碑〉：「一時州里田野，各以其所近而從之。受其教戒者，風靡水流，散在郡縣。皆能力耕作，治廬舍，聯絡表樹，以相保守，久而未之變也。」

故其對於亂世人心世道之鼓舞，文化道統之保存，社會治安之維繫，無不有彌足稱頌之處，未可以迷信非之也。

〈原載一九七一年十月《大陸雜誌》四十三卷四期〉

二、略論秋澗大全集對元代道教研究之價值

五代道教，分爲五宗。

《松雪齋集》〈制贈大道四世稱號碑〉：「其時推崇釋老黃冠之徒，各有名號，凡有五宗。邱處機學於王重陽，號全真教。張宗演傳其祖道陵之學，號正一教。張留孫實正一之徒派，以受時王寵異，別其號為元教。酈希誠學於劉德仁，號直士教（按：眞大道教）。蕭輔道學於蕭抱珍，號太一教。」

當金元之際，天綱絕，人理滅。

《靜修集》〈翟節婦詩序〉：「昔金源氏之南遷也，河朔土崩，天理蕩然，人紀為之大擾。」

道家者流，於斯時對全活民命，有極堪稱頌之貢獻。

《牧菴集》〈長春宮碑〉：「癸未至燕，年七十六矣（按：邱處機）。而河之南北已殘，首鼠未平，鼎魚方急。乃大辟元門，遣人招求俘殺于戰伐之際。或一載黃冠而持其署牒，奴者必

民，死賴以生者，無慮二三鉅萬人。」

《松雪齋集》〈隆道沖真崇正真人杜公碑〉：「天兵南渡，所在震動，土石𢀖燬於崑岡，黎庶淪懼於塗炭。弓刀曷措，莫救鄉閭，衣食無從，忍填溝壑。真人冒矢石叩軍門，見太傅淮安忠武王于故鄉，披膽陳詞，為民請命。王與語，大悅，恨見之晚，軍麾為之斂，民社因之安堵。」

即對世道人心之鼓舞，社會安定之維繫，亦有不可磨滅之成就。

《清容居士集》〈通真觀徐君墓誌銘〉：「於時烽燧連驚，百里土舍不相接，獨澗飲草茹，以善勸勵，俾崇信其法，後皆化之。」

《道園學古錄》〈真大道教第八代崇玄廣化真人岳公碑〉：「當是時，師友道喪，聖賢之學，湮泯澌盡。唯是為道家者，多能自異於流俗，而又以去惡復善之說，以勸諸人。一時州里田野，各以其所近而從之。受其教戒者，風靡水流，散在郡縣。皆能力耕作，治廬舍，聯絡表樹，以相保守，久而未之變也。」

故治元史者，恒多注意及之。

王國維先生有《長春真人西遊記校註》。

姚從吾先生有《邱處機年譜》，《耶律楚材西遊錄足本校註》，《金元全真教的民族與救世思想》。

按元代太一教起於金季，源於汲衛。

卷四十〈大都宛平縣京西鄉剏建太一集仙觀記〉：「金源氏熙宗朝，一悟真人蕭公，以仙聖所授秘籙，剏太一教法於汲郡。」

《滹南遺老集》〈太一教三代度師蕭公墓表〉：「太一教，實金源天眷間，衛郡蕭真人，其始祖也。」

自茲以降，歷代嗣教，除三代而外，悉爲衛人。

卷四十七〈太一二代度師贈嗣教重明真人蕭公行狀〉，「師諱道熙，字光遠，本韓氏。其先汴州人，五代祖銀青榮祿大夫疇，自唐季來，隸於衛。」

卷六十一〈太一三代度師先考王君墓表〉。「姓王氏，諱守謙，字受益，博之堂邑人………。有子曰志沖，即今太一三代度師也。」

卷四十〈大都宛平縣京西鄉剏建太一集仙觀記〉：「其四代………即祖（按：一代抱珍）房孫，諱輔道……，賜號中和仁靖真人。」

卷四十七〈太一五祖演化真常真人行狀〉，「師姓李氏，諱居壽，道號淳然子，衛之汲縣西晉里人。」

卷六十一〈凝寂大師衛輝路道教都提張公墓碣銘〉：「六代純一真人嗣主法席………。純一真人，以予鄉曲，故持狀事求碣銘。」

故惲不唯與該教多所往還，情感甚密。

卷十四〈送蕭四祖（按：輔道）北上〉：「丹鳳啣書下紫庭，秋霄光動少微星。蒲輪再起秦遺逸，天意將新漢典型……。」

卷二十〈寄六祖（按：李全祐）真人〉：「涉世筋骸百不堪……，心煩漸染瘴江炎。客來問訊承佳意，蓄縮其如問老蚕。」（按：此詩不唯可見二人情感之深，且似惲官閩海之作。）

卷二十一〈喜答李六祖病後見憶〉：「……朝來好得平安報，香滿經臺紫氣浮。」

即其繼祖母，亦爲黃冠者流。

卷四十七〈南鄘王氏家傳〉：「祖宇……，再娶韓氏……，二十九處寡……。晚嗜道家，教號妙清。」

所以有關太一教之文獻，輒出於惲之手筆，篇數之眾，凡詩文二十篇。

(1)卷十四〈送蕭四祖北上〉（以下為詩）。(2)卷二十〈寄六祖真人〉。(3)卷二十一〈喜答六祖真人病後見憶〉。(4)卷二十一〈和曲山太一宮詩韻二首〉。(5)卷二十九〈太一宮四首〉。(6)卷二十三〈覺山寺題示〉。詩云：「偕遊者太一李宗師。」。(7)卷三十四〈太一宮春早即事〉。(8)卷三十四〈萬壽宮方丈記〉。（以下為文）(9)卷三十四〈清蹕殿記〉。(10)卷三十九〈堆金塚記〉。(11)卷四十〈大都宛平縣京西鄉豈建太一集仙觀記〉。(12)卷四十七〈太一二代度師贈嗣教重明真人蕭公行狀〉。(13)卷四十七〈太一五祖演化真常真人行狀〉。(14)卷四十九

〈南鄘王氏家傳〉。⒂卷六十一〈凝寂大師衛輝路道教提點張公墓碣銘〉。⒃卷六十一〈故太一二代度師先考韓君墓表〉。⒄卷六十一〈太一三代度師先考王君墓表〉。⒅卷七十〈太一宮清蹕殿上梁文〉。⒆卷七十〈萬壽宮方丈上梁文〉。⒇卷九十九〈李侍講，說中和真人，在龍庭故事。〉

至見諸其他金元人著作之中者，僅詩文七篇而已。

(1)《滹南遺老集》〈太一三代度師蕭公墓表〉。（以下為文）(2)《牧庵集》〈希真先生祠碑〉。(3)《滹南遺老集》〈清虛大師侯公墓碣〉。(4)《元遺山先生集》〈贈蕭鍊師公弼〉。（以下為詩）(5)《寓庵集》〈蕭公弼鍊師生〉。(6)《牧庵集》〈次韻伯庸尚書乙辰春遊七祖庵〉。(7)《寓庵集》〈蕭公弼鍊師赴北庭之召二首〉。

故《秋澗大全集》，實爲研究元代太一教，最重要之參考文獻。

至於全眞教，因顯於元初。位望特著。

《松雪齋集》〈制贈大道正宗四世稱號碑〉：「五宗之中，唯全真顯於元初，元教顯於中晚，其盛時，皆參預朝政。」

故文獻至豐，僅《秋澗集》中之詩文即有二十篇。

(1)卷十三〈燭花詩李真人索賦〉。（以下為詩）(2)卷十六〈清明日遊長春宮〉。(3)卷二十一〈跋祁真人畫像〉。(4)卷二十一〈壽張真人霞卿〉。(5)卷二十三〈壽長春張真人〉。(6)卷二十三〈聞長春宮溪水復至〉。(7)卷三十二〈跋張真人雙頭蓮手卷〉。(8)卷三十二〈題竹林七賢詩并序〉。(9)卷三十九〈終南山集仙觀記〉。（以下為文）(10)卷四十〈真常觀記〉。(11)卷四十〈崇玄大師榮君壽堂記」。(12)卷四十〈青巖山道院記〉。(13)卷五十三〈衛州胙城縣靈虛宮碑〉。(14)卷五十三〈故普濟大師劉公道行碑銘〉。(15)卷五十六〈大元故清和妙道廣化真人玄門掌教大宗師尹公道行碑銘〉。(16)卷五十六〈衛州創建紫極宮碑銘〉。(17)卷五十七〈輝州重修玉虛觀碑〉。(18)卷五十七〈大都路漷州隆禧觀碑銘〉。(19)卷五十八〈大元奉聖州新建永昌觀碑銘〉。(20)卷六十一〈提點彰德路道教事寂然子霍君道行碑銘〉。

此二十篇，因曾言及全眞教之宮觀三十一處，故不唯有助於全眞教宮觀名稱之研究，且對其教區分布之探討，亦甚具參考之價值。

(1)在大都者三處：真常觀（卷四十〈真常觀記〉），長春宮，竹林七賢觀（卷三十二〈題竹林七賢詩並序〉）。(2)在胙城者一處：靈虛宮（卷五十三〈衛州胙城縣靈虛宮碑銘〉）。(3)在晉城者一處：玄應觀（卷五十三〈故普濟大師劉公道行碑銘〉）。(4)在終南山者八處：德祐觀，雲臺觀，太平宮，宗聖宮，太一宮，華清宮，重陽宮（卷五十六〈大元故清和妙道廣化真人玄門掌教大宗師尹公道行碑銘〉）。集仙觀（卷三十九〈終南山集仙觀記〉）。(5)在汲縣者五處：青巖山道院（卷四十〈青巖山道院記〉），紫極宮，清真觀，玄都觀，通明觀（卷五十六〈衛州創建紫極宮碑銘〉）。(6)在輝縣一處：玉虛觀（卷五十七〈輝州重修玉虛觀碑〉〉。(7)在郭州者二處：隆禧觀，通真觀（卷五十七〈大都路郭州隆禧觀碑銘〉）。(8)在廣陽者一處：真常觀（卷四十〈真常觀記〉）。(9)在縉雲者一處：秋陽觀（卷五十六〈大元故清和妙道廣化真人玄門掌教大宗師尹公道行碑銘〉）。(10)在德興者一處：龍陽觀（卷五十六〈大元故清和妙道廣化真人玄門掌教大宗師尹公道行碑銘〉）。(11)在麗澤者一處，靈郁觀（卷四十〈真常觀記〉）。(12)在奉聖州者三處：永昌觀，迎仙觀，永興觀（卷五十八〈大元奉聖州新建永昌觀碑銘〉）。(13)在彰德者三處：天慶宮，卓泉道院（卷六十一〈提點彰德路道教事寂然子霍君道行碑銘〉），修真觀（卷四十〈崇玄大師崇君壽堂記〉）。

復因嘗論及全眞教之道侶四十一人，故對考其道侶之姓名，世系之情形，尤爲不可多得之參考資料。

(1)三洞弘玄法師，保光子楊道謙，兩代二人（卷三十九〈終南山集仙觀記〉）。(2)中虛魏大師，崇玄大師榮守玉，兩代二人（卷四十〈崇玄大師崇君壽堂記〉）。(3)李志和（卷四十〈青巖山道院記〉）。(4)碧玄子，玄微真人李仲美，王志安，三代三人（卷五十三〈衛州胙城縣靈虛宮碑銘〉）。(5)普濟大師劉志真，謝志堅，梁志端，兩代三人（卷五十三〈故普濟大師劉公道行碑銘〉）。(6)丘處機，尹志平，仇志隆，陳德定，四代四人（卷五十六〈大元故清和妙道廣化真人玄門掌教大宗師尹公道行碑銘〉）。(7)丘處機，房志起，孟志玄，趙志朴，張志洞，三代五人（卷五十六〈衛州創建紫極宮碑銘〉）。(8)清虛弘逸真人，梁志一，張道燦，三代三人（卷五十七〈輝州重修玉虛觀碑〉）。(9)丘處機，韓志一，劉志永，劉志實，五代四人（卷五十七〈大都路郭州隆禧觀碑銘〉）。⑽張志玄，吳法師，盧法師，張法師，虞法師，李道素，崔志善，四代七人（卷五十八〈大元奉聖州新建永昌觀碑銘〉）。⑾李重玄，霍志真，杜志用，三代三人（卷六十一〈提點彰德路道教事寂然子霍君道行碑銘〉）。⑿丘處機，真常李真人，樊志應，劉道安，齋道亨，四代五人（卷四十〈真常觀記〉）。

又因曾謂：姚雪齋樞，隱居蘇門時，與玉虛觀梁志一爲方外交。王磐、竇默、李冶等，亦與眞常觀主持，往還至密。以及尹志平，有《葆光集》，《北遊錄》傳世。故對於全眞道侶之交遊與著作之研究，亦大有裨益，爲不可缺少之參考文獻。

卷五十七〈輝州重修玉虛觀碑銘〉：「清虛弘道真人……，召通真師梁志一主之。築致爽亭，嘉惠別館。雪齋（按：姚樞）愛其幽勝，亦嘗徜徉其間，與師為蒼煙寂寞之友。」

卷四十〈真常觀記〉：「凡往來者，皆一時名公，如李敬齋，趙虎岩，翰林王慎獨，左轄姚雪齋，鹿庵王承旨，少傅竇公，冀國王公，愛其風度才識，締方外交。」

卷五十六〈大元故清和妙道廣化真人玄門掌教大宗師尹公道行碑銘〉：「尹公諱志平……有《葆光集》，《北遊錄》傳世。」

此外對全眞教，挽救貪殘凶戾，安定社會民心之貢獻。

卷五十三〈衛州胙城縣靈虛觀碑銘〉：「壬辰，金人撤守……。明年，京城大饑，人相食，逃死北渡者，日不下千數，既抵河津，人利用其財賄，卒不時濟。莩死風雪間，及已濟而沈溺者，亦無慮千百數。時全真教大行，所在翕然從風。雖虎苛狼戾，快於嗜殺之徒，率授法號，名會首者皆是也。師時在衛，目其事，愀然嘆曰：人發殺機，一至此也。吾挐舟而來，正為此爾………。遂稅駕河上，起觀………，以此道場，為設教張本。之自於是仁風一扇，比屋回心。貪殘狼戾，化而柔良。津人跛俗悔禍檄福於門者，踵相接矣………！由是而觀，非好生大德，殆於人心者，其能若是哉？」

卷六十一〈提點彰德道教事寂然子霍君道行碑銘〉：「培植教本，致遠邇尊禮，學者日眾………。道俗推舉……，痛自澄治，務正己以格物。有辯訟者，率用理遣，不知官府為何事，羽流敬安，一方凝重，至二十年之久。」

禁睡眠，服勤勢，修鍊要旨之說明。

卷六十一〈提點彰德路道教事寂然子霍君道行碑銘〉：「全真家，禁睡眠，謂清陰魔。服勤苦，而曰打塵，勞以折其強梗驕吝之氣。師從事此者閱三十年，寒暑略無憚色。」

卷五十六〈大元故清和妙道廣化真人掌教大宗師尹公道行碑銘〉：「師誨人曰：修行之害，食睡色，三慾為重。多食則多睡，睡多，情慾所由生。人莫不知少能之者，必欲制之，先減睡慾，日就月將，則清明在躬，昏濁之氣，自將不生。」

以及贊譽全眞教者流，自修身絕俗，清心茹苦，進之兼愛以濟物，救時以行道之評論。

卷五十三〈衛州胙城縣靈虛觀碑銘〉：「全真為教，始以修身絕俗，高蹈遠引，冥滅山林，如標枝野鹿，漠然不與世接，此其本也。終之混跡人間，蟬蛻泥澤，以兼愛濟物，為日用之妙……。如長春丘公在先朝，皇帝請問，首以治國澤民為本，其利亦溥也。」

卷五十三〈故普濟大師劉公道行碑銘〉：「予嘗以道家者流，以法寂為宗，一死生，外形骸，自放於萬物之表，是不以一毫世故攖怫其心。至於挾方術，出秘藝，救時行道，世有其人。如砭劑膏肓，笞逐鬼物……，安人屋而遠不祥，往往驗於事者，蓋世所不廢也。」

與夫對昔者道家者流之怪誕，以及對全眞教之敦純朴素，無涉虛妄怪誕，有古遺民風之批評，輒爲元人文集中，所不易多見。

卷五十八〈大元奉聖州新建永昌觀碑銘〉：「所謂道家流，蓋古隱逸清潔之士矣。巖居而澗飲，草衣而木食。節慾以清心，修己而應物。不為軒掌所羈，不為榮利所怵，自放於方外。其高情遠韻……，誠有不可企及者。自漢以降，處士素隱，方士誕誇，飛昇鍊化之術，祭醮禳禁之科，皆屬之道家……。至於宣和，極矣！弊極則變，於是全真之教興焉……。若寂然子師弟……，耕田鑿井，自食其力。垂慈接物，以期善俗。不知誕幻之說何事，敦純朴素，有古遺民之風焉。」

故秋澗之作，亦爲研究全眞教，至爲重要之著作與文獻。

本文爲《元王秋澗年譜》之一節，承國家科學會補助完成，謹誌謝忱。

（原載一九七一年十月《中國邊政》三十三期）

三、金元之際江北之人民生活

蒙元自太祖六年，南下攻金，迄世祖十七年，滅宋淹有全夏，其間垂五十八年，大江以北，悉陷入天翻地覆之浩劫當中。殺掠之慘，役賦之重，與人民之轉死溝壑，夷爲奴隸，殊爲史所罕覯，令人浩歎！

一、蒙元殺掠，盜賊肆虐

蒙制：凡敵拒命，克之必屠。

《牧庵集》〈湖廣行省左丞相神道碑〉：「謀諸將曰：國家為制，城拔必屠。是州生齒繁夥，口數百萬，悉魚肉之，非大帝諭伯顏以曹彬不殺之旨。」

《牧庵集》〈序江漢先生事實〉：「軍法，凡城邑以兵得者，悉坑之。德安由嘗逆戰，其斬刈首馘，動以十億計。」

《元文類》〈中書令耶律公神道碑〉：「國制：凡敵拒命，矢石一發，則殺無赦。」

故太祖南下，河北蕩無完城。

《元遺山先生集》〈廣威將軍郭君墓表〉：「貞祐初，中夏被兵，二年之春，兵北歸，既破平陽，取道太原，分軍西………。自北兵長驅而南，燕趙齊魏，蕩無完城。」

《牧庵集》〈懷遠大將軍招撫使王公神道碑〉：「我太祖始加兵中原，圍燕不攻，而坑中山，蹂山東河北，諸名城皆碎。」

《新元史》〈太祖本紀〉：「六年………皇子朮赤、察合台、窩闊台，分徇雲內，東勝，武、朔、寧、豐、淨等州………。八年………帝自將大軍，攻克涿易二州，分兵三道：命皇子朮赤、察合台、窩闊台為右軍，循太行西南，取保、遂、安寧、安定、邢、洺、磁、相、衛、懷、孟，掠澤、潞、遼、沁、平陽、太原、吉、隰，拔汾、石、欣、武等州；皇弟合撒兒、斡陳那顏、布札為左軍，循海而東，取平、灤、薊等州；帝與皇子拖雷為中軍，取雄、霸、莫、安、河澗、滄、景、獻、深、祁、蠡、冀、恩、濮、開、滑、博、齊、泰安、濟南、濱、棣、益都、淄、濰、登、萊等州，別遣木華黎攻密州。凡克九十餘城，兩河山東數千里之地，望風瓦解。唯中都及通順、真定、清、澤、大名、東平、德、邳、海州十一城，堅守不下。」

殺戮之慘，不獨動輒屠城。

《靜修文集》〈孝子田君墓表〉：「貞祐元年十二月十有七日，保州陷，盡驅居民出，而君及其父與焉。是夕下令，老者殺。卒聞命，以殺為嬉……。後兩日，再下令，無老幼盡殺。」

《牧庵文集》〈懷遠大將軍招撫使王公神道碑〉：「大兵及城（按：蠡），砲死蕭大夫（按：也先），兩軍憤厲，鼓屠其城，無噍類遺。」

《吳文正集》〈江州路總管謚安定王公墓碑〉：「國朝兵至河北，忠惠率三十村之民，迎其帥……。及蠡陷受屠，三十村之民獨免。」

《元遺山先生集》〈臨海弋公阡表〉：「壬辰河南破，公挈家避之西山，山柵破，……………是夜所俘，悉坑之，里社為空。」

《靜修文集》〈中順大夫彰德路總管渾源孫公先塋碑銘〉：「鳳翔之役，太宗詔從臣，分屠居民，違者以軍法論。」

且窮山搜林，燎煙於穴。

《牧庵集》〈報恩寺碑〉：「方國初用兵際，搜討所慊（至）于山，因燬諸佛廬事。」

《元朝名臣事略》〈國信使郝文忠公〉：「金季亂離，父母挈之河南，偕眾避兵，潛匿窟室，兵士偵知，燎煙于穴，鬱死者百餘人。」

即死者亦復加之以刃。

《靜修文集》〈武遂楊翁遺事〉：「昔者二十餘，遇保抄騎，身已十餘創，即伏而死矣，其一人，復抽刀由背及腹刺至地而去。是時，豈復憶生於天地之間六十餘年也……。又云：保州屠城，惟匠者免，余冒入匠中，如余者亦甚眾。」

金源之民，以蒙金世仇，漢人復懷種族舊恨。

《蒙韃備錄》〈征伐〉：「韃人在本國時，金虜大定間，燕京及契丹地，有謠言云：韃靼來，韃靼去，趕得官家沒去處，葛酋雍宛轉聞之，驚曰：必是韃人為我國患，乃下令極於窮荒，出兵勦之。每三歲，遣兵向北勦殺，謂之減丁。迄今中原人盡能記之，曰：二十年前，山東河北，誰家不買韃人為小奴婢，皆諸軍掠來者。今韃人大臣，當時多有虜掠住於金國者……。韃人逃循沙漠，怨入骨髓。」

《元史譯文證補》〈太祖本紀〉：「哈不勒汗為成吉斯汗三世祖……，威望甚盛……，金主聞其名，召至，禮遇甚優……。一日酒醉，鼓掌歡躍，捋金主鬚……，金主釋不問……，遣歸。金之大臣謂：縱此人，將為邊患，遣使邀以返……，殺金使……。其後俺巴孩娶婦於塔塔兒部人……，以獻於金，金正以殺使為憤，乃製木驢，釘之於驢背。」

不唯誅夷無復噍類，且掘其墳，揚其骸，遭遇之慘，尤爲殊甚！

《元遺山先生集》〈臨淄縣令完顏公神道碑〉：「貞祐二年，受代有期，而中夏被兵。盜賊充斥，互為友黨，眾至數十萬，官軍不能制。渠帥岸然以名號自居，仇撥之酷，睚眦種〈按：

金）人，期必殺而後已。若營壘，若僑寓託宿，群不逞鬨起而攻之，尋蹤捕影，不遺餘力，不三二日，屠戮淨盡，無復㈣類。至於發掘墳墓，蕩棄骸骨，所在悉然。獨臨淄之民，感令君之仁，親猶血屬，百方藏匿，有以全家父子甘就死地者。」

於是，群雄併起，盜賊橫行，大河以北，莽爲匪區。

《閒閒老人滏水文集》〈贈少中大夫開國伯史公神道碑〉：「中原受兵，大河之北，莽為盜區。鑾輿巡幸陪都，百官奔走扈從。」

挾仇劫殺，恣其攘奪。

《牧庵文集》〈興元行省瓜爾佳公神道碑〉：「吾歸，則壯者出為盜賊，肆相奪攘，甚者仇而殺之，而生齒益耗。」

弱肉強食，屠并爭地。

《青崖集》〈重修北嶽露台記〉：「有金南渡，河北群雄如牛毛，弱之肉，強之食，鄉人惴惴焉。」

《陵川集》〈左副元帥賈公神道碑〉：「時諸方州，皆事屠并爭地，殺人不卹其民，且荐饑更相啖噬。」

物價騰湧，十倍河南。

《金史》〈從坦傳〉：「河北職任，雖除授不次，而人皆不願就者，蓋以物價十倍河南，祿廩不給，饑寒且至。」

極其所至，殺戮官吏。

《滹南遺老集》〈王氏先塋之碑〉：「貞祐初，宣撫司以人選充本縣尉。時再兵火，遺黎反側未定，而為長吏者，方貪殘以逞，一日衆變，自令丞以下，悉肆屠戮。」

以人爲食，拆骸爲炊。

《青崖集》〈重修北嶽露台記〉：「自貞祐初，天兵南牧，衆推公主石城壘。丙子，石海亂，歲且饑，民瀕於沙河者，夜採魚藕草糧以糊口，晝穴窨，不敢出，海遣何運副者，擁精騎五千駐之曲河村，得一窨，即食之，拆骸爨骨，腥聞於天。」

既雜蹂葅醢其民，生齒安得不糜滅幾盡！

《靜修集》〈征行百戶劉君墓碣銘〉：「金季山東河朔兵興，賊雜蹂葅醢其民，獨真定城完。」

《青崖集》〈易州太守盧君行狀〉：「金貞祐間，先太守以公受易州軍事判官，時河朔諸豪並起，各以力相雄長，生民糜滅幾盡。」

迨秦蜀中州被兵，殺掠之餘，岐雍盜起。剽發財粟，掠人爲食，旅途爲之絕跡。

《牧庵集》〈平涼府長官元帥兼征行元帥王公神道碑〉：「大軍去，而群盜復起，岐雍之郊，千百為曹，以剽發財粟為業。及既殫亡無所得，始掠人為糧。時行省開府長安，累調軍誅之，不能平，長安路絕，而生齒益耗矣！」

汝洛私怨劫殺，中州盜賊充斥。

《元遺山先生集》〈臨海弋公阡表〉：「貞祐丙子，潼關破，汝洛被兵，居民保險，多以私怨相劫殺，官不能制。」

同書〈臨淄縣令完顏公神道碑〉：「貞祐二年……，中夏被兵，盜賊充斥，互為友黨眾至數十萬，官軍不能制。」

抄掠凌暴，自相啖噬，無復綱常人紀。

《元遺山先生集》〈聶孝女墓銘〉：「嗚呼，壬辰之亂極矣……！時京城（按：南京）圍久，食且盡，閭巷間，有嫁妻以易一飽者，重以喋血之變，剽奪凌暴，無復人紀。」

於是，大河以南，千里蕭條，遺黎無幾。

《秋澗集》〈乞權免大名等路今秋帶納中都遠腳倉錢糧事狀〉：「今五路百姓起運官糧千萬餘石，限十一月終，赴新城交納……。兼河以南，千里蕭條，人煙斷絕，人牛車仗，冬月寒苦。」

《元遺山先生集》〈故河南路課稅所兼廉訪使楊公神道碑〉：「癸巳汴梁破，微服北渡……，謁領中書省耶律公……曰：河南兵荒之後，遺黎無幾，烹鮮之喻，正在今日，急而擾之，糜爛必矣！」

《元朝名臣事略》〈左丞姚文獻公〉：「自夏徂秋，一城不降，皆由軍官……利財剽掠是致。降城四壁外，縣邑邱墟，曠土無民。」

蜀民殺傷殆盡，百不遺一。

《道園學古錄》〈中氏程夫人墓誌銘〉：「會國朝以金始亡，將併力於宋，連兵入蜀，蜀人受禍慘甚，死傷殆盡，千百不存一二。」

二、役繁賦重，殘破不堪

河北殺掠既定，生民耗亡，十逾其七。

《牧庵集》〈故從仕郎真州路總管府經歷呂君神道碑并序〉：「河朔干戈弗靖者，皆二十年。生齒耗亡十七，何譜牒之能存？」

以邢州而論，萬戶鉅邑，所遺無幾。

《元朝名臣事略》〈太保劉文正公〉：「邢州，古名郡也。國初為某長官食邑，州舊萬餘戶，兵興以來，不滿五七百。」

又有事金宋，少壯十九爲兵。

《道園學古錄》〈翰林學士承旨董公行狀〉：「十三年，出公衛輝路總管……，郡當要衡，民為兵者十九，餘皆單弱貧病，不任力役。」

故徵斂之繁，輓輸之勞，老弱傷殘，不勝任之。

《元朝名臣事略》〈平章宋公〉：「是時，天下略定，庶事草創，徵斂之繁，營屯之擾，法度未立，民不安生，公謂：十羊九牧，民窮而無告。」

《烏台筆補》〈乞權免大名等路今秋帶納中都遠腳倉錢糧事狀〉：「今五路百姓，起運官糧千萬餘石，限十一月終，赴新城交納，每石雖官支腳價二兩二錢……，今體訪得，每石不下五兩有餘，方才運一石。兼……人牛車仗，冬月寒苦，至於糇糧芻料，又須負載，往返三千餘里……。」

兼以料民之始，州縣爲示其庶，復以無產僑居者入籍，致賦下人戶散亡，科民包當。

《牧庵集》〈譚公神道碑〉：「初乙未料民，州縣率以無產僑客入籍，用示其庶。及賦下，悉避逃徙，責徵實存，官無所取。」

官吏更因緣囊橐，賦一征十。

《元朝名臣事略》〈宣慰使張公〉：「汾晉地廣物眾，官世守，吏結為朋黨，侵漁貪賄，以豪強相軋，其視官府紀綱及民疾苦，殆土苴然，而貧弱冤抑，終莫得伸……。河東賦役，素無適從，官吏囊橐為姦，賦一征十，民不勝其困苦。」

故生民之負，二十倍不蓰於昔。

《秋澗集》〈議卹民〉：「隨路百姓，自攻取襄樊以來，節次將中強等戶，簽之軍站，其見在（按：現居）下戶，供給百色軍需，已是生受，及江南平定……，前政煩苛橫取………，州縣官吏………，因緣作弊，科斂無度………，以四兩戶論之，是一歲著二十倍也。又軍戶、逃戶閃下差稅，復灑見戶納割，剝民肌，未見如此之甚………。」

民既罄其所有，官府賦稅亦無所從出，遂相與舉債胡賈，益使吏亡民散，有舉屯全空者。

《牧庵集》〈磁州滏陽高氏墳道碑〉：「壬子，天下大料民戶，歲入銀四兩，民已無所于得，州縣迫徵不休，回鶻利之，為卷（按：劵）出母錢代輸，歲責倍償，不足易子為母，不及十年，闔郡委積，數盈百萬，令長逃債，多委印去。」

《元名臣事略》〈宣慰使張公〉：「板蕩後，民耗弱，不任差役，官從賈豎子貸子錢，以充貢賦，謂之羊羔利，歲久來責，所負例配徵民伍，有破產不能償者。」

《烏台筆補》〈論河南屯田子粒不實分收與民事狀〉：「去歲屯田子粒………，其收分與民數目，至今不曾給付，使失業之民………，往返………搬運糇糧……，貧者至嚙草根………，往往逃竄，至有舉屯全空者。」

宣宗播遷，甘陝殘破。

《青崖集》〈重修寶雞祐德觀記〉：「寶雞古名縣也………，然干戈焚蕩之餘，榛莽愴悽，狐狸所居，豺狼所號。」

《牧庵集》〈平涼長官元帥兼征行元帥王公神道碑〉：「當弭兵之初，平涼之民，披林莽茨以居者，無百室，食率蓬稗。」

河北關中之民，併寄河南。

《金史》〈田琢傳〉：「河北失業之民，僑居河南陝西，蓋不可數計。」

《元遺山先生集》〈通奉大夫鈞州刺史尚書省參議張君神道碑銘〉：「正大五年，志移關陝。時關中游騎充斥，老幼扣關者，亡慮數十萬，志以關東人心易搖，重為避兵者所驚，則或有意外之變，欲稟命于朝，然後納之。君進曰：陝西老幼，報死無所，獨以關東為生路，今坐視不救，任為兵人所魚肉，豈朝廷倚公存活生靈意……。即命開關，而民由是免禍。」

蕞爾之地，所出惟是。一夫耕之，百人食之。

《金史》〈田琢傳〉：「百司用度，三軍調發，一人耕之，百人食之，其能贍乎？春耕不廣，收成失望，軍民俱困。」

《牧庵集》〈資善大夫同知行宣政院事張公神道碑〉：「宣宗播汴，河朔逃兵之民，皆扶攜婦子，從之而南，蕞爾之地，其出惟是，一夫耕之，不足以食百人。」

復舉天下之奉，責之一路。

《金史》〈陳規傳〉：「國家自兵興以來，州縣殘破，存者復為土寇所擾，獨河南稍安，然大駕所在，其費不貲，舉天下所奉，責之一路，顧不難矣！」

故役賦之重，數倍往昔。

《金史》〈高汝礪傳〉：「國家調發，河南為重，所徵租稅，率常三倍於舊。」

《金史》〈溫迪罕達傳〉：「且今調發，收倍於舊。」

兼以抗方興之師，更伐趙宋。

《元遺山先生集》〈內翰文獻楊公神道碑銘〉：「及時全倡議南伐，宣宗以問朝臣，公言朝多諛詞……，臣請兩言之……。夫將有事於宋者……，第恐西北有驚，而南又綴之，則三面受敵耳……，章奏不報……。時全一軍，敗于淮上，幾有隻輪不返之禍。宣宗責諸將曰：當使我何面目見楊雲翼也。」

軍費日急，徭賦百至。

《牧庵集》〈資善大夫同知行宣政院事張公神道碑〉：「有司又括粟餉軍，以就盡之運。抗方興之師，徭賦百至，猶不能支。故人心日離，望望焉而思大兵之至，以紓其急。」

《金史》〈食貨志〉：「宣宗立而南遷，死徙之餘，所在為墟，戶口日耗，軍費日急，賦斂繁重，皆仰給河南，民不堪命，率棄廬田，相繼亡去。」

《元遺山先生集》〈嘉議大夫陝西東路轉運使剛敏王公神道碑銘〉：「今軍士見屯者，無慮數十萬眾，而家口又數倍於軍，彼皆落薄失次，無所營為，唯有張口待哺而已。歲入有限……，不若計軍戶丁數口，撥給地畝……，悉歸耕穫……。略以一百萬口計之，歲省米三百六十萬斛，既豐委積，又免轉輸之勞。」

餽餫人畜，雜死于道。

《牧庵集》〈懷遠大將軍招撫使王公神道碑〉：「宣宗立，南踰河，都大梁。兵興，民既困徵求之繁，餽餫人畜，雜死道路，至不賴以生，有遲我元兵者。」

民間雖力竭財殫，猶有不給。乃相踵散亡，官不能禁。

《金史》〈食貨志〉：「有司不民力，徵調太急，促其限期，痛其棰楚，民既罄其所有而不足，遂使奔走傍求於他境。力竭財殫，相踵散亡，禁不能止也。」

以葉而論，兵興以來，戶減三之一。

《滏水文集》〈故葉令劉君遺愛碑〉：「葉劇邑也，路當要衝……，自擾擾以後，戶減三之一，田不毛者千七百頃，而賦仍舊，可乎？」

亳州舊逾六萬戶，餘者十不及一。

《金史》〈溫迪罕達傳〉：「亳州戶舊六萬，今存者十無一，何以為州，今且調發，數倍于舊。」

由是國用益困，斂民益重，逃者之租，復令居者代出，何異竭澤而漁！

《金史》〈食貨志〉：「宣宗立而南遷……，軍費日急，賦斂繁重……，民不堪命……，相繼亡去。乃屢詔招復業者，免其歲之租，然以國用乏竭，逃者之租，皆令居者代出，以故不敢還。」

三、人民流亡，多轉死溝壑

人民逃亡，出於兵劫，亦由賦重。蓋太祖南下，河北之民，多竄身河南。

《元朝名臣事略》〈內翰王文康公〉：「開州東明人……，會河朔亂，舉家南渡。」

同書〈內翰王文忠公〉：「廣平永年人……，金遷都汴，舉家南渡，居汝之魯山。」

秦陝被兵，關中之民，輒流寄汴洛商蔡間。

《牧庵集》〈領太史院事楊公神道碑〉：「以正大乙酉生于其居京兆之仁桂坊……，時艱，從中大夫逃亂而東，不恆其居，于汴，于歸德，于天平……，年十七，侍中大夫西歸。」

逮金室既覆，中州之民，或渡河北奔。

《道園學古錄》〈胡彥明墓誌銘〉：「胡氏世居河南陽陵……，國家兵至河南，河南人北遷。故公之父諱某府君，始來彰德，遂為彰德人。」

《元朝名臣事略》〈內翰李文正公〉：「壬辰正月城潰，公微服北渡，流落忻惇間，人所不能堪……。」

同書〈太常徐公〉：「陳州西華人……，癸巳，河南破，公輦太君北渡河。」

或南下襄樊。

《元朝名臣事略》〈內翰王文忠公〉：「歲壬辰，河南受兵，避難南走襄陽……，丙申，襄陽難作，公子身北歸，至洛西，適楊中書惟中，被命招集士流，一見喜甚，錄其名，援以告身，惟所欲往，遂北游河內，值王榮之變，去隱共山，尋遷相下。」

同書〈左丞姚文獻公〉：「老氏有曰：大兵之後，必有凶年，疾疫隨之，軍雖不試，而民止得其半，況今民去南畝，來歲之食，將安所仰！」

憲宗入川，蜀之民，恆亡命嶺海間。

《道園學古錄》〈故奉訓大夫衡州路總管府判官致仕楊君墓誌銘〉：「內附國朝，以嘉議大夫南安路總管兼府尹，軍旅之餘，江廣之間，綏撫鎮遏，恩威並著。蜀人士大夫在故鄉時，深苦兵寇之禍，故在東南者，皆走嶺海。及知世祖皇帝神武不殺，稍稍北還，而家業狼狽，僅保性命。凡道出度嶺者，南安公必出私財以周濟之，得不至顛沛。」

流散之衆，江北戶口，十分爲率，幾及其半。

《元文類》〈中書令耶律公神道碑〉：「初籍天下戶，得百四萬，至是逃亡者十四五，而賦仍舊，天下病之，公奏除逃戶三十五萬，民賴以安。」

兵劫之餘，生計本已狼狽，後又無所寄託，再四流竄。

《牧庵集》〈孫府君神道碣〉：「我孫氏故鄭管城力田人也，族大且滋。由兵興去平土，即險而居，始遷今河南之登封。會歲荒，先人分族……。輦祖妣，就饒唐之比陽，祖妣卒，其族以干戈未靖，謀趨漢南。先人死懷先塋，生思先祖，偕先妣，挺身西北，至則鄉邑蕭條，先祖已無問其存歿矣。寓食河之北，數年復歸，翦棘而田，斬茅而堂，日夜苦作，十年而能家也。」

《元朝名臣事略》〈內翰竇文正公〉：「廣平肥鄉人……，會國兵南下，公為所俘掠，間關險阻，還走達鄉井，家人輩皆亡去，惟母氏存焉。驚怖之際，母子俱得時疾……，而大兵復至，遂往河南，而依母黨吳氏以居……。壬辰授館西華，以教讀為業，久之，河南復被兵，公還視其家，則盡室亡矣。逃難之蔡……，公以為大兵且至，不速去，禍在旦夕，乃徙居德安之孝感縣……。河南既下，中書楊君奉朝命招集釋儒道士，公應募北歸，至大名，遂還鄉里。」

故殍殣相望，僵屍蔽野。

《元朝名臣事略》〈平章宋公〉：「既而汴梁潰，饑民北徙，殍殣相望，公議作廣廈，糜粥以食之，復以群聚多疫，人給米一斛，俾散居近境，所全活者，無慮萬計。」

《元遺山先生集》〈東平行台嚴公神道碑〉：「是冬大饑，生口北渡者，多饑死，又……無所於託，僵屍為之蔽野。」

金源遺胤，既無所占籍，蒙元復事仇殺，更顚沛奔走，無以底止。

《道園學古錄》〈朝列大夫僉燕南河北道肅政廉訪司事贈中議大夫禮部侍郎上騎尉追封天水郡伯趙公神道碑〉：「金之衰也，其民顛沛奔走無底止，四民無所占籍。」

逃亡既眾，役賦何所從出？故金嚴河淮之禁。

《元遺山先生集》〈內相文獻楊公神道碑銘〉：「河朔民何涇等十有一人，為遊騎所迫，泅河（按：淮）而南，有司論罪當死，公上章營救之曰：法所重私渡者，防姦偽也。今平民為敵所迫，奔入河，為逭死之計耳！豈有他哉？」

同書〈通奉大夫禮部尚書趙公神道碑〉：「甲戌以來，河禁嚴密，遂有彼疆此界之限。郡人王義者，家貧無以自養，嘗往林州耕稼，林州陷久矣，義書與家人，比舍竊見之，遂以義家謀叛告……，罪當死，公持不可，乃上奏：河南北，皆吾境也，民吾民也，車駕南渡……，初無疆界之分，南北之限，此人果以不幸滅族，是使南避之民，舉無歸顧之望也。」

蒙元亦詔民官秩滿，以戶藉增減，爲黜陟之基。

《元史》〈崔彧傳〉：「二十年復以刑部尚書，上書言時政十八事……。十一曰……，民官滿替，以戶口增耗為黜陟。」

所在官吏，更恐戶口流散，別致罪咎，恆嚴藏亡之令，結連坐之保。

《秋澗集》〈論借貸饑民米糧事狀〉：「郡縣……不敢權宜，略為營救……。又慮任內戶口流散，別致違錯，虛言安慰，隨以鄰佑團甲保結，不使東西就食它處，苟延朝夕。以致餓殍死亡逃竄。如此是上慢下殘，而與有司殺之何異！」

《元遺山先生集》〈山東行台嚴公神道碑〉：「是冬大饑，生口北渡者，多饑死。又藏亡法嚴，有犯者，保社皆從坐之，逋亡纍纍，無所於託，僵屍為之蔽野。」

《元史》〈崔彧傳〉：「二十年，復以刑部尚書，上書言時政十八事……，十一曰：內地百姓，流移江南，避役賦者，已十五萬戶，去家就旅，豈人之情？賦重政繁，驅之致此，乞特降詔旨，招集復業，免其後來五年科役，其餘積欠並蠲，事產即日給還。」

於是，復詔任官江南，秩滿不返者，遣使徙之北還。

《續通鑑》：「至元二十三年……，以漢民就食江南者多，又從官江南者，秩滿多不還，遣使盡徙北還。」

漢人適江，雖不占籍，亦一例當役。

《元史》〈崔彧傳〉：「江南不歸者，與土住一例當役。」

《元朝名臣事略》〈宣慰使張公〉：「壬子，公與元好問北覲，奉啟請王為儒教大宗師，王悅而受之。繼啟累朝有旨蠲免儒戶兵賦，乞令有司遵行，王為降旨。」

更於黃河江淮諸津，設禾脫禾孫，往來究查。凡漢人南適而無文書者，律止之。

《續通鑑》：「設禾脫禾孫於黃河、江、淮諸津，凡漢民無齎公文適南者，止之。為商者聽之。」

人民除四竄流亡外，金元又皆遷其民。蓋金人播汴，徙其民於河南。

《牧庵集》〈武略將軍知秦州史君神道碣〉：「序曰：維史氏雲中人，太祖加兵中國，禡牙於此………。金燮國播汴，徙其民於河之南。」

元軍出饒峰，嘗遷唐鄧均襄樊五州之民，於伊洛間。

《牧庵集》〈鄧州長官趙公神道碑〉：「太宗為太子，南征遠過，教以是城甚近襄陽，虞力孤不能自完，且歲荒，與均、唐三州民，徙洛陽之西三縣：鄧治長水，均治永寧，唐治福昌………。明年，襄樊亦徙洛陽。」（按：元軍至鄧，始於太宗三年，施雷出饒峰，于迴伐金。所謂南征遠過，即指斯役。唯太宗爲太子，爲誤。蓋太祖之世，元軍未逾河南也。）

鈞州三峰之捷，復移中原六州之民於威寧。

《牧庵集》〈與元行省瓜爾佳公神道碑〉：「壬辰，大破金兵鈞之三峰山，不能國矣！詔徙六州民田、威、寧。時天下荒饑，獨山北為樂土，四方之民，其來如歸。」

拔蔡滅金，有事於宋，又詔原遷伊洛之民，重返唐鄧以實邊。

《牧庵集》〈鄧州長官趙公神道碑〉：「癸丑，在先朝，今上以太弟之重，命故丞相史忠武公經略河南，始屯田漢上，張平宋本，盡還為徙鄧、均、唐、襄、樊五州民實南，公始復鄧。時宋已築襄樊均，皆宿重兵，徙民各歸其州，惟是三州均無所于歸，襄樊僑治州北，均僑治州西。」

逮中統之初，爲實山後，嘗詔河西之民，移田應州（按：大同路屬州）。

《元史》〈世祖本紀〉：「中統三年……敕河西民徙居應州，其不能自贍者百六十戶，給牛具及粟食種，仍賜布人二匹。」

懷孟以衝要，復徙新民於中興。

《烏台筆補》〈論起移懷孟路新民事狀〉：「伏見懷孟新民二千戶，大小一萬餘口，今將差官分間起移，前往中興路安置……。此等俱係車駕渡江時，軍前好投拜人戶，前後恩卹十年，一旦遠徙，誠當念慮。」

金元遷徙其民，雖官給所需，然千里拔涉，稚老病殘在途，生民之苦，堪稱禍不單行矣！

《烏台筆補》〈論起移懷孟路新民事狀〉：「今者遷徙遠去，不惟費用浩大，經過州縣，飲食供頓，人兵防逃，必致搔擾。其間更有卒難起移之事，而老弱因流離道路，困乏疾疫，不無橫死……，非來遠人之道也。」

四、淪為奴隸者，為數驚人

元初奴隸，爲數驚人，天下戶口，二分爲率，幾居其半。

《元文類》〈中書令耶律公神道碑〉：「時諸王大臣，及諸將校，所得驅口，往往寄留各郡，幾居天下之半。」

權家富室，蓄奴養婢，恆動輒萬千戶，數逾十餘萬。

《續通鑑》：「至大二年………蘇約言：富室有蔽占民奴使之者，動輒千百家，有多至萬家者。」

《元文類》〈中書左丞張公神道碑〉：「諸勢家告有戶數千，當役屬為私奴，朝議久不決，公言：法當以乙未戶帳為斷。若已籍為奴，或奴未占籍者，歸勢家可耳。自餘皆國家良民，必無為奴之理，其議遂定。」

《牧庵集》〈侍衛親軍都指揮使李公神道碑〉：「再復真定，屋之列肆者，半城闉，有以無居室來乞，人賦一間，數年而盡。惟其弟存奴婢三千人，歲晚皆平民之。」

考其來源，一爲兵劫之餘，貧困無告，淪爲奴隸。

《元朝名臣事略》〈宣慰使張公〉：「兵後，貧民多依庇豪右，及有以身傭，藉衣食。歷年滋久，掩為家人。」

《元文類》〈中書右丞相史公神道碑〉：「兵火之餘，民間生理貧弱，往往從西域賈人借貸，周歲輒出倍息，謂之羊羔利。稍積數年，則鬻妻子，不能盡償，公奏：乞令民間負債出息，至倍則止，上從之，遂定為法。」

一爲戰時俘虜，夷之爲奴。

《續通鑑》：「阿爾哈雅……下荊南、江西、廣西、海南之地……，所俘三萬二千餘人悉役為奴。」

《牧庵集》〈中書左丞姚文獻公神道碑〉：「太祖平金，遣二太子總大軍南伐，降唐、鄧、均、德安四地，拔棗陽、光化，留軍戍邊。襄、樊、壽、泗之民，繼以來歸。而壽泗之民，盡于軍官分有，由是降附路絕。」

蓋所掠生口，官輒代贖。

《元史》〈世祖本紀〉：「至元二年……，統軍抄不花、萬戶懷都麾下軍士，所俘宋人九十三口，官贖為民。」

奴隸逃之，有司復嚴爲緝捕，朝廷遣員按究。

《牧庵集》〈平章政事史公神道碑〉：「留治靜江，初城既兵得，剽殺之餘，官舍民室，盡於焚毀……。民男女為人所奴，從主北者，或思鄉亡歸，拘之有司，可籍究者三千人。」

同書〈武略將軍知宏州程公神道碑〉：「岐雍民家奴，皆蜀俘，百十為曹，相煽亡歸，公悉止還。朝廷聞之，率以為反，遣特濟來按，事連其主，將盡誅之。公曰：民奴群逃，主何與知？惟當罪告亂者，由是惟誅七八。」

故軍行所至，唯生口抄掠是利。

《元文類》〈藁城董氏家傳〉：「他將利其子女是取，公曰：人降而奪之孥，仁者不為，眾義不取。南征時，人多歸公為奴，既全其家，歸悉縱為民。」

《牧庵集》〈中書左丞姚文獻公神道碑〉：「軍將唯利剽殺，子女玉帛，悉歸其家，城無居民，野皆榛莽。」

至奴隸之爲用，既可貨賣。

《秋澗集》〈論撫治川蜀事狀〉：「軍前掠獲生口，不許贖賣，將有夫婦及男女成丁者，配合作戶，官為給田……。」（按：此狀意在制止贖賣所掠生口，故此狀以前，所獲生口，可以贖賣。）

《畿輔通志》李冶撰〈元龍虎上將軍董俊神道碑〉：「或為所掠，見之，必贖歸，復其業。」

《續通鑑》：「至元三十年………禁江南州郡，以乞養良家子，轉相販鬻，及強將平民略賣者。時北人酷愛江南技藝之人，呼曰巧兒，其價甚貴。至於婦女，貴重尤甚。每一人易銀二三百兩，尤愛童男女。處處有人市，價分數等，皆江南士女也。父母貪利，貨于販夫，輾轉貿易，至有易數十主者。北人得之，慮其遁逃，以藥啞其口，以火烙其足，驅役若禽獸然。」

復可以爲賞賜。

《元史》〈憲宗本紀〉：「六年………帝駐蹕阿塔哈帖乞兒蠻，以阿木河回回降民，分賜諸王百官。」

戰時，更有以之冒名代征。

《元史》〈李忽蘭吉傳〉：「十年：附奏……今蒙古漢軍，多非正身，率以驅奴代，宜嚴禁之。」

平時，則自置胥吏，責其租賦。《續通鑑》：「所俘三萬二千餘人，悉役為奴，自置吏治，責其租賦，行御史台以為言……，並放為民。」

金源之裔，覆國之餘，王公貴族子弟，淪寄爲奴者，亦比比皆是。《元朝名臣事略》〈參政賈文政公〉：「汴京之破，金族屬及朝臣子弟，奴於人者，公悉聞而民之。」

五、尾　語

金元之際，人民兵劫竄死之餘，復當役繁賦重，或淪爲奴隸，逢時若是，何其令人浩歎耶！考殺掠殘破，每値亂世，恆多如此。然北方宗族之南下牧馬，則爲尤甚。唯所以如此者，蓋風俗文化使然，非所以欲誅夷異類者可比。兼以北方宗族南下，固使人民面臨浩劫，然亦使文化更趨燦爛，且不乏善政。如元之創海運，開運河，立行省，與詞曲、繪畫、工藝之精，均有彌足令人稱頌之處。故吾人對北方宗族之南下中原，既不宜褒爲聖人治世，亦不應貶爲蠻人君臨，功過各俱，必執其一，豈可乎！

（原載一九六五年三月《大陸雜誌》三十卷五期）

四、說元代吏治

中國歷史上，邊疆部族得入主中原者，若北魏，若蒙元，若滿清等，除滿清外，皆國祚短促，不數十年而亡者，昧於城居治道，致吏治窳劣，爲其根本。考蒙元速亡之因，一曰職繁官冗。二曰豪侈橫斂。三曰俸薄貪墨。四曰吏品流雜。五曰蒙員瞢於從政。謹就典籍所載，分述如後。

一、職繁官冗

太祖創業之初，令約事簡，設官至少。僅以萬戶統軍，斷事官秉政，任事者，不過一二親貴重臣。

《元史》〈百官志〉：「元太祖起自朔方，部落野處，非有城郭之制。國俗淳厚，非有庶事之繁。惟以萬戶統軍旅，斷事官治刑政，任用者不過一二親貴重臣耳。」

《元文類》〈禮部尚書馬公神道碑〉：「國朝天造之始，總裁庶政，悉由斷事官。」

後以西域抵定，方置達魯花赤於各城，以爲監守。

《元史》〈記事本末〉〈官制之定〉：「後以西城漸定，始置達魯花赤於各城，監治之。」

及淹有中原，太宗始有十路課稅所及中書省之設置。

《元史》〈太宗本紀〉：「二年……冬十一月，始置十路徵收課稅使，以陳時可、趙昉使燕，劉中、劉恒使宣德，周立和、王貞使西京，呂振、劉子振使太原，楊簡、高廷英使平陽，王晉、賈從使真定，張瑜、王銳使東平，王德亨、侯顯使北京、夾谷永、程泰使平州，田木西、李天翼使濟南。」

同篇：「三年……始立中書省，改侍從官名，以耶律楚材為中書令，黏合重山為左丞相，鎮海為右丞相。」

至金人之來歸者，率以其舊官而授之，初非有制規可循。

《元史》〈官志〉：「金人來歸者，因其故官若行省，若元帥，則以行省，元帥授之。」

《元史》〈劉伯林傳〉：「太祖圍威寧，伯林知不能敵，乃縋城詣軍門請降……，帝問伯林在金國為何官，對曰：都提控，即以元職授之。」

世祖即位，始命劉秉忠、許衡，酌古今之宜，定內外官制，大新制作。於是一代典章，燦然大備。

《新元史》〈劉秉忠傳〉：「中統元年，世祖即位，問以治天下之大經，養民之良法，秉忠採祖宗舊典，參與古制宜於今者，條例以聞。於是下詔建元經歲，立中書省，宣撫司。金源舊臣及山林遺逸之士，咸見錄用，文物燦然一新。」

《元史記事本末》〈官制之定〉：「世祖即位，始大新制作，乃命劉秉忠、許衡，酌古今之宜，定內外官制。其總政務者曰中書省，秉兵柄者曰樞密院，司黜陟者曰御史臺，體統既立。其次在內者，有寺有監有衛有府，在外者則有行省，有行臺，有宣慰司。其牧民者，則曰路、曰州、曰縣、官有常職，位有常員，食有常祿。其長則蒙古人為之，漢人南人貳焉。」

《新元史》〈趙天麟傳〉：「今國家立制，自宗王及國王郡王國公以下為爵，自特進崇進，至將軍大夫校尉郎，為階。自正一至從九為品。掌典當行為職，各職所居為位，各位養廉之資為祿，各司贊佐行文之吏為吏，其制亦已詳矣！」

惜中晚以降，爵賞濫竽，秩位遙授。

《新元史》〈于欽傳〉：「天歷元年欽……上言朝廷：政務賞罰為先，功過既明，天下斯定。國家近年，自鐵木迭兒竊位擅權，假刑賞以遂其私，綱紀始亂。迨至泰定，爵賞益濫。」

《新元史》〈官志〉：「秩位濫於遙授，事權墮於添設，大德以後之所增，並不盡為世祖舊制也。」

《續通鑑》：「至大三年……張養浩上時政書……曰名爵太輕。陛下正位宸極，皇太子冊號東宮以來，由大事初定，喜激於中，故左右之人，往往爵之太高，祿之太重，微至優伶屠沽僧道，有授丞相平章參政者。其他因修造而進，以技藝而得官，曰國公曰司徒曰丞相……。自有國以來，名器之濫，無甚今日。」

黃冠可秩特進，閹宦得位三公。

《道園學古錄》〈河圖仙壇之碑〉：「至治……二年，制授公（按：吳全節）特進上卿，玄教大宗師。」

《元史》〈李邦寧傳〉：「宋故小黃門也……。成宗即位，進昭文館大學士……。武宗加大司徒，尚服院使，遙授丞相……。」

《續通鑑》：「泰定元年……三月……庚戌監察御史宋本……言：太尉司徒司空三公之職，濫假僧人……，請罷之，不報。」

一事而分數官，一官而置數員，職繁官冗，十羊九牧。

《新元史》〈趙天麟傳〉：「臣伏見京師不急之司院，無用之署局，及隨朝臺省院部以下諸有司官吏，可兼不兼，可併不併，亦已有之矣！畿外行省，隨省諸有司宣慰廉訪等司，路府州縣倉庫局監等諸衙門，及各衙門內官吏，亦有冗者矣！」

《新元史》〈鄭介夫傳〉：「吏兼衙門紛雜，事不歸一。正宮位下自立中政院，匠人自隸金玉府，校尉自歸拱衛司，軍人自屬樞密院。諸王位下自有宗人府，內吏府。僧則有宣政院，道則有道教所。又有宣徽院，徽政院、都護府、白雲宗。所管戶計諸司頭目，布滿天下，彼此不相統攝……。」

《元文類》馬祖常〈建言一十五事〉：「諸道宣慰司，除吐蕃、南詔、兩廣、福建外、如浙東、淮東、荊南、山東、並為無用，徒月費俸糜，坐養官吏而已……。」

《續通鑑》：「至大元年……秋七月……癸未樞密院言：世祖時樞密臣六員，成宗時增至十三員，今署事者三十二員，宜汰之，敕罷塔斯岱等十一人。」

同前：「至大元年……十一月己未中書省言：世祖時自中書以下諸司，官有定員，邇者……，一司多至二三十員，事不改舊，而官日增……。」

是以雜流之人進，賄賂之竇開。事有因循敷衍之弊，民有刻剝煩擾之苦。

《新元史》〈趙天麟傳〉：「臣竊以冗官之弊有三：一曰選法之弊，二曰政事之弊，三曰軍民之弊。夫文武官既多，當考滿之時、近春秋之選，資格之薄，擾攘紛紜，保薦之文，交錯旁午，有司行文且未暇，奚暇顧孰果有才，孰果有德，而考校之哉！既不遑考校，則取準於官牘薦書之所陳布已耳。於是流雜之途進，貨賄之竇開，遂致員多闕少，無如之何。經營者是得遷除，養高者坐淹歲月，此選法之弊也。夫文武官員既多，有當決之事而不決，有當行之事而不行，問其職則曰：我職也。問其施則曰：僚屬非一，豈我所能獨主？及乎朝廷聞之，遂立稽違期間之罰，不亦甚與！此政事之弊也。夫國家用人路廣，浮濫得升，使之臨蒞在下，必不能敷宣政化，如是則刻剝之苦，役使之煩，為害良多，此軍民之弊也。三弊不絕，而徒立法以防之，不知法立而懼法之人，姦欺之計益生矣！」

迨群盜蜂起，又專務姑息招撫之政，縻以官爵，豢以土地，於是民樂從賊，有元一代，亦因此而亡。

《新元史》〈慶童傳〉：「元季群盜蜂起，受撫於官，則號義軍，大者據郡縣，小亦賊良民以恣搏噬，而朝廷又以官爵寵之，故憑藉王命，益無忌憚，此獎亂之道也。」

《新元史》〈方國珍傳〉：「初國珍作亂，朝廷出空白宣敕數十道，募人擊賊，海瀕之士，多應募立功。所司邀重賄，不輒與，有一家死數人，卒不得官者。國珍再受招諭，遽至大官，由是民慕為賊，從國珍者益眾。國家既失江淮，藉國珍舟師，以通海運，重以官爵羈縻之，國珍愈橫。」

《新元史》〈惠宗本紀〉：「帝淫湎於上，姦人值黨於下，戕害忠良，隳其成功。迨盜賊四起，又專務姑息之政，縻以官爵，豢以土地，猶為虎傅翼，恣其搏噬。孟子有言：安其危，利其災，樂其所以亡，嗚呼，其帝之謂歟！」

二、豪侈橫斂

元廷豪侈靡費，不知撙節浮蠹。大德中，朝廷費用，已百倍昔時，且透支甚鉅。

《元文類》李元禮元貞二年五月〈諫幸五臺疏〉：「夫財不天來，皆出於民，今朝廷費用，百倍昔時，而又勞民傷財，其不可四也。」

《續通鑑》〈武宗本紀〉：「大德三年春正月……壬辰，中書省臣言：比年公帑所費，動輒鉅萬，歲入之數，不支半歲，自餘皆借及別支，臣恐理財失宜，鈔法亦壞。」

至大以降，度支寖廣，日增月益，赤字之鉅，竟至千餘萬錠。

喬治沃爾納德斯基《蒙古與俄羅斯》：「鐵木兒無子嗣……，海山（按：武宗）稱汗。在選汗上，各方之浪費，使帝國財政瀕於危機。一三〇八（按：至大元年），財政上之赤字，達紙幣約七百萬錠。」

《新元史》〈食貨志〉：「至大二年，中書省臣言：常賦歲鈔四百萬錠，入京師者二百八十萬錠，常年所支，止二百七十萬錠。今已支四百二十萬錠，又應支而未給者，尚有百餘萬錠，臣等慮財用不繼，敢以上聞。及仁宗即位（按：至大四年），中書平章政事李孟言：每歲應支六百餘萬錠，又土木營繕之費，數百萬錠，內降旨賞，復用三百萬餘錠，北邊軍餉又六七百萬錠，今帑藏栽餘十一萬錠，安能周給！不急之費，亟應停罷。」

考其原因，一爲賜賚無度。賜賚之類有三：一爲五戶絲，一爲江南鈔，一爲歲賜。而歲賜之外，諸王后妃，復時有賜與。糜款之鉅，一次之賞，竟罄兩都所儲，猶有半數未給。

《新元史》〈食貨志・賜賚條〉：「賜賚之數有三：一曰五戶絲，一曰江南鈔……，一曰歲賜……。而歲賜外，諸王后妃，又時有賜與。糜款鉅萬，廷臣屢言之，雖曰篤親親之義，然亦濫矣！」

《元史》〈武宗本紀〉：「至大元年……中書省臣言：朝會應賜者，為數總三百五十萬錠，已給者一百七十萬，未給者，猶有百八十萬餘，兩都所儲已罄。」

《元史》〈兵志・宿衛條〉：「自太祖以後，累所御斡耳朵，其宿衛未嘗廢，是故一朝一朝之怯薛，總而計之，其數滋多。每歲所賜鈔帑，動以億萬計，國家大費，每敝於此焉！」

《新元史》〈回回傳〉：「泰定即位，內府供億邊臣，賞賚視常例十倍。」

《馬可孛羅遊記》：「君王欲賜一萬二千男爵，每人袍服十五襲，合計共有十五萬六千襲，其價值甚巨。」

《多桑蒙古史》：「於是宴樂七日，貴由然後取其父所藏之金銀財帛，命……散之眾人，視其位之高下而俵散之。先及諸王妃主，次及諸臣，諸那顏，諸將校等，終及諸藩王及其隨從諸人。新帝欲其施賞超過其父之舊賜，於是不特士卒有賞，凡蒞會之人，皆有所賜。先賞右手及左手諸部眾，賞賜之厚，其童稚亦有所得。繼賞外國人，至於僮僕，皆有所獲……。仍不能罄，貴由命人競取之。」

二曰糜於佛事。醮祠之繁，布施之鉅，賜予之濫，《續通鑑》張養浩〈上時政書〉嘗謂：「國家經費，三分爲率，僧居其二」。

《元史記事本末》〈佛教之崇〉：「至元三十年間，醮祠佛事之日，僅百有二，大德七年再立功德司，遂增至五百有餘。交結近侍，欺昧奏請，市施莽齋，所需非一，歲費千萬，較之大德，不知幾倍。」

《新元史》〈釋老傳〉：「二十二（按：至元）年，集諸路僧四萬於西京普恩寺，作資戒會七日夜……。成宗初，以國忌飯僧七萬……。延祐四年宣徽院會計，歲供其費以斤計者，用麵四十三萬九千五百，油七萬九千，酥二萬一千八百七十，蜜二萬七千三，他物稱是。至累朝賜予，尤為無度。如中統初，賜慶壽、海雲二寺，陸地五百頃……。皇慶初，賜大普慶寺腴田八萬畝，邸舍四百間……。奏請布施，歲費千萬……。」

府庫既空，言利歛聚之大臣大進，掊克之政亦生。

《元史記事本末》〈阿合馬桑盧之奸〉：「世祖至元十七年，混一天下。十九年而戮阿合馬屍，二十二年而誅盧世榮，二十八年而誅桑哥，三凶速殄，中外鼓舞……，然究其始用，莫非以利動也。阿合馬種族回紇，中統三年，即專理財賦，寵倖登相，掊歛作奸，流毒海內，王著痛發義憤，殺之闕下，帝尚不悟其惡，孛羅言之，始詔剖棺。以創業之君，經營夷夏，有賊在側，久而不察，彼日之微，何汶汶也。盧世榮罪廢之餘，浣渥再用。桑哥……黠橫擅權，後雖駢首市曹，委肉鷹獺，顧上下重困，則已亟矣！……凡至元一統之年，皆小人聚斂之日。古來人君好利，未有過於元世祖者也。」

同書〈尚書省之復〉：「元世尚書省之設凡三，阿合馬、桑哥、脫虎脫三人相終始，初皆以言利當人主意。尚書省蓋專為理財用設也。」

是以稅課暴增，視世祖之世，倍蓰十百不侔。

《元文類》〈賦典總序‧鹽法〉：「每鹽一引，須重四百斤……。至元十三年，每引改中統鈔九貫，二十六年增為五十貫……。至大己酉至延祐乙卯，七年間，累增為五十貫……。視中統至元，已增幾二十倍矣，然而國用益不給……。」

同篇〈商稅條〉：「歲甲午始立徵收課稅所，以徵商賈之稅，初無定額，至元七年立法，始以三十分取一……。二十六年桑哥為丞相，遂重增其稅。自是以來，漸以增益，視其初，倍蓰十百不侔矣！」

《續通鑑》：「延祐元年……九月己巳……，特們德爾（按：鐵木迭兒）言……，課稅則比國初已倍五十矣！」

《新元史》〈食貨志〉：「元中葉以後，課稅所入，視世祖時，增二十餘倍，即包銀之賦，亦增至十餘倍，其取於民者，可謂悉矣，而國用患其不足。」

《元史》〈食貨志〉：「除稅糧科差二者之外凡課之入，日增月益，至於天曆之際，視至元大德之數，益增二十倍矣，而朝廷未嘗有一日之蓄。」

《元史》〈食貨志‧商稅條〉：「至元七年遂定三十分取一之制，以銀四萬五千錠為額……，至天曆之際，天下總入之數，視至元七年所定之額，蓋不啻百倍。」

濫發交鈔，至日不暇給。

《元文類》〈賦典總序‧鈔法條〉：「世祖皇帝中統元年七月，創造通行交鈔，以絲為本，以革諸路引用鈔法之弊也……，其為利溥矣！其法之弊也，鈔輕而物重，子母不能相權。故至元尚書省，折以中統之五倍，至大尚書省，又折以至元之五倍，每加愈重……。」

《元史》〈鈔法〉：「十一年（按：至正）印交鈔，令民間通行，行之未久，物價騰踴逾十倍，又值海內大亂，年儲供給，賞賜犒勞，每日印鈔，不可數計，舟車裝運，軸轤相接，交鈔之散滿人間，無處無之。京師料鈔十錠，易斗粟不可得。所在郡縣，皆以貨物相貿易，公私所積之鈔，遂不行。」

《新元史》〈呂思誠傳〉：「至正十年，丞相脫脫銳意變法，祺與吏部尚書偰哲篤，請更鈔法，以褚幣一貫文，權銅錢一千文為母，銅錢為子，脫脫從祺（按：武）等議，立寶泉提舉司，鑄至正通寶銅錢，印造交鈔，通行天下。未幾以軍興犒賞，印鈔日不暇給，物價騰涌逾十倍，度支益絀。」

《蒙古與俄羅斯》：「一三四一年（按：至正二年），交鈔發行額達一百萬錠。一三五二年（按：至正十二年）增加一倍。到一三五六年（按：至正十六年）時，竟膨脹到六百萬錠。」

朝廷橫歛於上，惡吏迫煎於下。

《新元史》〈徹里傳〉：「二十四年桑哥為丞相……，行省承風督責尤峻，或逮及親鄰，械繫榜掠，民不勝其苦。自殺及死於獄者，以千百計，中外洶洶。」

《元文類》〈賦典總序・經理條〉：「延祐初，章閭倡經理之議，期限猝迫，貪刻並用，官府震動，人不聊生，富民黠吏，並緣為姦，盜賊併起，田萊荒蕪……。」

《元史紀事本末》〈鐵木迭兒之奸〉：「延祐九手……，鐵木迭兒奏言：江南田糧，雖嘗經理，多未核實，可始自江浙以及江東西……，從之。尋遣使者，分行各省，據田增稅，苛急煩擾，江右為甚。明年，贛民蔡五九作亂，南方騷動。」

《新元史》鄭介夫〈評元代和買之制〉謂：「雖曰和買，何異白奪！」

遂至百姓窮困失所，相攜逃亡。

《新元史》〈王艮傳〉：「紹興路總管王克敬，以民苦計口食鹽，言於行省，未報。克敬遷轉運使，議減額以紓民力。沮之者皆謂：有成藉不可改。艮毅然曰：民實寡，而多賦之，今逃亡已眾，猶據成藉，而輕棄民命乎！」

《新元史》〈趙天麟傳〉：「成宗即位，復上逃民策……。臣謂逃民之故有五：一曰天，二曰官，三曰軍，四曰錢，五曰愚。蓋……屢經飢饉，糧竭就食，如此而逃者，天為之也。守令苛刻，役歛煩興，富以賂免，貧者難任，如此而逃者，官為之也。軍資不贍，鬻賣田產，無以供給，如是而逃者，軍所為也。生理不周，舉債乾沒，子本增積，不能速償，如是而逃者，錢所致也。弗恤艱難，損墮遺業，悔恨莫追，窮困失所，如此而逃者，乃自愚也。夫逃民皆無奈之民也，倘稍能自存活，豈肯逃哉！」

蒙元一代，亦因重用其民，根本斵喪，速迅覆亡。

《元史紀事本末》〈尚書省之復〉：「太祖輕用其民而大業成，世祖用其民而世祚促。」

三、俸薄貪墨

元初百官，皆無俸祿。故浸漁推剝民眾，咸爲常事。

《新元史》〈陳祐傳〉：「中統元年，真除祐為總管。時州縣官未給俸，多貪暴。祐以清慎見稱，在官八年，如始至之日。」

《元史》〈食貨志・俸秩〉：「元初未置祿秩。」

世祖即位，始命給之。

《元史》〈食貨志・俸秩〉：「世祖即位之初，首命給之。內而朝廷百司，外而路府州縣，微而府吏胥徒，莫不有祿。」

然江南官吏，至元二十年始有祿秩。大德六年，致用院所屬，方給鈔俸。

《新元史》〈程鉅夫傳〉：「一給江南官吏俸錢：仕者有祿古今定法，無祿而欲責之以廉難矣！江南官吏自至元十七年以來，並不曾支給俸錢，直是放令推剝百姓。」

《元史》〈食貨志・俸秩條〉：「成宗大德……六年，又定各處行省宣慰司、致用院宣撫司、茶鹽運司、鐵冶都提舉司、淘金總管府，銀場提舉司等官循行俸例。」

後雖以俸薄鈔虛，累增所給。

《新元史》〈食貨志・俸秩〉：「世祖中統元年，始給內外官吏俸鈔。二年定六部官吏俸，是年十月定諸路州縣官吏俸………。二十三年，詔近年諸物增價，俸祿不能養廉，以致浸漁百姓，公私俱困，自今內外官俸，給以十成為率，添支五分………。大德三年，增小吏俸米………。七年，加內外官吏俸米………。」

唯仰事俯蓄，仍屬不足。

《新元史》〈程鉅夫傳〉：「江南官吏，多是北人，萬里携家，鈔虛俸薄，若不浸漁何以自贍………？今欲一一添俸，則費鈔愈多，虛鈔愈甚，莫若職田為之便也。宜令………凡處係官田，即撥與各官，合得職田與腹裏例。」

《新元史》〈鄭介夫傳〉：「丞相職居人臣之右，每月得俸八錠有零，一日之俸，不滿十四兩………。天子立相，必須厚祿以優崇………，豈可先處約而薄養！」

《元史》〈蘇天爵傳〉：「至正四年，召為集賢侍講學士，兼國子祭酒………。明年，出為山東道肅政廉訪使，尋召還集賢，充京畿奉使宣撫，究民所疾苦，察吏之姦貪，其興除者七百八十有三事，其糾劾者九百四十有九人，有包韓之譽，然以忤時相，竟坐不稱職罷歸。」

《新元史》〈成宗本紀〉：「大德………七年………諸道奉使宣撫，罷贓吏凡一萬八千四百七十三人，徵贓四萬五千八百六十五錠，審寃獄五千一百七十六事。」

以致蒙元一代貪風之熾，贓款之鉅，殊爲駭人聽聞。

四、吏品流雜

元人入仕，多由吏進。

《元史》〈選舉志〉：「自世祖以來，科舉議而未行，士之進身，皆由掾吏。」

《元文類》〈經世大典敘錄・補吏〉：「元入官之制，自吏業進者多，卿相守令，於此焉出，故補吏之法，尤為詳密。」

《新元史》〈選舉志・學校〉：「二十一年（按：至元）九月，丞相哈剌合孫等言：十一月中書省臣言：皆以謂天下官儒者少，而由刀筆吏得官者多。」

《元文類》〈送李茂卿序〉：「大凡今仕唯三塗：一由宿衛，一由吏，一由儒。由宿衛者……十之一；由儒者……十分之一半，由吏者……十九有半焉。」

《續通典》：「皇慶延祐中，由進士入官者，僅百之一，由吏致顯要者，常十之九。」

雖中州小民，習半行字，能治文書，積年累月，可至通顯。

《新元史》〈鄭介夫傳〉：「今吟一篇詩，習半行字，即名為儒。拾舉式例，會計出入，即名為吏。」

《續通典》〈選舉志・雜議論下〉：「余闕曰……我國家……自至元以下，始浸用吏，雖執政大臣，亦以吏為之。由是中州小民，粗識字，能治文者書，得入臺閣共筆劄，積日累月，可致通顯。」

《滋溪文稿》：「國家用人，內而卿士大夫，外而州牧藩章，大抵多由吏進。」

《元文類》〈經世大典序・入官〉：「國家初得中原……，用人之途不一……，唯薄書期會金穀營造之事，供給應對，惟習於刀筆者，為適用於當時。故自宰相百執事，皆由此起，而一時號稱人才者，亦出於此間。」

兼以朝廷鬻爵，巨宦賣保。

《續通典》〈選舉志・雜議論下〉：「漢人南人……其得為者，不過州縣卑秩，後有納粟獲功二途，富者往往以此求進。」

《輟耕錄》〈鬻爵條〉：「至正乙未春，中書省臣進奏，遣兵部員外郎劉謙來江南，募民補路府州司縣官，自五品至九品，入粟有差，非舊例之職專茶鹽務場者比。雖功名逼人，無有願者。既而抵松江，時知府崔思誠，曲承使命，拘集屬縣巨富點科十二名，輒施拷掠，抑使承伏，填空名告身授之。」

《續通鑑》：「元貞元年……二月……丁酉……中書省言，近者阿哈瑪特僧格（按：桑哥）怙勢賣官，不別能否，只憑解田，選法由是大壞……。」

《新元史》〈鄭介夫傳〉：「雲南甘肅八番兩江等處統帥藩臣，一赴闕下，便行保人，以所保之品級，定價值之輕重，多者百錠，少者亦三之二，或當時取盈，或先與其半，或立利錢文書，呈解到省，官可立得。街市富子，每聞一帥臣至，則爭先營求，並未嘗涉歷塞庭，練習邊事也。近者兩江元帥累保得除者，幾百人，各鎮蹈其故轍，公然賣保，遂致邊鄙失得才之實，朝廷負濫爵之名。」

濫官放逐，復可任用，獎勵考課，未臻周密。

《新元史》〈張孔孫傳〉：「會地震，詔問弭災之道，孔孫條上八事曰：蠻夷之國，不可窮兵遠討。濫官放逐，不可復加任用……。」

《新元史》〈程鉅夫傳．置貪贓籍〉：「國朝內有御史臺，外有行臺按察司，其所以關防貪官污吏者，可謂嚴矣！而貪污狼藉者，往往而是何也？蓋其弊在於以……按劾為具文，今日斥罷於東，明日擢用於西，隨仆隨起，此棄彼用，多方計置，反得美官。」

《新元史》〈鄭介夫傳〉：「今省部置立過名簿，不聞有功績簿，憲司歲報贓罰冊，不聞有廉能簿，朝廷雖有封贈之典，未見舉行，嗣後內外大小官吏，有至廉無擾者，歷一考，則封贈其父母……。」

遂致僥倖之門多，方正之途絕。

《新元史》〈敬儼傳〉：「舊制諸院及寺監，得奏僚屬，歲久多冒濫，富民或賄進，有至大官者，儼以名爵當慎，奏請追奪，著為令。」

《元史》〈百官志〉：「大德以後，承平日久，彌文之習勝，而質簡之意微，僥倖之門多，而方正之路塞，官冗於上，吏肆於下，言事者屢疏論列，而朝廷訖莫正之勢，固然也。」

刀筆下吏，能入津踞顯。封疆省臣，竟不通文墨。以之秉政，何堪優爲！

《新元史》〈傅起巖傳〉：「四年擢吏部尚書，御史韓鏞言：吏部天下銓衡，起巖從小吏入官，不知天下賢才……。史臣曰……傅起巖從吏入官，素無學術……。」

《元史》〈選舉志〉：「夫儒者有歲貢之名，吏有補用之法……，所入之途，難以指計，雖名卿大府，亦往往由是躋要官，受顯爵，而刀筆下吏，遂致竊權勢，舞文法矣。」

《新元史》〈崔斌傳〉：「十五年（按：至元）……尚書留夢炎謝元召言：江淮行省事至

重，而省臣無一人通文墨者，乃命斌遷江淮行省左丞。」

《元文類》〈送彰德路經廳韓君敘〉：「國朝之始中原也，其先離亂傷殘之日久矣。老儒學士，幾如晨星，未之為繼。而天下初定，圖籍文書之府，戶口阨塞之數，律令程章之故，令期征服之當……，蓋必有其用焉者，而操他業者，不得於此也。於是貴富之資，公路之選，胥此焉出矣！」

《續通典》〈選舉志・雜議論下〉：「王惲嘗上論政事書……曰：試吏員以清政務……。夫明法令曰令，通經史曰史，今府州司縣應用一切胥吏，多自帖書中來，官無取材，勢須反此，所習既聞見或寡，欲望明刑政，識大體，務清弊革難矣！」

官吏之品質如此，故常居多舞文弄法，傾詐百姓。

《元文類》馬祖常〈建白一十五事〉：「親民之官，府令為急，然守令者，緣係朝廷遷除之人，才或不良，心亦知懼，而行省所差，府州司縣，提控案牘，都吏目典史之徒，往往特其名役之細微，從其姦猾，舞文弄法，操制官長，傾詐庶民。」

《新元史》〈道童傳〉：「民輸米石加五六斗，豪者則僅輸二三，以多輸者補之……。和顧和買，官給其值，每經歲方發。」

奉使每頤指氣使，橫恣無狀。

《新元史》〈余闕傳〉：「廷議遣使者巡察諸路，闕言：使者無狀，所至供帳飲食，如奉至尊，不能宣上憫恤元元之意，宜亟罷之。不聽。」

加以風靡俗侈，苟且因循。

《續通鑑》：「至大三年……張養浩〈上時政書〉……曰：風俗太靡。風俗者國家之元氣也，今之俗，以偽相高，以華相尚，以承蘖為沽譽，以脂韋為達時，以吹毛求疵為異能，以走勢趨炎為合變。順己者雖蹠蹻而必用，逆己者雖夷惠而莫容……。」

《新元史》〈趙天麟傳〉：「古者五十方衣帛，七十方食肉。今富人牆屋被文繡，鞍轡飾金玉，婢妾曳絲履，犬馬食菽粟。甚而權吏濫官，豪富子弟，大率以貞廉為愚，以節儉為恥，此臣所以惜之也。」

《新元史》〈成遵傳〉：「時河南賊數渡河，焚掠郡縣，上下視若無事，遵率左右司詣丞相言曰：天下州縣喪亂過半，河北之民稍安者，以黃河為障，賊不能飛渡……。今賊北渡河而官兵不禦，是大河之險已不能守……。河北民心一搖，國勢將如之何！」

雖言者累疏論戒，朝廷竟訖莫正之勢。

《新元史》〈張養浩傳〉：「疏時政萬餘言：一曰賞賜太侈，二曰刑禁太疏，三曰名爵太輕，四曰臺綱太弱，五曰土木太盛，六曰號令太浮，七曰幸門太多，八曰風俗太靡，九曰異端太橫，十曰取相之術太寬，言皆切直，當國者不能容。」

《新元史》〈張孔孫傳〉：「孔孫條陳八事曰：上下豪侈，不可不從儉約。官冗吏繁，不可不為裁減……。又累疏……宰相宜參用儒臣，不可專用文吏……。」

逮至正兵興四郊，宣命敕牒，隨索即給，益使名爵日濫，綱紀日紊，雖欲撥亂返治，遂不可得！

《元史》〈官志〉：「至正兵興……，各處總兵官，以便宜行事者，承制擬授，具姓名以軍功奏聞，則宣命敕牒，隨所索而給之，無有考覈其實者。於是名爵日濫，紀綱日紊，疆宇日蹙，遂至於亡。」

五、蒙員菁於從政

元制，百官首長，悉蒙人。

《新元史》〈官制〉：「上自中書省，下逮郡縣親民之吏，必以蒙古人為之長，漢人南人貳焉。」

初期牧民之官，皆世守。

《元名臣事略》〈平章廉文正王〉：「國家自開創以來，凡納土及始命之臣，咸令世守，逮今垂六十年。」

然彼等以擢自將校，或起自民伍，或承蔭紈絝，或勳戚故舊，故率不諳漢政，昧於治術。

《元史》〈宋子貞傳〉：「七年，太宗命子貞為行臺……，所統五十城州之官，或擢自將校，或起自民伍，率昧於從政。」

《新元史》〈崔彧傳〉：「貴游子弟，用即顯官，幼不講學，何以從政。」

元典章：「縣尉多係色目，並年小不諳事，以承蔭得之，不識漢文，盜賊滋溢。」

《新元史》〈安童傳〉：「中統初，世祖召入長宿衛，年十三……。至元二年秋八月，拜光祿大夫中書右丞相。」

甚而宰輔重臣，不能執筆，花押竟以圖章爲之。

《輟耕錄》〈刻名章〉：「今蒙古色目人為官者，多不能執筆，花押例以象牙，或木刻而印之。宰輔及近侍官一品者，得旨則用玉圖書押字，非特賜不敢用。」

遂致郡邑長吏，皆爲皂役。治內之民，悉視奴僕。

《元朝名臣事略》〈平章廉文正王〉：「故其子若孫，並奴視所部，而郡邑長吏，皆其皂隸僮使，此皆古所無之，宜從更張，俾考課黜陟，始議行遷轉法，五品以上制授，五品以下敕授。」

掊克聚歛，號令蠹浮。

《元史》〈宋子貞傳〉：「州縣之官……，率昧於從政。甚者，專以掊克聚斂為能，官吏相與貪私以病利。」

《黑韃事略》：「賦斂謂之差發……。霆在燕宗，見差胡丞相（按：忽都虎）來，黷貨更可畏，下至教學，行及乞兒，亦出銀差發。」

《新元史》〈伯顏傳〉：「惠宗即位，拜中書右丞相………。三年奏殺張、王、李、趙、劉五姓漢人，帝不從。」

《元史記事本末》〈佛教之崇〉：「宣政院臣方奏取旨，凡民毆西僧者，截其手。罵之者，斷其舌。時仁宗居東宮，聞之，亟奏寢其令。」

《續通鑑》：「至正元年………十一月………詔罷科舉。初徹爾特穆爾為江浙平章，會科舉驛請考官，供張甚盛，心不能平，乃復入中書，首議罷科舉。」

《新元史》〈刑志〉：「二十七年（按：至元）江淮行省平章政事沙不丁，以倉庫官盜竊官糧，請依宋法黥面，斷其腕。帝曰：此回回法也，不聽。」

《續通鑑》：「張養浩〈上時政書〉………曰：號令太浮。近年朝廷用人，不察其行，不求諸公，縱意調罷，有若奕碁，其立法舉政，亦不莫爾。雖制誥之下，未嘗有旬月期年而不變者，甚則朝出而夕改，甫行而即止，方仕而代者踵隨………。廟堂之上，舉措如此，則外方諸郡事體可知。」

兼以初無律令，以爲上下遵守。

《元秘史》：「成吉思說你（按：失吉忽禿忽）………與我做耳目，但凡你的言語，任誰不許達了。如有盜賊詐偽的事，你懲戒者，可殺的殺，可罰的罰。百姓分家財的事，你科斷者。凡斷了的事，寫在清冊上，已後人不許諸人更改。」《元史紀事本末》〈律令之定〉：「世祖至元二十八年夏五月，頒行至元新格。元初未有法守，百司斷理獄訟，循用金律，頗傷嚴刻。右丞何榮祖，家世業吏，習於律令，乃以公規治民禦盜理財等十事，輯為一書，名曰至元新格，上之，帝命刻板頒行，使百司遵守。」

益使官吏奸民，得以並緣爲惡。陵弱暴寡，恣其所爲。

《新元史》〈鄭介夫傳〉：「國家立政，必以刑書為先。今天下所奉者，有例可援，無法可守，官吏因得並緣為欺。內而省部，外而郡府，抄寫格條，多至數十（冊）。間遇事有難決，則檢尋舊例，或中無所載，則旋行比擬，是百官莫知所守也………。是百姓莫知所避也。」《元史紀事本末》〈律令之定〉：「又兼衙門紛雜，事不歸一，十羊九牧，莫之適度……。令……諸司頭目，布滿天下，各自管領，不相統攝。凡公訟，竝須約會，或事涉三四衙門，動是半年，虛調文移，不得一會。或指日對問，則各司所管，互相隱庇，至一年二年，事無杜絕。遂至於強陵弱，眾暴寡，貴抑賤，無法之弊，莫此為甚。」

其後雖頒律令，設學校，立遷轉之法，行科舉之制，力謀匡救。

《新元史》〈選舉志・科舉〉：「皇慶二年十月，中書省臣言：科舉一事，世祖裕宗累命舉行，成宗武宗尋亦有旨，今不以聞……。十一月詔……次年二月，會試京師。」

《新元史》〈選舉志・學校〉：「至元二十年，立國子學於大都……。生員之數定二百人，先令一百人及伴讀二十入學，其百人之內，蒙漢半之。」

然蒙漢分榜，場屋污弊，既無法選拔眞才。

《新元史》〈選舉志・科舉〉：「蒙古色目人作一榜，漢人南人作一榜。」

《輟耕錄》二十八卷曾詳加論錄。

且學校蒙員甚少，亦不足使向學蔚然成風，以樹人才。

《續通考》〈學校〉：「至元六年七月，立國子學，次年命侍臣子弟十有一人入學，以長者四人從許衡，童子七人從王恂。」

《續通鑑》：「至順二年……六月乙己朔監察御史韓元善言：歷代國學皆盛，獨本朝國學生僅四百員，又復分辨蒙古色目漢人之額，請凡蒙古色目漢人不限員額，皆得入學……，不報。」

兼以漢人南人率又無權。

《廿二史劄記》〈元制百官皆蒙古人為之長〉：「元世祖定制……，其長皆以蒙古人為之，而漢人南人貳焉。故一代之制，未有漢人南人為正官者。中書為政本之地……，終元之世，非蒙古而為丞相者……，其漢人止史天澤賀惟一耳。丞相以下，有平章政事，有左右丞，有參知政事，則漢人亦得為之………。然中葉後，漢人為之者亦少………。車駕幸上都，舊制樞府官從行，歲留一人司本院事，漢人不得與………，可見樞密屬僚掌權之處，漢人亦不得與也。御史大夫非國姓不授………，御史中丞之職，漢人亦不得居也。中書省分設於外者，曰行省………。行省長官素貴，同列莫敢仰視，跪起稟白，如小吏，（董）文用至，則坐堂上，侃侃與論，可見行省中蒙古人之為長官者，雖同列不敢與講鈞禮也………。」續通典選舉志「雜議論下」：「葉子奇曰：元世當治平之時，臺省要官皆北人為之，漢人南人萬中無一二，其得為者，不過州縣卑秩。」

同篇：「元之用人，大抵偏於國族勳舊貴游子弟。故選舉之法，久而未行。仁宗決意行之。由此舉縫掖之士，僅拔什一於千百。」

《續通鑑》：「元貞二年………御史台言，漢人為同僚者，嘗為姦人據摭其罪，由是不敢盡言，請於近侍中擇人用之，帝曰，安用此曹，其選漢人識達事體者為之。」

《續通鑑》：「大德元年………三月………監察御史真定李元禮上書………，今聞太后親臨五臺，布施金幣，臣謂其不可行者有五………，臺臣不敢以聞，至是侍御史萬僧與御史中丞崔彧不合，詣架閣庫取前章封之入，奏曰：崔中丞私黨漢人，李御史為大言謗佛，謂不宜建寺，帝大怒………。博果密以國語譯而讀之………帝沈思良久曰，御史之言是也。」又：

復大受排擠，故終元一代，吏治窳劣，此爲根本。

「中丞崔彧居御史臺久，又守正不阿，以故人多疾之，丙辰監察御史鄂囉實喇奏彧兄，在先朝有罪，還其所籍家產非宜，又買僧寺水磑違制，帝怒其妄言，笞而遣之。」

一代之興，既賴雄材大略之開國令主，威鎮群雄，創制垂統。尤需賢明之嗣，興大利，除積弊，蘇民困，裕國脈，政修吏廉，人才倍出，以爲之繼。蓋劉漢之興，非高祖開國，文景繼之，殊不足有武宣之顯赫也！然蒙元之興自太祖而太宗、定宗、憲宗、世祖，五世征伐，乃有華夏。江北之殘破，以邢臺大邑而論，生民殘存者，僅百餘戶而已！似此種情勢，本爲有國者之大忌。惜乎世祖定鼎以降，不諳漢政，吏治大壞。揮霍無度，掊克政生。迨至中晚，宮庭簒弒，又幾無寧歲。戰亂頻仍，國力大削。遂致河患猖獗，天災暴至，民生益形凋弊。於是，民眾鋌險倡亂，顚覆之契已啓。兼以「八娼、九儒、十丐」之分，「蒙古、色目、漢人、南人」之別，士人忿其凌辱，漢人恥爲奴僕，投袂而起，遂覆蒙元。考蒙元之初，挾雷霆萬鈞之勢，席捲中亞，橫掃歐陸，俄人震恐之餘，曾謂：「他們來時，活像疾風迅雷，恐怖已極。」突起之速，史無前例。然不卹其民，昧於治道，終至不旋踵而亡。語云：「馬上得天下，安能馬上治天下。」信不欺也！

（原載一九六二年十一月《中國內政》二十四卷五期）

五、元太祖班朱尼河飲水誓衆考略

一、與飲從衆十九人

據《新元史》〈太祖本紀〉：

「桑昆計不就，欲潛師來襲，……帝倉促戒嚴，以忙兀特將畏答兒，兀魯特將朮赤台為前鋒，大戰至晡，朮赤台射桑昆中頰，王罕始斂兵而退。帝以衆寡不敵，亟引去，……時部衆潰散，帝率左右至巴泐渚納河，飲水誓衆曰：『異日甘苦相同，儻負約，使我如河之涸。』飲畢以杯與從者，從者亦誓死相從，無貳志。」

《新元史》〈阿剌淺傳〉復謂：

「阿剌淺西域賽夷氏，……為飲巴泐渚納水十九人之一。」

《元史》〈札八兒火者傳〉亦謂：

「太祖與克烈王罕有隙，一夕王罕潛師來，倉促不為備，眾軍大潰。太祖遽引去，從行僅十九人，……至班朱尼河，……太祖舉手仰天而誓曰：『使我克定大業，當與諸人同甘苦，苟渝此言，有如河水。』諸將莫不感泣。」

故從太祖飲水班朱尼河，或巴泐渚納者，當爲十九人無疑。

二、與飲從衆可考者十四人

此十九人，於《元史》、《新元史》、《元文類》、《黃文獻集》、《牧庵集》、《道園學古錄》、《元朝名臣事略》、《湛然居士集》、《元遺山詩文集》諸書中得十四人，茲分述如後：

哈散納：《新元史》本傳謂：「怯烈氏，從太祖征王罕有功，同飲巴泐渚納水。」《元史》本傳亦謂：「怯烈氏，……命同飲班朱尼河水。」故哈散納爲與飲從衆之一。

紹古兒：《新元史》本傳謂：「麥里吉台氏，太祖時同飲巴泐渚納水。」《元史》本傳亦謂：「麥里吉台氏，太祖命同飲班朱尼河之水。」故紹古兒亦爲與飲從衆之一。

阿剌淺：《新元史》本傳謂：「西域賽夷氏，……爲飲巴泐渚納水十九人之一。」《元史》本傳，即〈札八兒火者傳〉亦謂：「太祖遽引去，從行者僅十九人，札八兒火者與焉。」故阿剌淺亦爲與飲從衆之一。

阿只乃：《新元史》本傳謂：「亦譯爲阿朮魯，斡羅納兒氏，飲巴泐渚納水。」《元史》〈懷都傳〉亦謂：「斡魯納台氏，祖父阿朮魯，與太祖同飲黑河水。」故阿只乃亦爲與飲從衆之一。

塔孩：《新元史》本傳謂：「遜都思氏，……同飲巴泐渚納水。」《元史》〈塔阿海傳〉亦謂：「遜都思氏，祖塔海（按：塔孩）拔都兒，……嘗從太祖同飲黑河水。」故塔孩亦爲與飲從衆之一。

孛秃：《新元史》與《元史》本傳，無此記載，但謂：「亦乞列思氏，……太祖即位……授孛秃千戶。」唯《元文類》〈駙馬高昌王阿失世德碑〉曾謂：「王族亦啓列氏，高祖孛脫（按：孛秃），從太祖起朔方，同諸豪傑飲水于黑河，要結盟世，經啓疆域。」，故孛秃亦爲與飲從衆之一。

鎭海：《新元史》本傳謂：「怯烈氏，……從太祖同飲巴泐渚納水。」《元史》本傳亦謂：「怯烈台氏，……從太祖同飲班朱河水。」故鎭海亦爲與飲從衆之一。

耶律阿海：《新元史》本傳謂：「金桓州尹撒八兒之孫，弟……秃花，……太祖與諸將同休戚者，飲巴泐渚納水爲盟，阿海兄弟皆預焉。」《元史》本傳亦謂：「大遼之故族也，……王可汗叛盟，謀襲太祖，太祖與宗親大臣，同休戚者，飲辨屯河水爲盟，阿海兄弟皆預焉。」故耶律阿海亦爲與飲從衆之一。

禿花：《新元史》本傳與《元史》皆附其兄耶律阿海傳，如上述，故禿花亦爲與飲從衆之一。

懷都：《新元史》〈速哥傳〉謂：「蒙古起烈氏，父懷都事太祖，嘗飲巴泐渚納水。」《元史》〈速哥傳〉亦謂：「怯烈氏，……父懷都事太祖，嘗從飲班朮居河水。」故懷都亦爲與飲從衆之一。

失魯該：《元史》無傳，亦未附他傳。唯《新元史》本傳曾謂：「沼兀烈台氏，從太祖同飲巴泐渚納水。」故失魯該亦爲與飲從衆之一。

雪里堅：《新元史》無傳，亦未附他傳。唯《元史》〈麥里傳〉曾謂：「徹兀台氏，祖雪里堅那顏，從太祖與王罕戰，同飲班眞河水。」故雪里堅亦爲與飲從衆之一。

哈班：《元史》與《新元史》無傳，均附〈速不台傳〉，然無此記載，但謂：「蒙古兀良合氏，……其父曰哈班，生二子，長曰忽魯渾，次則速不台，……太祖初興建都於龍駒河，哈班嘗驅羊群入貢。」唯據元黃溍之《黃文獻集》中，〈贈太傅安慶武襄王帖木兒神道碑〉謂：「哈班於王爲曾大父，有子曰忽魯渾，則王大父也，以哈必赤事太祖皇帝。哈班嘗從太祖飲班朮納河之水。」故哈班亦爲與飲從衆之一。

哈札兒：即哈撒兒，《元史》《新元史》有傳，然無此記載，但謂：「少太祖二歲，……太祖與王罕戰於哈蘭眞，哈撒兒別居哈剌溫山，妻子爲王罕所掠，獨挈幼子脫忽走免，至巴泐渚納與太祖會。」唯據《元史》〈札八兒火者傳〉謂：「一夕王罕潛兵來，倉卒不爲備，眾軍大潰，太祖遽引去，從行者僅十九人，……至班朱尼河，餱糧俱盡，荒遠無所得食，會一野馬北來，諸王哈札兒射之，遂刳革爲釜，出火于石，汲河水煮而啖之，太祖舉手仰天而誓曰：「使我克定大業，與諸人同甘苦，苟渝此言，有如河水。」故哈札兒亦爲與飲從眾之一。

三、班朱河名稱不一，然皆對音

據上引，則《新元史》之巴泐渚納水，《元史》之班朱尼河、班眞河、辨屯河、班朮居河、班朮納河、黑水，皆爲一地。除黑水或爲記義外，餘皆對音。清洪鈞《元史譯文證補》〈太祖本記譯證〉卷一上亦認爲：「巴勤渚納，此是淖爾名，太祖與王罕戰，遁至淖爾，飲水誓眾，《元史》所謂班朱尼河是也。」

四、班朱尼河在南而不在北，當和林東，非和林北，洪顧說或誤

班朱尼河，據洪鈞《元史譯文證補》之註謂：

「考之俄圖，斡難（按：鄂嫩）河北俄羅斯界內，有巴兒渚納泊，俄音似巴勒亦諾泊，北有河曰圖拉，入音果達河，就俄圖觀之，河泊不相連屬，或水漲時通入於河。………俄人游歷至此，謂其地多林木，宜駐夏，可避兵，蒙人尚指是地為成吉思汗避難處也。」

按申報六十週年紀念所出中華民國新地圖，音果達河爲石勒喀河之北源，在達爾司基山北麓，約當北緯五十度以北。山南，爲石勒喀河南源之鄂嫩河。是則洪說班朱尼河，當在達爾司基北麓，北緯五十度以北，頗合於顧祖禹《讀史方輿紀要》卷四十五，〈外夷附考〉班朮尼河：

「在和林北，蒙古鐵木真初起兵至此，河水方渾，飲水誓眾曰：『他日當記曾同此艱難』。亦謂之班朮河。」

和林，據孫克寬教授〈元代和林考〉：

「和林位於北緯四十八度間，正跨鄂爾坤河………。」

故和林與班朱尼河，一在北緯四十八度間，一在北緯五十度以北，南北相差兩度，當可謂班朱尼河，在和林以北。

唯據《元秘史》，太祖與王罕戰後：

「見日已晚，收了軍，將傷了的忽亦勒答兒（按：畏答兒）回來，那夜起著離了廝殺處宿了。次日天明點視軍馬，少斡闊台（按：窩闊台）、孛羅忽勒（按：博爾忽）、孛斡兒出（按：博爾朮）三人。………那夜成吉思汗恐敵來追襲，整治著軍馬，準備廝殺有來。及日明，看見自後有一人來，………再少頃，又有一人來，……及到來時，斡闊台、孛羅忽勒疊騎著一個馬，………孛羅忽勒說：敵人的塵土高起著，看著往卯溫都兒山前忽剌安不兒合惕地面去了。於是成吉思汗整治軍馬，逆著浯泐灰溼魯格泐只惕名字的水，入答蘭揑木兒格思地面去了。」復「自答蘭揑木兒格思地面，順著合泐合河動時，………成吉思汗領一千三百，依著西邊起了，兀魯兀惕忙兀惕領一千三百，河東邊起了。………合泐合河入捕魚兒海子。」

既謂：「逆者浯泐灰溼魯格泐只惕名字的水，入答蘭揑木兒格思地面去了。」則答蘭揑木兒格思地面，必在浯泐灰溼魯格泐只惕名字的水上游附近。復謂：「自答蘭揑木兒格思地面，順著合泐合河」行動，則答蘭揑木兒格思地面，浯泐灰溼魯格泐只惕名字的水，亦必在合泐合河上游附近之地。合泐合河，據清李文田《元秘史注》：

「合泐合（按：蒙語：即黑的河），即今喀爾喀河，源出蒙境特爾根山，流入貝爾池。」

復據清《西清黑龍江外紀》謂：

「貝爾池，亦作布雨爾，國語（按：滿語）布雨二字切讀成貝，故並存之。古名捕魚兒海子。……蒙境內之喀爾喀（按：爲滿語，即黑的河）河是其源。」

清張穆《蒙古遊牧記》亦謂：

「貝爾諾爾舊作布伊爾湖，源出摩克托里山，西北流五百餘里，會數水，入貝爾諾爾。…合勒合河，即今喀爾喀河。」

是則，合泐合河、合勒合河、喀爾喀河，皆對音，亦同義，爲一河。

按申報圖，今哈勒欣河，源出布達彬池，西北流，爲外蒙與黑龍江省界河，折而西南流，分渠入貝爾池。源流情形，與上引合。故合泐合河、喀爾喀河、哈勒合河，即今哈勒欣河。舊圖亦有將合勒欣河，作喀爾喀河者。所以，答蘭捏木兒格思地面與浯泐灰涇魯格泐只惕名字的水，當在哈勒欣河上游不遠之地。《水道提綱》〈塞北漠南篇〉謂：

「蘆河名烏爾虎河，圖作吳兒灰河，源出索岳爾濟山，……南流曲曲西南三百里許，經烏朱穆秦左翼東六十里，折而西流，北合野爾濟河，……入右翼，至克勒河漠之地涸。」

按申報圖，今烏里勒吉河，源出索岳爾濟山南麓，西南流數百里，貫烏珠穆沁左翼旗，至昌圖布里都，折而西流，涸於烏珠穆沁右翼旗。故烏朱穆沁實爲今圖烏珠穆沁之對音，而河之源出流向亦合。所以，吳兒灰河、烏爾虎河，即今之烏里勒吉河，約當北緯四十五度半至四十七度間，去

成吉思汗班朱尼河飲水誓眾考略圖

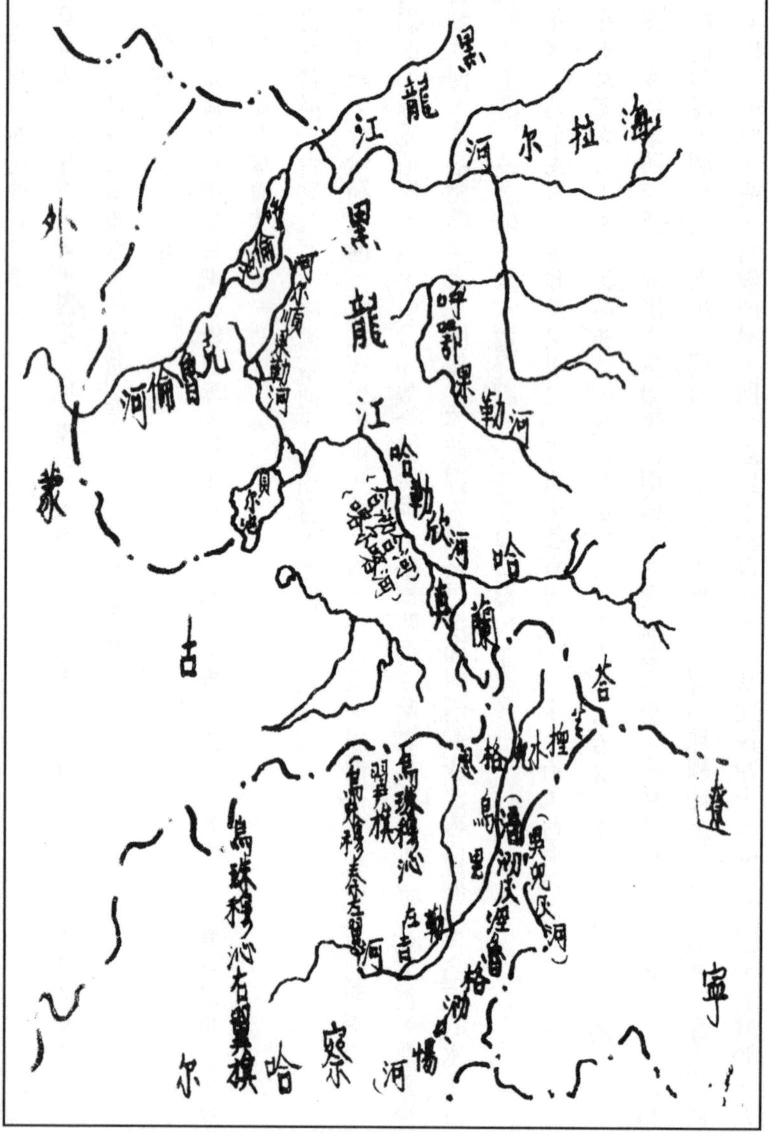

哈勒欣河，即合泐合河、喀爾喀河上流極近。清李文田《元秘史注》：

「答蘭捏木兒格思地面，地在兀勒灰河上游。」

「秘史之阿勒灰、兀勒灰、浯泐灰，即哈剌灰。」

故答蘭捏木兒格思地面，在今烏里勒吉河上流。甚合《元秘史》「逆著浯泐灰溼魯格泐只惕名字的水，入答蘭捏木兒格思地面。」與「自答蘭捏木兒格思地面，順著合泐合河」行動之文意。蓋哈勒欣河，即合泐合河與烏里勒吉河，即吳兒灰河，亦即浯泐灰溼魯格泐只惕名字的河之上游，相去極近。

復據前引《元秘史》，成吉思汗於戰後，「見日已晚」，即「離了廝殺處宿了」。當日與戰後第一夜，並未長途行軍，急謀脫遁。及「次日天明，點視軍馬，少……三人。」為收集潰散之部眾，必不至兼程逃竄，去戰地甚遠。蓋戰後第二夜，為免敵人追襲，尚「整治軍馬準備廝殺」。「及日明」，即戰後第三日，見二將與子來歸，始「逆著浯泐灰溼魯格泐只惕名字的水（按：今烏里勒吉河），入答蘭捏木兒格思地面去了。」復「自答蘭捏木兒格思地面，順著合泐合河（按：今哈勒欣河）」行動。

所以，成吉思汗於戰後兩日夜間，必去戰地不至太遠。而戰後避難之班朱尼河，即巴泐渚納水，亦當在今烏里勒吉河不太遠之地。故洪鈞謂班朱尼河，在北緯五十度以北之音果達上游似誤。蓋成吉思汗實無法於大戰之後，在兩夜一日間，兼又收集部眾，行進不至太快，能自北緯五十度以北之音果達河上流，南下奔至相去何只千里之北緯四十七度以南之烏里勒吉河上游。同時，顧祖禹謂班朱尼河，在和林以北，亦似誤。因去烏里勒吉河上流不至太遠之班朱尼河，實當和林之東，而非和林之北。

五、戰地哈蘭真或在今烏里勒吉河上游附近

此役之戰地，據《元史》〈畏答兒傳〉謂：

「太祖與汪罕對陣於哈蘭真。」

《元史》〈太祖本紀〉謂：

「汪罕兵至，帝與戰于哈蘭真沙陀之地，汪罕大敗。」

《新元史》〈朮赤台傳〉謂：

「王罕襲太祖於卯溫都兒山，太祖倉促聞變，陣於合剌合只沙陀。」

《元史譯文記補》謂：

「帝時駐哈蘭真額列特，日出時，倉促備戰事，………鮮昆奮勇來戰，矢傷其面，汪罕乃斂兵罷戰。」

《元秘史》七卷載：

「至明日午後，於哈剌合勒只惕額列特地面歇息。……敵人來了，成吉思上馬行了，……排陣立了。」

故哈蘭眞、哈蘭眞沙陀、合剌合只沙陀、哈蘭眞額列特、合剌合勒只惕額列特，皆一地。復按蒙語，哈蘭眞，義爲黑的；哈蘭眞沙陀，義爲黑的河的沙灘；合剌合只沙陀，義爲黑河的沙灘；哈蘭眞額列特，義爲黑的沙灘們；合剌合勒只惕額列特，義爲黑的河的人們沙灘。從語義而論，亦爲一地。皆指合泐合河，即喀爾喀河，亦即今哈勒欣河而言。蓋合泐合河，爲蒙語，義爲黑的河。喀爾喀河，爲滿語，亦爲黑的河之義。

所以，戰地哈蘭眞，當在合泐合河，即今哈勒欣河。清李文田《元秘史注》，亦持此說：

哈勒合勒只（惕），即合泐合河。……即今之喀爾喀河，……其上有地名額列也。《元史》〈畏答兒傳〉「曰：太祖與克烈王罕對陣於哈剌真，即此合剌合勒只矣。」

唯此地似應在合泐合河，即今哈勒欣河上流，蓋若當該河下流，則大戰之後，不足兩夜一日，成吉思汗實無法自戰地，即該河下游，到達相去甚遠之浯泐灰徑魯格泐只惕名字的水，即今烏里勒吉河上游之地。雖蒙軍能長騎不疲，馬亦能行數百里而無汗，然其間以二將與子未歸，並未急行脫遁也。

六、班朱尼河似在烏里勒吉河上游，李說或誤

《元史》〈雪不台（按：速不台）傳〉載：

「太祖建興都於班朱納海，即居龍河也。」

李文田《元秘史注》：

「居龍河，即臚朐河對音，臚朐河即克魯倫河異號，此為呼倫海子（按：呼倫池），不必致疑。」

認爲呼倫池，即《新元史》之巴勒渚納水，《元史》之班朱尼河、班朮納水、班朮居水……等。唯據上引《元秘史》論，成吉思汗於未急行自戰地脫遁之兩夜一日間，勢難自哈蘭眞戰地，即今哈勒欣河上游，北上避難於去戰地甚遠之呼倫池，復自呼淪池，南下至尤爲遠甚之浯泐灰涇魯格只惕名字的水，即今烏里勒吉河上流，並逆該河北上。故李文田說——班朱尼河即呼倫池，或有斟酌之處。

（原載一九五九年十二月《大陸雜誌》十九卷十二期）

六、元太祖成吉斯汗之壽期與生卒年考

一代偉大之民族英雄，元太祖成吉思汗，在其一生中，雖對中國以及西方，無不有其殊爲豐偉之卓越影響與貢獻。然有關其壽期與生卒年代，卻中外諸說不一。故謹就所及史料，將中外各家諸說，臚列並考辯如後。

一、中外諸說

關於元太祖成吉思汗之壽期與生卒年代，據丁謙《元太祖成吉思汗編年大事紀》：

「乙亥，宋高宗紹興二十五年，是元太祖青吉思帖木真生年……。丁亥，寶慶三年，太祖二十二年，帝年七十三……，八月，崩於河套東南之行殿。」

柯劭忞《新史元》：

「生太祖，烈祖（按：也速該）因名曰帖木真，以誌武功……。是歲為乙亥，金主亮貞元三年也……。二十二年，丁亥……秋七月……崩，年七十有三。」

馮承鈞《成吉思汗傳》：

「一一五五年，也速該與塔塔兒戰，俘塔塔兒部二人，其中一人名帖木真兀格。當時月倫額格，適……產一子。……故也速該，名其子曰帖木真……。成吉思汗……，病八日死，時在一二二七年八月二十五日，得年七十三歲。」

洪鈞《元史譯文證補》：

「太祖生於紹興二十五年，乙亥……。豬年八月十五日，帝崩。」

姚從吾《耶律楚材西遊錄足本校注》：

「元太祖成吉思汗，以生於乙亥年，一一五五說，時壽已六十有四。」

孟珙《蒙韃備錄》：

「今成吉思皇帝者，甲戌生，彼俗初無庚申，今考據其言，而書之。」

格魯賽《蒙古史略》：

「其誕生之年，在一一五五至一一五六年頃……。他死在圍攻西夏都城中興府之時（一二二七年八月十八日），後數日。」

剌失德《史集》：

「唯據成吉思汗諸王與蒙古貴人之說……歿於豬年秋月之十五日，核以回曆，應在六二四（按：一二二七）年之初……。世人並知其誕生之年，亦在豬兒年，由是可考其生年，在……五四九年十一月（一一五五年二月）也。」（見《多桑蒙古史》，馮承鈞注）

均主元太祖成吉思汗，生於乙亥歲，亦即宋紹興二十五年，金貞元三年，西元一一五五年。卒於丁亥歲，亦即宋寶慶三年，金正大四年，元太祖二十二年，西元一二二七年，壽七十有三。雖《蒙韃備錄》，謂在甲戌，然因僅早一年，當可併入此說。

復據《多桑蒙古史》：

「汗病八日死，時在一二二七年八月十八日，年六十六歲，計在位二十二年。」

王國維校《聖武親征錄》：

「丙戌春，至西夏，一歲間，盡克其城，時上年六十五。丁亥，威其國而還。太祖皇帝昇遐之後，太宗皇帝即大位以前，太上皇帝（按：拖雷監國）時為太子。」

陶宗儀《輟耕錄》：

「太祖應天啟運聖武皇帝，鐵木真，國語曰成吉思……。至宋寶慶三年，丁亥七月己丑，崩於薩里州，在位二十二年，壽六十六。」

宋濂《元史》：

「二十二年，丁亥，秋七月……己丑，崩於薩里川，哈老徒之行宮……。壽六十六。」

敕譯《蒙古源流》：

「青吉思汗，以丁亥年七月十二日，歿於圖爾墨格依城，年六十六。」

王國維《韃靼考》：

「金世宗大定二年，宋紹興三十二年，《秘史》，忽圖剌做了皇帝，同合答安太子，往塔塔兒處報仇……。與塔塔兒廝殺時，也速該……的妻，訶額侖……，生下了太祖……。」

畢沅《續資治通鑑》：

「寶慶三年，金正大四年，蒙古太祖二十二年……，秋七月己丑，蒙古主殂于薩里川……，年六十六……，在位二十二年。」

又均主元太祖成吉思汗，壽六十六。卒於丁亥歲，亦即宋寶慶三年，金正大四年，元太祖二十二年，西元一二二七年。生於壬午歲，亦即宋紹興三十二年，金大定二年，西元一一六二年。蓋自卒年，上推六十五（按：六十五年，即六十六歲）也。

另據喬治沃爾納德斯基《蒙古與俄羅斯》：

「汗享年六十，崩於一二二七年，則其誕生之一一六七年，與前述之一一五五年，同為亥年矣。」

帕拉弟譯《聖武親征錄》：

「註稱：原文本作六十（按：元太祖壽期），其餘五歲，則係清代學者何秋濤所加。」

復皆稱元太祖成吉思汗，壽六十。以同法推算，即自卒年，上推五十九。故生於丁亥歲，亦即宋乾道三年，金大定七年，西元一一六八年。卒於丁亥歲，亦即宋寶慶三年，金正大四年，西元一二二七年。

此外，據洪鈞《元史譯證補》：

「西域史，及其他著錄，無不謂太祖生於豬年，死於豬年，得壽七十三歲……。蒙兀人多謂：帝七十三歲，生死皆豬年。」

喬治沃爾納德斯基《蒙古與俄羅斯》：

「汗殂於一二二七年一事，已無疑問……。假定汗享年六十……，則其誕生之一一六七年，與前述之一一五五年，同為亥年。」亦主生卒皆豬年。

剌失德《史集》：

「成吉思汗，沒於豬兒年，秋月之十五日……。世人並知其誕生之年，亦為豬兒年。」

故又咸謂元太祖成吉思汗，生死皆爲亥年。

所以，總上所述，第一，元太祖成吉思汗，卒于丁亥歲，西元一二二七年，中外無異說，已無疑議。第二、其享年，有七十三歲、六十六歲、六十歲三說。故其生年，亦有乙亥歲，西元一一五五年；壬午歲，西元一一六二年；丁亥歲，西元一一六八年三者。第三，無論西方，抑或元代之蒙人，均盛稱元太祖，生卒皆豬年。

二、管窺之辯

據《元史譯文證補》〈朮赤傳〉：

「未久旋薨，或謂太祖十九年（按：西元一二二四），或謂二十年（按：西元一二二五）。壽四十八，或謂四十九。」

故其於西元一二二四，或一二二五年卒，壽既四十八，或四十九歲。兩者相減，則西元一一七六，即朮赤之生年。

按《元史》〈太宗紀〉：

「十三年，辛丑……十一月……崩於行宮，在位十三年，壽五十有六。」

故其卒於辛丑歲，西元一二四一年。壽既五十六歲，二者相減，則西元一一八五年，即太宗生年。

復據《新元史》〈拖雷傳〉：

「拖雷，太祖第四子也……，卒年四十。」

《元史》〈太宗紀〉：

「四年，壬辰……九月，拖雷薨。」

故其卒於西元一二三二年。壽既四十歲，二者相減，則西元一一九二年，即拖雷之生年。

據上所陳，元太祖成吉思汗，若生於西元一一六八年，壽六十。則分別以其三子之生年，減成吉思汗之生年。則朮赤生於太祖八歲，太宗生於太祖十七歲，拖雷生於太祖二十四歲。按太祖八歲生子，絕無可能。故成吉思汗生於丁亥歲，西元一一六八年，顯無可信之價值。

設元太祖成吉思汗，生於一一六二年，壽六十六歲。則分別仍以其三子之生年，減其生年。則朮赤生於太祖十四歲，太宗生於太祖二十三歲，拖雷生於太祖三十歲。按太祖十四歲生子，從生理與緯度而論，幾乎亦絕無可能。兼以，又不合於中外盛稱成吉思汗，生卒皆豬年之說。是以，元太祖成吉思汗，壽六十六歲，生於壬午歲，西元一一六二年，亦大有可疑之處。

倘元太祖成吉思汗，生於乙亥年，西元一一五五年，壽七十三歲。則依同法計算，朮赤生於太祖二十一歲，太宗生於太祖三十歲，拖雷生於太祖三十七歲。按此說，不唯與生育現象吻合，且合于生卒年皆豬年之說。故三說之中，以此說最爲可信。

其次，家族之壽期，固每每上承下延，有所謂遺傳作用。而成吉思汗之家族中，就壽期可知者，除世祖忽必烈外，亦多非高壽。然此皆有特殊之因素：如朮赤死於一生倍受畸視，拖雷死于權重震主。憲宗死于戰爭，太宗、定宗、裕宗，死于縱酒（請參閱拙作〈十三世紀蒙人飲酒之儀禮及其有關問題〉——一九六七年三月《大陸雜誌》）。故而，並不足以旁證，元太祖成吉思汗，無法享壽七十有三之高齡。

最令人怪異者，厥爲多桑之《蒙古史》。其謂成吉思汗，生於一一五五年，於一二二七年卒，明爲享年七十三歲，結果竟謂得年六十六歲。此種錯誤，當出于未加核實，只因襲舊說所致也。

三、結　論

總之，中外三說中，以七十三歲之說，最爲可信，亦至合理。唯此種推算之依據，爲朮赤、太宗、拖雷之生年，尤以朮赤之生年爲然。若三人之生年壽期，發生問題，則此項論斷，自然已無可信之處。唯朮赤等三人之壽期生年，除拖雷之享年，有三兩歲之差異外，似未聞尚有異說也。

（原載一九七二年四月《智慧雜誌》四卷十一期）

七、試擬元史長易傳略

《元史》、《新元史》無易傳，然易自中統元年，迄至元十九年，二十二年間，歷任參知政事二年，中書右丞二年，平章政事七年，樞密副使六年。居津踞顯，有元一代，漢人中，除史天澤、趙璧外，政治地位之隆，無出其右者。至其一生勳業，雖因晚年坐王著事論死，既無碑文以顯其功，亦乏著作遺諸後世，史多無徵。然王秋澗〈壽平章張公〉曾譽之謂：「十年黃閣富經綸，落落蒼髯社稷身，公道救時仍此在，龍門歸譽見來新。蔔香已辦南豐供，綠蟻無煩靖節巾，壽席今年得佳語，太平勳業在麒麟。」今不揣淺陋，謹就所及資料，試擬其傳。方家先進，幸祈不吝賜教焉。

易字仲一，太原交城人。

《中堂記事》：「張易字仲一，太原交城人。」

《新元史》〈地理志〉：「冀寧路，縣十：陽曲……交城、徐溝。」

《大清一統志》：「交城縣，在府（按：太原）西南一百二十里……。北至忻州靜樂縣界一百五十里。」

或謂忻州人。

《新元史》〈宰相年表〉：「張易忻州人，與劉秉忠同學。」

《新元史》〈地理志〉：「冀寧路……。縣十……。州十四：汾州……忻州……。」（忻州，金故州，屬河東北路，元隸太原路，太宗元年，升九原府，後復為州，領縣二：秀容、定襄。）

《大清一統志》：「忻州，古并州之域……，元屬冀寧路……，領縣二：定襄縣、靜樂縣。」

定宗后稱制之元年，與劉秉忠、張文謙、王恂，同學於易州之紫金山。

《元文類》〈知太史院事郭公行狀〉：「時太保劉文正公（按：秉忠）、左丞張忠宣公（按：文謙）、樞密張公易、贊善王公恂，同學於州西紫金山。」

《續通志》〈王恂傳〉：「歲己酉（按：定宗后稱制元年），太保劉秉忠北上，道經中山，見而奇之。及南還，恂從學於磁州之紫金山。」

《大清一統志》：「紫金山，在邢台縣西一百四十里，元劉秉忠、張文謙、張易、王恂，嘗同學於此。」

後因秉忠、文謙之荐。

據《新元史》〈劉秉忠傳〉：「秉忠事世祖，以荐士自任。」復據《元史》〈張文謙傳〉：「秉忠荐文謙可用，丁未（按：定宗二年）召見。」《元史》〈王恂傳〉：「癸丑（按：憲宗三年），秉忠荐之。」

既荐同學文謙、王恂，易亦同學，且情誼特厚，《劉太傅（秉忠）藏春集》中，有致仲一之詩八首，故不荐未之有也。

於憲宗四年前，侍世祖於潛邸。

據《許魯齋集》〈大元敕賜故中書左丞集賢大學士國子祭酒贈正學垂憲佐運功臣太傅開府儀同三司追封魏國文正公許先生神道碑〉：「甲寅（按：憲宗四年），世祖受地秦中，聞先生名，遣使者徵赴京兆教授，先生避之魏，使者物色偕行。廉希憲宣撫陝右，傳令授以京兆提學，卜居雁塔之東……，會得請還。」《元朝名臣事略》〈左丞許文正公〉：「甲寅，京兆宣撫使廉公奉潛藩命來徵，乙卯（按：憲宗五年），授京兆提學，辭不受。」復據《許魯齋集》〈與仲晦（按：劉秉忠）、仲一二首〉：「某山野鄙人，虛名過實，不勝愧負！仲一過京兆，以稠人中不得款附所懷……。再四辭於宣撫廉公，未見允從……。恩旨令某充京兆提學……，何以當此……？是以……冒瀆陳說仲晦、仲一……二君子。」懇辭提學，事在憲宗五年。請二人說項婉辭之函，亦當草於是年。故易之入侍潛邸，必早於五年。

憲宗八年，隨世祖南征。九年入鄂，與秉忠荐王文統，大才堪用。

《新元史》〈世祖本紀〉：「七年（按：憲宗）……議分道伐宋，八年冬十一月戊午，帝禡牙於開平，九年春二月，會諸王於邢州，夏五月次小濮州……，秋七月甲寅次德州……，冬十月辛未朔，帝駐龜山。」《元朝名臣事略》〈平章廉文正王〉：「己未（按：憲宗九年）憲宗方駐蹕合州，而世祖已徑渡大江，駐鄂城。」「方逆三未誅，平章趙壁素忌公勳名，倡言王文統一窮措大，由廉某、張易荐，遂至大用，今豈得不坐！一日夜半，中使召公入……。公曰：向行蹕駐鄂，賈似道以木柵環城，一夕而辦，聖諭謂扈從諸臣曰：吾安得如似道者用之！秉忠、易進言山東有王文統，才智士也，今為李三幕僚。詔問之，臣對亦聞之，其心固未識也。」

《新元史》〈王文統傳〉：「世祖伐宋，圍鄂州，聞宋宰相賈似道之才，歎曰：吾安得如賈似道者而用之！劉秉忠以文統對，帝問廉希憲，希憲亦譽之。」

又嘗受命訪莊靜先生，就問禎祥。

《新元史》〈李俊民傳〉：「世祖在潛邸，以安車召至，延訪無虛日，遽乞還山，世祖重違其意，遣中貴護送之。又嘗令張易問以禎祥……。」

《中堂記事》：「是日追謚前經義狀元李俊民為莊靜先生……。己未間，聖上在潛邸，令張仲一就問禎祥。」

先生有詩贈之，以見方來。

《中堂記事》：「初張（按：易）辭去，繼請以蒲輪來起公（按：莊靜），先生笑不答，贈詩以見方來。」

《元詩記事》，李俊民〈贈張仲一〉：「丹鳳啣書下九霄，山城和氣動民謠，久潛龍虎聲相應，未戮鯀鯢氣尚驕。萬里江山歸一統，百年人事見清朝，天教老眼觀新化，白髮那堪不肯饒。」

世祖即位，除參知政事，與平章王文統、趙璧，並受更張庶務之任。

《中堂記事》：「中統元年秋七月十三日，立行中書省於燕京………。時中書省官四員：丞相禡禡………，平章王文統………，平章趙璧………，參知政事張易。」

《新元史》〈宰相年表〉：「中統元年秋七月癸丑，張易除參知政事。」

中統二年，東平經歷邢衡，謗易不法，罷參知政事。五月丙午，衡坐誣告論死。

《新元史》〈世祖本紀〉：「中統二年……五月……丙午，東平經歷邢衡坐誣張易死。」

《中堂記事》：「初邢以事告參政張易，詰對於上前，邢四、服，命諸相監戮於都城東十里外，張手剚其腹，從初請也。」

《中堂記事》：「中統二年………夏四日………六日丁酉，諸相會左丞張文謙第………，十一日壬寅………張參政、廉右丞，會王相第………。」（按：廉右丞爲希憲，王相爲文統，張參政當爲易，故中統二年四月易仍任參政。唯《元史》、《新元史》〈宰相年表〉未列，未知孰是？復按中統二年後，〈宰相年表．參政欄〉無張易，或因邢衡事罷。）

至元三年，拜中書右丞。二月壬午，遷同知制國用使司事。

《新元史》〈宰相年表〉：「至元三年，張易為中書右丞。」

《元史》〈世祖本紀〉：「三年（按：至元）……二月……壬午，以中書右丞張易同知制國用使司事。」

《新元史》〈阿合馬傳〉：「三年（按：至元）正月，立制國用使司。」

七年立尚書省，罷制國用使，遂以同知制國用使司事，遷同平章尚書省事。

《新元史》〈阿合馬傳〉：「七年正月，立尚書省，罷制國用使司。」《續通志》〈世祖本紀〉：「七年春正月……制國用使阿哈瑪特平章尚書省事，同知制國用使司事張易，同平章尚書省。」

八年八月，奏修太廟。

《元史》〈祭祀志．宗廟〉：「八年八月，太廟柱朽，從張易言，告于列室而後修，奉遷栗主金牌位與舊神主于饌幕，殿工畢安奉，自是修廟皆如之。」

九年併尚書省於中書省，又以同平章尚書省事，遷中書平章政事。

《續通志》〈世祖本紀〉：「九年春正月甲子，併尚書省入中書省，以平章尚書省事阿哈瑪特，同平章尚書省事張易，並為中書平章政事。」

《續通鑑》：「咸淳八年（至元九年）春正月……甲子……，平章尚書省阿哈瑪特、張易、並為中書平章政事。」

冬十月，初除樞密副使。

《續通志》〈世祖本紀〉：「九年……冬十月……癸巳，以……張易為樞密副使。」

《續通鑑》：「咸淳八年（至元九年）……冬十月……癸巳，元以……張易為樞密副使。」

明年，復拜中書平章政事。

《新元史》〈宰相年表〉：「十年張易為中書平章政事。」

十二年，再除樞密副使。

《新元史》〈宰相年表〉：「十二年，平章政事張易，除樞密副使。」

明年三月辛亥，受命遣宋降將赴上都。丁卯，兼知秘書監事。六月甲午，王恂、郭守敬，受命修造新曆，易與文謙，兼主其事。並荐許衡，以備咨詢。

《續通志》〈世祖本紀〉：「十三年……三月……辛亥，命副使張易，遣宋降將吳堅、夏貴等赴上都。」

《元史》〈世祖本紀〉：「十三年……三月丁卯，命樞密副使張易，兼知密書監事。」

《元朝名臣事略》〈太史郭公〉：「十三年……，遂以公（按：守敬）與贊善王公（恂），率南北日官，分掌測驗推步於下，忠宣（按：張文謙）樞密二張公，為之主領，裁奏於上。復共荐前中書左丞許公（按：衡），能推明曆理，但參預之。」

《續通鑑》：「至元十三年……六月……甲戌，以大明曆浸差，命太子贊善王恂，與江南日官，置更造新曆，以樞密副使董其事。易恂奏：今之曆家，徒之曆術，罕明曆理，宜得耆儒如許衡商訂。詔衡赴大都。」

十四年，大都火災。妄談地理者，惑上意，徙都邑。易與文謙廷辯，力爭不可，事遂寢。

《續通鑑》：「至元十四年……五月……廉希憲至上都，太常卿田忠良來問疾，希憲謂曰：上都聖人龍興之地……，延燒民居，此常事耳。慎勿令妄談地理者，惑動上意。未幾，果數輩以徙置都邑事奏。樞密副使張易、中書右丞張文謙，與之廷辯，力言不可，帝不悦。明日召忠良質其事，忠良以希憲語對……，其議遂止。」

《元朝名臣事略》〈平憲廉文正王〉：「五月公至上都，館華嚴寺。時太常卿田忠良領陰陽事，一日來問疾，公曰：上都聖上龍飛之地，天下視為根本，近罔遺火，此居民常事，今南人萃此，勿令妄談風水，惑動上意，未幾，副樞張公易，左丞張公文謙，果與南人數輩廷辯徙置都邑。二相力言不可，上不懌而罷。明日召太常，質前所言，忠良以公言對，上曰：希憲方大病，念及此也，其議遂寢。」

十七年，復拜中書右丞。荐高和尚有秘術，能役鬼爲兵，遙爲制敵，命和禮和孫與之同赴北邊、

《新元史》〈世祖本紀〉：「十七年……二月乙亥，中書右丞張易，言高和尚有秘術，能役鬼為兵，命和禮和孫與高和尚，同赴北邊。」

《續通鑑》：「至元十七年……二月己亥，張易言高和尚有秘術，能役鬼為兵，遙制敵人，命和爾果斯將兵，與高和尚同赴北邊。」

十八年，三除平章政事，樞密副使。冬十月己酉，受命參校道書。壬子，兼領秘書監太史院事。

《續通鑑》：「十八年……冬十月……帝方信桑門之教，詔樞密副使張易等參校道書，易等言，道德經為老子所著，餘皆後人偽撰。己酉，詔悉焚之。」

《元史》〈世祖本紀〉：「十八年……冬十月……己酉，張易等言：參校道書，惟道德經係老子親著，餘皆後人偽撰，宜悉焚毀，從之……。壬子……，以平章政事，樞密副使張易，兼領秘書監太史院司天台事。」

十九年，益都千戶王著，謙誅阿合馬。會高和尚自北邊遁歸，遂相與合謀。三月戊寅，詐稱太子南還。壬午，遣崔總理矯太子令，使易發兵。易不察，遽攏指揮使顏義，以兵往。著乃誅合馬、左丞郝楨。世祖聞變，即日至上都，遣和禮和孫等討亂。著挺身請囚，高和尚脫遁。庚辰，獲高和尚。壬午，與著並棄市。易亦以從亂，坐死。

《續通鑑》：「十九年……三月戊寅，益都千戶王著，以中書丞相阿哈瑪特蠹國害民，與高和尚合謀殺之。著素志疾惡……，自誓願擊阿哈瑪首。今高和尚以秘術行軍中，無驗而歸，詐稱死，殺其徒，以屍欺衆逃去，人亦莫知。著乃與合謀，結八十餘人，夜入京城。時皇太子從帝如上都……，著……乃遣二西僧至中書，詐稱皇太子與國師還都建佛事。時高觿、張九思宿衛宮中，詰之，倉皇失對……，觿、九思乃集衛士……以備。壬午，著復矯太子令，俾樞密副使張易發兵，夜會東宮。易不察，遽以兵往。觿謂何為？易附耳語曰：太子來誅左相也。既而省中遣使出迎，悉為偽太子所殺。奪其馬，入建德門……責阿哈瑪特數語，著即牽去，以所袖銅鎚碎其腦，立斃。繼呼左丞郝楨至，殺之……。觿乃與九思大呼曰：此賊也，叱衛士亟捕之……。弓矢亂發，衆奔潰，多就擒。高和尚等逃去，著挺身請囚……。帝……聞之震怒，即日至上都，命樞密副使博囉、司徒和爾果斯……，討為亂者。帝疑廷臣多與謀，召典瑞少監王思廉至行殿，屏左右問曰：張易反，若知之乎？對曰：未詳也……。張易所為，張文謙知之否？文謙不知。帝曰何以知之？對曰二人不相安，故知其不知也……。庚辰，獲高和尚於高梁河……，壬午，誅王著、高和尚于市，皆醢之，并誅張易……。」

《新元史》〈阿合馬傳〉：「遣崔總理矯傳令旨，使樞密副使張易發兵，夜會東宮前。易不察，即命指揮使顏義以兵往。」

《秋澗集》〈義俠行并序〉：「予為王著作劍歌行，繼更曰義俠……。著字子明，益都人。少沈毅有膽氣，輕財重義，不屑小節。嘗為吏，不樂，去而從軍。後與妖僧高（和尚）

北行，假千夫長歸，有此舉。死年二十九，時至元十九年壬午，歲三月十七日丁丑夜也。」

復以張易從著爲亂，將傳首四方。張九思曰：易應變不審則有之，坐以與謀，則過矣。請免傳首，從之。

《元史》〈張九思傳〉：「張易應變不審，授賊以兵，死復何辭，若坐以同謀，則過矣。請免其傳首，從之。」

易頗能詩。

《元文類》張易〈送魯齋先生南歸〉：「哀哀諸公入省闈，先生承詔獨南歸，道逢時否貧何病，老得身閒古亦稀。行色一杯燕市酒，春風三月故山薇，到家已及蠶生日，布穀催耕隴麥肥。」

資剛明尚氣，臨政善斷。素稱有權略，爲世祖所倚重。

《中堂記事》：「張易……資剛明尚氣，臨政善斷。」

《道園學古錄》〈徽政院使張（按：九思）忠獻公神道碑〉：「至元十九年，丞相阿哈瑪方用，妖僧高菩薩，千戶王著……，構變圖殺之……。樞密副使張易，素稱有權略，為上倚信，故以宥密留京。」

符士以誠，然忤之，不復與合。

《中堂記事》：「張易……，符士以誠，忤之，不復與合。」

易一生通顯，累官中書參政，右丞，平章及樞密副使。非爲副貳丞相，主軍國重事，參決大政、即掌軍機之密，宿衛之重。有元一代，漢臣中，幾無出其右者。兼又參校道書，預修曆法，領太史院事，非學養深厚，良不足如此！至其荐王文統，文統以相反。復荐高和尚，和尚又叛。豈無知人之明，抑別有他謀，甚堪玩味。

《新元史》〈百官志〉：「平章政事四員，從一品，貳丞相，凡軍國重事，無不由之。右丞左丞各一員，正二品，副丞相，裁成庶務，號左右轄……。參知政事，從二品。參決大政，其職亞於丞。」「樞密院，掌兵事之機密，及宮禁宿衛軍官，建授簡閱之政。知院六員，從一品，同知四員，正二品。副使二員，從二品。」

《新元史》〈王文統傳〉：「及帝既位……，擢文統為平章政事，委以更張庶務……。又明年（接：中統三年）二月，李三反……。聞人多言文統嘗遣子蕘，與三通書問。世祖召文統問之……。會三人持文統三書，自洛水至，為邏者所獲，以書示之，文統始錯愕駭汗……。乃誅文統，并戮其子蕘。」

《馬可波羅行紀》〈汗八里城之謀叛及其主謀人之處死〉：「其中有契丹人名陳著者，身為千戶，母及妻女並為阿合馬所辱，憤恨已極，遂與別一契丹身為萬戶稱王著者，同謀殺之……。遂以其謀通知國中之契丹要人，諸人皆贊成其謀，並轉告其他不少城市友人……。蓋因其所任之長官是韃靼人……，待遇契丹人如奴隸……。」

附張易任官年表：

時間	官職	根據
中統　元年	參政	《新元史》〈宰相年表〉
二年	參政	《中堂記事》
至元　三年	右丞	《元史》〈世祖本紀〉、《新元史》〈宰相年表〉
七年	平章	《元史》《新元史》〈宰相年表〉
八年	平章	同上
九年	平章、副使	《元史》《新元史》〈宰相年表〉《續通志》
十年	平章	《元史》《新元史》〈宰相年表〉
十一年	平章	同上
十二年	平章、副使	《新元史》〈宰相年表〉
十三年	副使	《元史》《續通鑑》《續通志》〈名朝名臣事略〉
十四年	副使	《續通鑑》
十七年	右丞	《新元使》〈本紀〉
十八年	平章、副使	《元史》〈本紀〉
十九年	副使	《元史》《新元史》《道園學古錄》

（原載一九六二年十月《大陸雜誌》二十五卷七期）

八、東平嚴實幕府人物與興學初考

一、禮延儒士，幕府人物冠於一時

據《元朝名臣事略》〈平章宋公事略〉：

「東平行台嚴魯公聞其名，招置幕府………，士之流寓者，悉引見行台，周惠尤厚，薦名儒張特立、劉肅、李昶輩十餘人………，四方聞義來依者，館無虛日，故東平人物，視他鎮為多。」

《道園學古錄》〈曹文貞公文集序〉亦謂：

「我國家龍興朔方，金源氏將就亡絕………，若夫禮樂之器，文藝之學，人才所歸，未有過於東魯（按：嚴實防地）者矣。」

《清容居士集》〈翰林學士承旨榮祿大夫遙授平章政事贈光祿大夫大司徒上柱國永國公謚文康閻（按：復）公神道碑銘〉亦謂：

「時則有嚴忠武公，披荊剪蕪，扶植儒學，作成逢掖，卒能敷文帝庭，風動八表，鄆之得人，號稱至盛。」

《元史》〈嚴實傳〉亦謂：

「實在東平，以宋子貞為詳議官，兼提舉學校，延致名儒康曄、李昶、徐世隆、孟祺等於幕府，四方之士，聞風而至，故東平文學彬彬稱盛。」

故東平嚴氏府人才之盛，史稱冠於一時。

二、幕府人物可考者二十一人，多成大儒名臣

據上述，嚴氏幕府人物，爲數當眾。唯就《元史》、《新元史》、《金史》，以及元人著作中，僅得二十一人。茲分述如後：

商挺：據《新元史》本傳：「曹州濟寧人……，年二十四，東平嚴實聘爲諸子師……，世祖在潛邸，聞其名徵至……，拜參知政事，……贈……魯國公。」《元史》本傳亦謂：「汴京破，依冠氏趙天錫，與元好問、楊奐遊東平，嚴實聘爲諸子師，……至元元年拜參知政事，

……贈魯國公。」故商挺爲嚴實幕府人物之一，後成名臣。

王磐：據《新元史》本傳：「廣平永年人，……金正大四年進士，……太宗八年，襄陽內附，乃北歸。……東平行台嚴實，興學養士，迎磐教授。……拜翰林直學士，……贈洛國公。」《元史》本傳亦謂：「丙申襄陽兵變，乃北歸，……寓河內，東平總管嚴實，興學養士，迎磐爲師。……召拜翰林直學士，……追封洛國公。」《元朝名臣事略》亦謂：「會東平總管嚴公興學養士，虛師席迎致公。」故王磐亦嚴氏幕人物之一，後成名臣。

宋子貞：據《新元史》本傳：「潞州長子人，……嚴實素聞其名，用爲詳議官，兼提學校。」《元史》本傳亦謂：「嚴實素聞其名，招置幕府，……拜……中書平章政事。」《續通鑑》亦謂：「子貞長子人，先至嚴實幕府爲詳議官。」故宋子貞亦嚴氏幕府人物之一，後成名臣。

徐世隆：據《新元史》本傳：「陳州西華人，金正大四年進士，……金亡，嚴實招致幕府，……遷翰林集賢學士……。」《元史》本傳亦謂：「嚴實招致幕府，俾掌書記。」《元朝名臣事略》亦謂：「嚴武惠公知公名，招致東平幕府，俾掌書記。」故徐世隆亦嚴氏幕府人物之一，後成名臣。

李昶：據《新元史》本傳：「東平須城人，……興定二年，父子廷試，昶果以春秋中第二甲，……金亡，行台嚴實辟爲都事。……授翰林侍講學士，……起爲吏部尚書。」《元史》本傳亦謂：「金亡，嚴實辟授都事，改行軍萬戶府知事。」《元朝名臣事略》亦謂：「金亡，公奉親還東平，嚴武惠公一見，特遇加禮，授行台都事。」故李昶亦嚴氏幕府人物之一，後成名臣。

劉肅：據《新元史》本傳：「威州洺水人，金興定二年進士，………金亡，依東平嚴實。世祖在潛邸，以肅爲邢州安撫使，………贈………邢國公。」《元史》本傳亦謂：「金亡，依東平嚴實，辟行尚書省左司員外郎。」《元朝名臣事略》亦謂：「公挈家入東平，嚴武惠公招致幕下，………公在東平二十年，贊劃尤多。」故劉肅亦嚴氏幕府人之一，後成名臣。

張特立：《元史》、《新元史》本傳，均無此記載，但謂：「東明人，………通程氏易，晚教授諸生，東平嚴實每加禮焉。………賜號中庸先生，………學有淵源，行無瑕疵。」唯《新元史》〈宋子貞傳〉曾謂：「嚴實素聞其名，用爲詳議官，………拔名儒張特立、劉肅、李昶輩羈旅，與之同列。」故張特立亦嚴氏幕府人物之一。

元好問：《元史》、《新元史》均無傳，《金史》附其父〈德明傳〉，但謂：「元德明系出拓拔魏，太原秀容人，………子好問，最知名，………爲………等詩，………名震京師，………蔚爲一代宗。」唯《遺山先生文集》〈東平行台嚴公祠堂碑銘〉曾謂：「好問客公幕下久。」《新元史》〈閻復傳〉亦謂：「嚴實……迎元好問校試，四人入選。」，故元好問亦嚴氏幕府人物之一。

張之純與張孔孫：《元史》均無傳，唯《新元史》〈張孔孫傳〉曾謂：「出遼之烏若部，……遷隆安，……父之純爲東平萬戶府參議。……既長，以文學名，辟爲萬戶府議事官，……擢禮部尚書。……善琴工畫，……尤精於騎射云。」故張之純、孫孔孫父子，亦嚴氏幕府人物之一。

康曄：《元史》、《新元史》均無傳，唯《新元史》〈宋子貞傳〉曾謂：「子貞延前進士康曄、王磐爲教官，……招致生徒數百人，……齊魯儒風，爲之一變。」《新元史》〈閻復傳〉亦謂：「幼入東平府學，師事名儒康曄，嚴實……延元好問校試，四人中選，彼爲首。」故康曄亦嚴氏幕府人物之一，後成名儒。

劉震：《元史》、《新元史》均無傳，唯《新元史》〈劉事義傳〉曾謂：「濟南鄒平人，……祖震，有學行，爲嚴實行台令，實雅重之。」故劉震亦嚴氏幕府人物之一。

王構：《新元史》本傳，無此記載，但謂：「東平人，……少以詞賦入鄉學，行台從事賈居貞，一見器之，使其子受學。」唯《元史》本傳曾謂：「弱冠以詞賦中選，爲東平行台掌書記，……拜翰林學士，……所薦無慮數十人，……皆有時名。」故王構亦嚴氏幕府人物之一，後成名臣。

孟祺：據《新元史》本傳：「從父游東平，時嚴實興學校，招致生徒，祺就試，登第上選，辟掌書記。……遷翰林文字，兼太常博士，贈……魯郡公。」《元史》本傳亦謂：「宿州符離人，……嚴實修學校，立考試法，祺就試登上選，辟掌書記。」故孟祺亦嚴氏幕府人物之一，後成名臣。

閻復：《新元史》本傳無此記載，但謂：「其先平陽人，……幼入東平府學，師事名儒康曄，嚴實招請生肄進士業，延元好問校試，……彼爲首，徐琰、李謙、孟祺，時稱東平四杰。」唯《元史》本傳曾謂：「平陽和州人，……弱冠入東平府學，……掌書記於行台，……進榮祿大夫平章政事。」故閻復亦嚴氏幕府人物之一，後成名臣。

李謙：據《新元史》本傳：「東阿人，……與除世隆、孟祺、閻復齊名，爲東平府教授，……召爲應奉翰林，……遷直學士，……文章醇雅，……學者宗之。」《元史》本傳亦謂：「與徐世隆、孟祺、閻復齊名，而謙爲首，爲東平府教授，生徒四集，累官萬戶府經歷。」故李謙亦嚴氏幕府人物之一，後成名臣。

夾谷之奇：《元史》、《新元史》均無此記載，但謂：「其先出女直加古部，……後徙滕州，之奇少孤好學，受業於東平康曄，……召爲吏部郎中，……遷左贊善大夫，……以吏部尚書起復……。」唯《新元史》〈徐世隆傳〉曾謂：「嚴實……又使世隆考其甲乙，屢中高等者擢用之。李謙、孟祺、張孔孫、夾谷之奇等，皆預其選。」故夾谷之奇亦嚴氏幕府人物之一，後成名臣。

徐琰：《元史》、《新元史》均無傳，唯據前述，徐琰與李謙、閻復、孟祺，皆校試高等，時號東平四杰，閻、李、孟三氏，既爲嚴實延入幕府，則徐琰亦當爲嚴氏所辟，爲幕府人物之一。復據《王忠文集》〈書徐文貞公詩後〉謂，曾持節浙西，謚文貞，故後亦爲名臣。

李楨：《元史》、《新元史》均無傳，唯《元史》〈嚴忠嗣傳〉曾謂：「少從張澄、商挺、李楨學。」故李楨亦嚴氏幕府人物之一。《元史》、《新元史》有〈李楨傳〉，然謂：「西夏族子也，金末以經童中選，既長，爲質子於蒙古。」未云授學於東平嚴氏所延聘之名儒。故此李楨當非彼李楨。

張澄：《元史》、《新元史》均無傳，唯據前述〈嚴忠嗣傳〉，故亦嚴氏幕府人物之一。

張昉：《元史》本傳：「東平汶上人，……金亡還鄉里，嚴實行台東平，辟爲椽。」故張昉亦嚴氏幕府人物之一。

三、興辦學校開風氣先河

據《元文類》〈中書令耶律公神道碑〉：

「自太祖西征之後，倉廩府庫，無尺帛斗粟，而中使別迭等僉言：『雖得漢人，亦無所用，不若盡去之，使草木暢茂，以為牧地。』公即前曰：『夫天下之廣，四海之富，何求而不得？但不為耳，何名無用哉！』用奏地稅、商稅、酒、醋、鹽、鐵、山、澤之利，周歲可得五十萬兩，絹八萬匹，粟四十萬石。上曰：『誠如卿言，則國用有餘矣！卿試為之。』……因時時進說周孔之教，且謂天下雖得之馬上，不可以馬上治之，上深以為然。國朝之用文臣，蓋自公發之。」

足證蒙人斯時，對中原農業文化，尚無所知。復據《元史》〈耶律楚材傳〉謂：

「辛卯秋，帝至雲中，十路咸進廩藉及金帛，陳廷中，帝笑謂楚材曰：『汝不離朕左右，而能使國用充促，南國之臣，復有如卿者？』……即日拜中書令，事無鉅細，皆先白之。」

亦證最早進入汗庭之儒士耶律楚材，雖被重用，亦悉靠術數之干，財利之動，初非與語尊儒興學，樹人之治之道，始能乃耳！

故蒙人興學之始，據《新元史》〈選舉志．學校〉：

「太宗七年，以馮光宇為國子總教，命侍臣子弟十八人入學，是為建置學校之始。」

事在太宗七年，然據《新元史》〈許衡傳〉：

「八年（按：世祖至先）以集賢大學士，兼國子祭酒，親為擇蒙古弟子，使教之。……十年……衡請退，帝命諸老臣，議其去留，竇默亦為衡請，乃聽衡歸。」

復據《新元史》〈王磐傳〉：

「國子祭酒許衡告歸，帝遣近臣問磐，磐言：『衡素廉介，其所以求退者，得非生員太少，坐糜廩祿，有所不安耶？宜增益員生，使之施教，則庶幾人才可成，衡之受祿，亦可以無愧。』從之。」

《續通考》〈學校〉亦謂：

「至元六年七月，立國子學，次年命侍臣子弟十有一人入學，以長者四人從許衡，童子七人從王恂。」

《續通鑑》亦謂：

「初太宗設總教國子之官，逮至元初，以許衡為祭酒，而侍臣子弟就學者，才十餘人。衡既去，教益廢，而學舍未建，師生寓民舍，司業耶律有尚，屢以為言。」

故直至世祖至元八年，朝廷太學，僅徒具其名，至世祖二十四年，據《綱鑑》謂：

「丁亥（按：世祖至元二十四年）二月，設國子監官：祭酒一員、司業二員、監丞一員、博士二員、助教四員，生員百二十人，蒙古漢人各半，官給紙劄飲食，仍隸集賢院。」

始粗具規模。許衡既「慨然以道學自任」，太學如此，何以堪！其力請退隱，因此。竇默亦爲之請，亦因此。

朝廷既不重興學，有識之士，乃事私人講學，據《宋元學案》：

「元師伐宋，屠德安……，先生（按：趙復）在其中，姚樞與之言，奇之。而先生不欲生，月夜赴水自沈，樞挽之出。至燕，以所學教授生徒，從者數百人。當是時，南北不通，程朱書不及北，自先生而發之。樞與惟中建太極書院……，請先生講授其中……。樞既隱蘇門，以傳其學，由是許衡、郝經、劉因，皆得其書而崇之。」

故趙復爲斯時民間講學之第一人。復據《牧庵文集》〈中書左丞姚文獻公神道碑〉謂：

「乙未（按：太宗七年）二太子（按：闊端、曲出）南征……，拔德安，得江漢先生趙復……，公曉以徒死無益，汝存則子孫或可傳百世……。江漢先生至燕，學徒從者百人，北方經學，自茲始。」

按德安之拔，據《續通鑑》謂：

「端平二年（按：太宗七年）……六月……，蒙古主命皇子庫端（按：闊端）、庫春（按：曲出）等侵蜀漢及江淮……。冬十月，蒙古塔斯破棗陽，庫春徇襄鄧……。端平三年（按：太宗八年）……八月……，蒙古破襄陽軍德安州……，得儒者趙復……，樞譬說百端……，復強從之……，至燕……，由是北方始知經學。」

事在太宗八年八月。至趙復講學之太極書院，據《續通鑑》謂：

「嘉熙二年（按：太宗十年）……冬十月……，蒙古建太極書院于燕京……，請趙復為師，王粹佐之，選俊秀有識度為道學生，由是河溯始知道學。」

又建於太宗十年十月。故江漢先生講學北方，最早亦在太宗十一年。

據上述，私人講學，始于太宗十一年。朝廷大舉興學，在世祖至元二十四年。然據《新元史》〈閻復傳〉謂：

「丙申（按：太宗八年）襄陽兵變……，遂寓河內……，嚴實興學養士，迎磐為師，受業者常數百人，後多為名士。」

故嚴實東平興學養士，時爲太宗六至八年。不唯規模之宏，非公私興學，所能望其項背？即以時間而論，亦較公私興學爲早。

四、受業東平，可考者九人，亦多成大儒名臣

據前述，除孟祺、閻復、李謙、徐琰、王構、夾谷之奇六人，皆受業東平，後成大儒名臣外，尚有三人。茲分述如後：

李之紹：據《新元史》本傳：「東平平陰人……，從東平李謙學……，姚燧……試其才……，驚喜謂：『可謂名下無虛士。』……累官太常博士……，國子祭酒。」《元史》本傳亦謂：「從東平李謙學……，累官……奉政大夫國子祭酒……。爲文章尤簡嚴有法，多傳於世。」故李之紹爲受業東平，後成大儒名臣之一。

申屠致遠：據《新元史》本傳：「其先開封人，金末遷東平壽張。致遠肄業東平府學，與李謙、孟祺等齊名……。清修苦節……，聚萬卷書，曰墨莊。」《元史》本傳亦謂：「金末……徙東平之壽張，肄業府學，與李謙、孟祺等齊名。」故申屠致遠亦受業東平，後成大儒名

臣。

曹伯啓：《元史》、《新元史》本傳均謂：「濟寧碭山人，弱冠從東平李謙游，篤於學問……，累遷……福建路廉訪使……，贈……魯郡公。」故曹伯啓亦受業東平，後成大儒名臣之一。

五、尾　語

東平嚴實，能於文物蕩然，社會解體中，以武人興學養士，致幕府人物冠於一時，齊魯文風爲之一變。無怪史家評謂：

「迨中原粗定，挈溝壑轉徙之民，置之衽席之上，興學養士，文教蒸蒸，雖道學愛人者，何以尚此？宜乎功名之盛，不及張五、史天澤，而令聞獨遠也。」

（原載一九六一年十二月《大陸雜誌》二十三卷十二期）

九、元代藁菩城董氏評述

元初漢軍，永清史氏，東平嚴氏，濟南張氏，保定邸氏，平遙梁氏，定興張氏，歷城劉氏，並稱于世。後史氏以功入相，張氏贈王，聲位之隆，當以二氏爲最。唯德澤流長，後世一門通顯者，又推董氏爲翹首。元文敏明善嘗於「藁城董氏家傳。」中，譽之謂：

「國家龍興幕北，走金河南，中州豪傑，起應以兵，而金滅矣！若真定史氏，東平嚴氏，滿城濟南二張氏是也。後史太尉有勳王室，為諸氏冠，(艽)城董氏，能與之班，而又以孝義稱，今遂大顯。」

揭文安傒斯、黃文獻溍，更推崇倍至。認爲董氏一門，功不絕于信史，名不染于罪籍，求之近世，未見其比。

揭撰〈守中碑〉：「自太祖皇帝應天啟運，其將相大臣，父子孫曾傳百數十年，稱名臣者數十人。或擁旌杖節，出謀發慮，佐定海宇。或安危靖亂，行政施化，藩屏國家於外；或獻可替否，拾遺補過，匡政理於內。功不絕于信史，名不染於罪籍，天下庸人婦女，皆能稱說者，唯董氏而已。」

黃撰〈守簡碑〉：「若稽古昔帝王之興，必有豪傑起而應之，率資其力，以成大業。至於第功行賞，剖符受封，傳子及孫，重侯累將，未為乏人。若夫異材間出，繼世象賢，秉忠懷誠，以承休德，書于史冊，號曰名臣，求之近世，如董氏一門者，未見其比也！。」

至虞文靖集，尤揚譽之。以爲史張二氏之功，實出董氏。

虞撰〈講畢奏特加藁城董氏封贈表〉：「真定史氏，保定張氏，功業相望，而董氏清忠過之。且亡金武仙之殺天倪而奪其真定也，實由董氏克仙兵，而納史師。張九元師擣宋餘燼於海中也，實出董氏，既克宋主，撫定閩越之餘。疇其功庸，誠為雋特，於斯參詳，宜依張史二家封贈。」

有關董氏資料，堪稱贍富。僅就所及之元人著作中，即有墓誌、碑銘、祭文、家傳、諡制等廿四篇。計見于：

一、《元朝名臣事略》：

1. 蘇天爵撰：〈左丞董忠獻公〉
2. 蘇天爵撰：〈內翰董忠穆公〉
3. 蘇天爵撰：〈樞密董正獻公〉

二、《元文類》：

4.元明善撰：〈藁城令董府君神道碑〉（下稱元撰〈文直碑〉）

5.元明善撰：〈藁城董氏家傳〉（下稱元撰〈家傳〉）

6.姚燧撰：〈僉樞密院事董公神道碑〉（下稱姚撰〈文忠碑〉）

7.虞集撰：〈翰林學士承旨董公行狀〉（下稱虞撰〈行狀〉）

8.元明善撰：〈平章董士選贈三代制〉

9.李槃撰：〈左丞董文柄贈謚制〉

三、《柳待集》：

10.柳貫撰：〈董士選贈忠宣制〉

四、《秋澗集》：

11.王惲撰：〈左丞董公祭文〉

12.王惲撰：〈故武節將軍侍衛親軍千戶董侯夫人碑銘〉（下稱王撰〈士元夫人碑〉）

五、《道園學古錄》：

13.虞集撰：〈藁城董氏世譜序〉

14.虞集撰：〈講畢奏特加藁城董氏封贈表〉

六、《揭文安集》：

15.揭傒斯撰：〈大元敕賜正奉大夫江南湖北道肅政廉訪使董公神道碑〉（下稱揭撰〈守中碑〉。）

七、《黃文獻集》：

16.黃溍撰：〈資政大夫陝西諸道行御史台御史中丞董公神道碑〉（下稱黃撰〈士恭碑〉）

17.黃溍撰：〈御史中丞贈推忠佐治濟美功臣榮祿大夫河南江北等處行中書省平章政事柱國追封冀國公謚忠肅董公神道碑〉（下稱黃撰〈守簡碑〉）

八、《清容居士集》：

18.袁桷撰：〈平章政事董某封贈三代九道〉

九、《畿輔通志》：

19.李冶撰：〈元龍虎上將董公神道碑〉（下稱李撰〈董俊碑〉）

20.王磐撰：〈元趙國公謚忠獻董公神道碑〉（下稱王撰〈文柄碑〉）

21.閻復撰：〈元趙國公謚忠穆董公神道碑〉（下稱閻撰〈文用碑〉）

22.歐陽元撰：〈元趙國公謚清穆董公神道碑〉（下稱歐陽撰〈士珍碑〉）

十、《吳文正公集》：

23.吳澄撰：〈元平章政事謚忠宣董公神道碑〉（下稱吳撰〈士選碑〉）

24.吳澄撰：〈元趙國公諡忠穆董公神道碑〉（下稱吳撰〈文用碑〉）

此外，《畿輔通志》〈金石志〉中，尚有僅見碑名，未睹全文者八篇：

1.閻復撰：〈中書左丞護軍董公士元神道碑〉

2.〈荊湖北道宣撫史董公文毅墓碑〉

3.〈內供奉董公鉞墓碑〉

4.〈浙東海右道肅政廉訪使董公守懿墓碑〉

5.〈晉寧路吉州知州董公守禮墓碑〉

6.〈贈前衛親軍都指揮使董公守義墓碑〉

7.揭傒斯撰：〈贈後衛親軍都指揮使董公士表神道碑〉（文集不載）

8.虞集撰：〈元參政謚肅誠董公守仁神道碑〉（文集不載）

至入明以後，官私所修元史，如《元史》、《新元史》、《元史新編》、《蒙兀兒史記》等，並有董氏父子之傳。唯此文以元人著述爲主，故僅作參考，引用較少。

一、與元廷之關係

憲宗以藁城奉莊聖太后湯沐，故文用、文忠兄弟，首以家臣地位，入侍世祖於潛邸。自茲以降，董氏一門，非入備宿衛，即給事宮廷，故特被親信，終致通顯。元文敏明善嘗於「平章董士選贈三代制」中，評之謂：

「子能擇主，孫亦象賢。一門萬石之家聲，四世五公之譜牒。」

黃文憲溍更於所撰〈守簡碑〉中，讚之謂：

「際時承平，忠穆晚以耆德元老，總台綱，掌帝制。正獻復以上所親信，入尚符寶，由郎而卿，逾二十年，子孫世嗣其職。而公在典瑞，歷兩朝不遷他官。御史中丞，位望尤為尊重，自忠穆公，父子兄弟居是官者六人，可不謂昭代衣冠盛事乎！」

㈠親若家人：董氏子弟，以幼備宿衛，給事宮廷，故元代諸帝，輒視若家人子弟，至爲親禮。世祖嘗以文忠行八，每以八哥，董八呼之而不名。

姚撰〈文忠碑〉：「文忠……次居八，憲宗即位，明年壬子，年二十有二，始入侍世祖潛邸……。中統之元，置符寶局，以公為郎，後官奉訓大夫，居以近密，……，唯帝呼董八。」

裕宗在潛邸，亦以士珍行八（按：士珍乃文忠長子，於叔伯兄弟中行八），特以小八呼之，用別其父。

歐陽撰〈士珍碑〉：「士珍字周卿，正獻公之子也。正獻公行八，世祖視猶家人，常以其行呼之。清獻公亦第八，世祖命侍裕宗東宮，裕宗知之，亦呼以行而不名，特加以小八，以別其父焉。」

迨世恭人仕，成宗又以察罕八哥，呼之而不名。

黄撰〈士恭碑〉：「忠烈公九子，正獻次居八，世祖恒呼之八哥而不名。正獻五子，公最幼，成宗見公，如見正獻，因以察罕八哥呼之，其見親禮如此。」

關係之親密，殊與世祖稱張宏範爲拔都，呼高智耀爲秀才，寓有激賞其勇，禮遇其才，有親疏之不同。

㈡寄以心腹：數年入侍，知之既深，遂任之亦專。故董氏子弟，中年以後，輒爲諸帝寄以心腹。使之決大政，典禁軍。中統二年，初建侍衛親軍之始，文炳即首膺其選，授侍衛親軍都使揮使。

元撰〈家傳〉：「二年……會立侍衛親軍，上曰：親軍非文炳難任，即遙授侍衛親軍都指揮使。」

《中堂記事》：「八月……十五日乙巳董文炳授親衛軍都指揮使，其詞曰，某官性秉忠貞，才堪任使，積年事上，不違咫尺之天。今日定封，當處爪牙之地。特降虎符授親衛軍都指揮使，同僉武衛軍事。」

至元年十四年，北圍有警，上將北狩，詔文炳曰：山南國之根本，悉以託卿，中書省樞密院，事無大小，咨卿而行。

元撰〈家傳〉：「十四年，北圍有警，上將北狩，亟詔公………。上曰………山以南國之根本也，盡以託卿，卒有不虞，便宜處置以聞。中書省、樞密院事，事無大小，咨卿而行。」

且告誡其蒙古首長曰：董某老成練事，汝父行也，事事聽之。

元撰〈家傳〉：「朕心柄知之，文炳心，朕所知，故讒間不行而功立……。蓋上嘗誡長官曰：董文炳老成練事，汝父行也，事事聽之，文炳不我負也。」

文炳既卒，至元十八年，詔文忠車駕行幸，留守大都，凡內府各司，城門，禁軍等，併付典守，以安根本。

姚撰〈文忠碑〉：「十八年……受資德大夫，僉樞密院事，卿如故，始不從蹕，留居大都。凡宮禦、城門、直舍、徼道、環衛、屯營、禁軍、太府、少府、軍器、尚乘等監，皆領焉。兵馬司隸中書，併付公㈣。」

及卒，猶遣中使，持藥投捄，敕勿速殮。

姚撰〈文忠碑〉：「將入朝，忽踣家庭，氣息奄奄……。上遣中使，持藥投捄，不及遂絕，傷怛不已，猶覬其息，敕勿速殮。」

至於文用，初侍潛邸，即受許重。

虞撰〈行狀〉：「世祖皇帝在潛邸，命公主文書，講說帳中……，常見許重。」

迨桑哥用事，以文用輒挫之，屢譖之於帝，請痛懲其罪。然世祖曰：董某端謹，朕所素知，汝當善視之。

虞撰〈行狀〉：「桑葛日誣譖公于上，……，請痛治其罪。上曰：彼御史職也，何罪！且董某端謹，朕所素知，汝善視之。」

至元二十四年，世祖北征，時蒙人懷貳，軍中夜驚，及以士選領漢軍宿衛，喜曰：朕可安枕矣！

吳撰〈士選碑〉：「二十四年征乃顏……，公聞有詔，命先期率數騎詣軍，世祖大喜謂公曰：使汝父在，朕可不自至此。軍中多夜驚，丞相伯顏奏用士選宿衛。公領漢軍夜置，軍令肅然。世祖曰：朕得安寢矣！」

成宗即位，士珍方任典膳官。雖喜慍不時，然見士珍奉膳以進，輒爲改容。

歐陽撰〈士珍碑〉：「職典膳官，以公捧之，帝雖喜慍不時，見公至，必為之改容。」

大德六年，省臣嘗議出士珍，太后聞之，亟遣中使止之。

歐陽撰〈士珍碑〉：「大德六年，省臣議出公僉河南江北行省事，未奏，太后有聞，亟遣中使傳旨中書曰：董士珍青宮舊臣，屢聞裕宗稱其忠厚，其人宜寘近輔，何為補外，因留拜吏部尚書。」

後漢人執法闕員，仁宗謂：方今無踰董士珍者，乃除御史中丞。

歐陽撰〈士珍碑〉：「皇慶二年，漢人中執法員闕，仁宗與台臣謀其人，既而曰：方今無以踰董士珍者，驛詔公還。」

逮俊之曾孫守簡入仕，時英宗初嗣，禁衛森嚴，獨守簡出入無間。

黃撰〈守簡碑〉：「英宗皇帝嗣位，禁衛周密，非元勳貴戚，不得入見，獨公出入無間。」

㈢尊崇倍至：入仕既久，聲位日隆，故元代諸帝，每以累世勳舊，歷朝重臣，眷遇之隆，漢人幾無出其右者。至元十五年，文炳除簽樞密院事，會天壽節賜宴群臣，世祖命文炳坐左右丞及諸侍衛將軍之上。

王撰〈文炳碑〉：「至元十五年……八月……二十八日，天壽節賜宴，有司奏稟群臣坐次，上命公坐於總帥汪良臣，右丞呂文煥，左丞夏貴暨諸侍衛將軍之上，寵異之。」

文用晚年，嘗授皇孫經，世祖曰：老人畏寒，時至帳中，敕近侍親爲具膳。或有賜飲，輒命無庸跪拜。

閻撰〈文用碑〉：「世祖命公授諸皇孫經，曰：老人畏寒，須暄和。時至帳中，敕命近侍，親為具膳。每預宴，與蒙古鉅族序齒，或賜飲御榻前，特命無拜。其眷遇之隆，漢人無出其右者。」

逮至正六年，守簡扈從上京，帝解御衣以賜之，禮遇至隆。

黃撰〈守簡碑〉：「至正六年夏四月，大駕時巡上京，公扈從至幄殿，上解御衣以賜，命居大都留台。」

㈣董氏無禁：李璮之變，漢軍將領，並解兵柄。以史氏勛業之隆，一日解紱而去者十七人，獨董氏不許，且兄弟並典軍旅。

揭撰〈守中碑〉：「天下初定，諸將並解兵柄，唯董氏不許，以僉樞密公寄天子心腹，居中者四十年。」《元名臣事略》〈丞相史忠武王〉：「三齊平，公首奏民兵之權，不可併居一門，行之，請自臣家始，史氏子弟即解紱而退。」虞撰〈行狀〉：「元帥阿朮奉詔取宋，召公為屬，公辭曰：新制諸總兵者，其子弟勿復任兵事。今伯兄（文炳）以經略使，總兵鎮山東，我不當行。帥曰：潛邸舊臣，不得引此為說。」

中晚以降，漢人有挾兵之禁，唯董氏一族，悉弛其禁。黃撰〈士恭碑〉：「公年甫十三，從長兄清獻公士珍至上前。命往返行於庭中，見氣宇凝重……大奇之，自是出入禁闥無間。問曾學射否？對曰：陛下統一四海，功成治定，無事於武，況漢人挾兵有禁………，未學也。上顧左右曰：其父祖於國家有大勳勞………，乃命董氏之族，悉弛其禁。」

二、風　範

董氏一門通顯，四世五公，其所以如此者，幼年給事宮廷，故爲肇基之因，然尤要者，厥爲忠勇垂訓，廉正自勵，與孝友傳家所致。

㈠忠勇垂訓：世祖入滇，文炳率私士冒死追進，及抵行在，世祖大爲激賞。

元撰〈家傳〉：「癸丑秋，奉憲宗命征南詔。公率義士四十六人……，後世祖軍，人馬道死亡，比至吐蕃，止兩人能從，兩人翼公徒行……，既至，世祖壯其忠，憫其勞……，由是日親貴用事。」

淮東之役，長子士元，身被十七創而卒，文炳聞之，一慟而止曰：眞吾子也！

王撰〈文炳碑〉：「淮東之役，士元陳兵揚子，夜出擣營，身受十七創而卒。公聞，一慟而止曰：真吾子也！」

至元十五年，西方未定，雖積勞成疾，猶請西行。

王撰〈文炳碑〉：「以累歲南征驅馳，積勞成病……。戊寅歲夏，稍緩赴上都，以西方未定，懇請西行，上慰之曰：漢人中如卿忠孝者，不多見矣！卿且安居善調攝，八月授僉樞密院事。」

迨病且革，顧謂文忠曰：子弟但能上馬，當以死報國。

王撰〈文炳碑〉：「語其弟文忠曰：主上恩隆厚我，恨不效死邊陲，圖報萬一……，子弟輩，但能上馬者當以死報國。」

文炳十六歲，主家政，課子弟，諸弟事之若父。

虞撰〈行狀〉：「公性孝友，四時祭祖，輒思慕感愴，如將見之，事伯兄如事父，教子弟嚴而有禮。」

故世祖駕崩，文用嘗望宮墻哀慟，竟幾致墜馬。

虞撰〈行狀〉：「世祖皇升遐，公望宮墻哀慟，幾墜馬下，同列爭持扶之。」

後世子媳，亦能勸勇勵忠，垂訓子孫。

王撰〈士元夫人碑〉：「至元三年，夫人竟以勤劬疾，既革，子守仁越千里來省，正容而謂曰：宿衛事重，何以我為……，比屬纊，立諸子戒之：董氏一門，世篤忠貞，汝輩當效死報國，勿貽爾祖稱羞，能然，吾目瞑無憾矣！」

㈡廉正自勵：忠烈董俊，起自田伍，自奉儉樸，嘗誡其諸子曰：廉慎不欺。貪墨壞官者，非吾子。

黃撰〈守簡碑〉：「忠烈家庭之訓曰：汝等當思廉慎不欺，以報國家，或以貪墨敗官，則非吾子孫，死亦不得從葬先兆，宜慎識之。」

李撰〈董俊碑〉：「軍中金帛，慎委未嘗妄取一髮，屢誡諸子曰：吾本農家，因時變粗立門戶，汝等當勤苦自食其力，毋貪非分以咎也。」

故文炳卒時，廩無粟，庫無財，吳文正澄許爲眞古之大丈夫也。

吳撰〈士選碑〉：「比其（按：文炳）終，廩無粟，庫無餘財，嗚呼！真古所謂大丈夫也！」

文忠卒時，除圖書外，別無積蓄。

姚撰〈文忠碑〉：「知公圖書外，無他積蓄，賻錢千萬。」

文用退休南返，亦貧賣居室，以償所貸。

吳撰〈文用碑〉：「時台臣有送公出境者，比還，同僚讶其來之遲，則具言公居廉，貧賣居室，以償其稱貸而去。」

逮士珍卒時，竟貧不能葬，賴賻鈔賜驛，方得首邱故里。

歐陽撰〈士珍碑〉：「延祐元年……薨……，家貧不能葬，上聞而悼之，賜鈔二萬五千緡，給驛馬送其柩南還。」

餘若士選、守簡等，無不以清廉正直著稱于世。

吳撰〈士選碑〉：「會御史中丞不忽木卒，朝議難其繼，時相有所舉用，成宗曰：廉介公正，誰能出董士選之右，惟此人特授資德大夫御史中丞，領侍儀司事。」

虞撰〈講畢奏特加藁城董氏封贈表〉：「其孫故陝西平章士選，世篤忠貞，孤介剛毅，徧歷台省，號稱正人。」

黃撰〈守簡碑〉：「居官以清白著聞，家無餘貲，僅蓄書數萬卷。」

語云：廉者剛正，故董氏累世，向稱敢言。至元元年，文用除西夏中興行省郎中，以只必鐵木兒縱屬侵暴，省僚束手，獨文用輒坐幕痛折其屬。

虞撰〈行狀〉：「只必鐵木兒者鎮西方，其下縱橫……，不可會計，省臣不能支，公坐幕府，輒面折以國法。其徒積忿譖公，貴人怒……，公曰：我漢人，生死不足計……，即公謝之。」

〈孫都思氏世勳之碑〉：「太宗皇帝時，命太子一、端鎮河西……，太子生子曰只必鐵木兒王。」

及盧世榮、桑哥用事，群臣箝口，亦唯文用，面折廷爭不少挫。

虞撰〈行狀〉：「世榮……嘗謂人曰：我不知何事忤董尚書，每折我不遺餘力。」

吳撰〈文用碑〉：「桑哥擅威權聚歛，雖台臣莫敢誰何？公為中丞……，與廷辯不少挫。」

故《虞文靖集》嘗於所撰文用〈行狀〉中，譽之謂：

「平居聞朝政有一未善，輒終夜不寐，依壁欷恨不置曰：祖宗艱難成立之天下，豈可使賊臣壞之。故每與朝議，即奮言不顧危禍，以片言折權姦，定國是者，不可勝計，朝廷賴之。」

逮士珍任御史中丞，嘗與仁宗論事忤旨，慨然進言曰：生死至微，獨不顧君有過舉，國有闕政，直言無諱之膽識，即仁宗亦大爲動容。

歐陽撰〈士珍碑〉：「仁宗輒歎曰：董中丞直人也。嘗一日論榻前，不合旨意，進曰：臣等死生至微，國家政事得失至重，若顧其至微，使君有過舉，國有闕政，生何面目立于朝乎？」

後士恭平章陝西，行省丞相阿剌罕，辱漫同僚，亦嘗叱左右去其肩輿，斥爲不敬殊甚！

黃撰〈士恭碑〉：「太師阿斯罕，以丞相行省陝西，嘗有旨命之迎接，便服不拜。俄一日詔下，肩輿登堂北面而坐。眾皆惡其無禮，無敢以為言者，公厲聲曰：天子憐公以足疾，賜坐便服不拜，今坐於堂上，使衆官具公服，羅拜堂下，不敬殊甚！叱左右去其肩輿。」

㈢孝友傳家：董氏孝友傳家，一門敬讓。焦山之役，士表請戰，文炳曰：吾弟僅汝一息，吾不忍也。

元撰〈家傳〉：「世傑等陳巨艦萬艘，碇于焦山下江中，勁卒前左，公身犯前左，載士選別船，而弟子士表請從，公顧曰：吾弟僅汝一息，脫吾與士選不返，士元、士秀，猶足殺賊，吾不汝忍也！」

及文直病卒，哀慟曰：家事一委是弟，勞苦數十年，今永負之矣。

元撰〈文直碑〉：「昔者君之哀聞於忠獻，忠獻方留鎮宋都，哭之慟，左右曰：奈國事何？收淚曰：身及諸弟子，出理皇家，委百口是弟，弟勞苦數十年，吾無內顧，今而後永負之矣，復大哭。」

迨文用致仕，詔蔭其子，乃請曰：忠烈死國，未蒙旌異，乞易封其父，世有忠孝兩全之譽。

吳撰〈文用碑〉：「其父忠勇死國，未蒙旌異，今請以蔭其子者，易封其父，豈非忠孝兩全之人！」

至若叔侄兄弟，以官相讓，猶累見不鮮。

新元史〈文蔚傳〉：「憲宗四年……，文炳以文蔚公勤，可委以事，解所佩符讓之，帝嘉之，授藁城等處行軍千戶，鎮鄧州。」

吳撰〈士選碑〉：「十六年，立前衛親軍進昭勇大將軍，充都指揮使……。二十三年，僉湖廣行樞密院事，移疾去官，以指揮使讓其弟士秀。」

揭撰〈守中碑〉：「父之澤，則以讓其弟。大父之澤，則以讓其叔父。」

故李文正治，論董氏家風，嘗譽之曰：一門敬讓，風動四表。

李撰〈董俊碑〉：「當河南散破時，公聞先生者，文行高完，請歸教其子孫。董氏家法，皆有素，重獲善誘，是以一門敬讓，風動四表。」

歐陽文元，更讚之謂：身教之正，家法之嚴，舉世無兩。

歐陽撰〈士珍碑〉：「董氏身教之正，家法之嚴，在漢人中為第一。」

至閻文康復，元文敏明善，《虞文靖集》尤推崇倍至，認爲清忠純孝，光耀天下。

閻撰〈文用碑〉：「世祖皇帝，堯日御天……，有若王文康公鶚，許文正公衡，張忠宣公文謙，風高懿範，無愧千古。若夫忠孝傳家，風節矯矯頡頏，數公之後者，資德董公其人也。」

元撰〈文直碑〉：「夫一門四世，若將若相，光輔累朝，清忠純孝，照耀天下，世之談者，必首董氏。」虞撰：〈講畢奏特加藳城董氏封贈表〉：「竊照真定史氏，保定張氏，功業相望，而董氏清忠過之。」

三、戰 績

董氏四世爲將，而三代皆披堅執銳，戰功彪炳，其中尤以文炳爲最。除扈從世祖定滇之役，僅具勤勞外，後南征北討，幾無役不與。故王文定惲嘗於「祭左丞董公文」中，評之曰：

「公……奮父祖之餘烈，策冠鄧之高勳，其志慮良實。又濟以武惠惻隱之仁，謙以接物，勇見大敵……。至於肅齊家範，友於弟昆，忠結主知，德庇生民，功愈大而心轉小，寵既厚而憂益殷，無私蓄為子孫之計，不樹黨收門墻之恩。」

袁文清桷亦於〈平章政事董某封贈三代制〉中譽之謂：

「父文炳……，赤腳從軍，絕食望翠華之幸。刑輕典以安反側，釋降人以靖流離。白日揮戈，睆睆益張其翼。長風破浪，蒙二、竟搗其心腹。命在餘民，市不易肆。麥禾以陋鄭人之過，收圖書以成蕭相之功。嶺嶠宣威，南人不復反矣！」

㈠樊城之役：憲宗七年，大軍攻樊城，以南據江漢，北瀕樊湖，卒不得渡，文蔚嘗以智勇拔其外城，論功居最。

《新元史》本傳：「七年從大軍攻樊城……，不得渡，文蔚夜率所部，於湖水狹處，伐木為橋，至曉，師畢過，城人驚之，後……奪其外城，論功居最。」

㈡釣魚山之戰：九年，憲宗親征入蜀，釣魚山之戰，尤爲急烈。文蔚士元，並與是役。且士

元嘗率所部先登，憲宗壯之。

《元史》〈文蔚傳〉：「己未，憲宗伐宋，入川蜀，文蔚奉詔將鄧選兵西上。由褒斜歷劍閣，劍閬諸州，平地不能守，宋人置州事於山上，師行經大獲、雲頂、長寧、苦竹諸隘，苦戰而前，至釣魚山，崖壁巉峭，惟一經可登，宋將持險阻，未即降，帝命攻之，文蔚督鄧州軍，挾雲梯，冒飛石，履崎嶇以登，直抵其寨，苦戰，士兵被傷乃還，帝親見之，加以賞賚。」

《新元史》〈士元傳〉：「憲宗征蜀，士元年二十三，從叔父文蔚率鄧州軍西行，次釣魚山，宋人堅壁拒守，士元請代文蔚攻之，以所部銳卒先登力戰，以他軍不繼而還，憲宗壯之。」

㈢羊邏渡之戰：憲宗九年，世祖受命攻鄂，薄羊邏渡，時宋軍築堡於岸，列艦江中，聲威甚壯。文炳率弟、文用文忠請曰：乞統死士先濟，以奪宋魄。於是鼓楫奮攻，三戰俱捷，大軍遂圍鄂州。

虞撰〈行狀〉：「己未世祖……取宋，公發沿邊蒙古漢人諸軍，理軍需。將攻鄂州……，忠獻公請曰：宋恃江為險，兵力厚，法當先之，奪其氣，臣請先，公與正獻公固請偕行……，乃率敢死士數十百人，鼓棹疾呼奮進……，宋軍來赴戰，三合三敗之。」

元撰〈家傳〉：「上命世祖伐宋……，師次羊邏渡，宋之要害也。築堡於岸，陳船江中，軍容其盛，公請於世祖曰：長江天險，宋所恃以為國，勢必死守，不奪之氣不可，臣請嘗之。與敢死士數十百人當前，率弟文用，文忠，載艨衝鼓櫂疾趨……，宋師大敗。」

《讀史方輿紀要》卷七十六〈黃岡鎮〉：「陽邏鎮，府西一百二十里，與江夏分界………。開慶六年，忽必烈渡淮，得沿江制置司榜文云：聞北兵議取黃陂，民船繫筏，由陽邏堡會於鄂州。忽必烈喜，遂如其言。」

㈣平李璮之役：中統三年，李璮以濟南叛，文炳、文用、文蔚，並與是役。且文炳嘗招降璮之愛將田某，遂致速竟其功。

虞撰〈行狀〉：「三年，山東守臣李璮叛據濟南，從元帥庫庫岱，統兵伐之、五月而克其城，山東平。」

元撰〈家傳〉：「三年，山東守將李璮反，據濟南。璮劇賊，善用兵，會諸軍圍之，璮不得遁，久之，賊勢日衄，公曰：窮寇可以計擒，乃抵城下，呼璮將田都帥者曰：反者璮耳，餘來即吾人，毋昧取死誅也。田縋城降，田，璮愛將，既降，眾亂，遂擒璮。」

《新元史》〈文蔚傳〉：「三年，李璮反，據濟南，文蔚以所部，圍其南面。」

㈤正陽之戰：至元九年，文炳行院淮西，夾淮築兩正陽城，以遏宋師。十年，宋將夏貴帥舟師十萬，環城急攻，會霖雨淮漲，舟師薄城，文炳雖創甚，仍飲痛督師，由次子士選出城，擒宋將，挫其師，由是夏貴不敢復出。

吳撰〈士選碑〉：「至元九年，忠獻築兩城於正陽，以遏宋兵，十年，宋將來爭，霖雨淮漲，舟師薄城，忠獻與戰，矢貫左腋，創甚不能弓，城幾危，公年甫二十一，代父臨陣，獲宋一將，敵退，城遂完。」

《讀史方輿紀要》〈壽州正陽鎮〉：「在州西六十里，淮水出潁、壽之間，夾淮有東西正陽鎮……，至元九年，董文炳築城於正陽，以遏宋師。」

㈥焦山之戰：伯顏征宋，焦山之役，盡覆其淮東諸軍，使臨安門戶洞開，趙宋因以請降。文炳、士選、士表並與焉，且論功居首。

元撰〈家傳〉：「世傑等陳大艦萬艘，碇焦山下江中，勁卒前左，公身犯前左……。乘輪船，建大將旗鼓，翼二子船，大呼突陣，諸將繼之……。宋亦殊死戰……，自寅至午，宋師大敗，世傑走，公追及夾灘，士傑收潰卒復戰，又破之。世傑走海，公艦小，不可海，夜乃還，俘甲士萬餘人。」

元撰〈文直碑〉：「子男士表，從忠獻下江南，有戰功，其最者：宋將張世傑陳大軍焦山下，致死於我，忠獻為元帥，將戰，分而請先，忠獻閔其無兄弟，不許，固請乃許，父子大捷，策勳累遷鄧州新軍萬戶。」

《讀史方輿紀要》〈鎮江府焦山〉：「府東九里江中，與金山並峙，相去十五里……。德祐初，張世傑與劉師勇等，舟師次焦山，碇江中流，元阿朮登石公山望之，曰：可燒而走也，遂前戰，世傑敗走圖山。」

《平宋錄》：「阿朮……命伉健善殼者千人，載以巨艦，分兩翼兩射，阿朮居中分擊，繼以火矢，灼其蓬檣，窘無所出。董文炳亦以軍直扣焦山之麓，交戰自寅至午，宋人力不能支，遂潰，欲遁，又不能起碇，士卒投江者數萬，得船七百餘艘，俘兵萬餘，自是淮東兵不敢復出。」

(七)定閩之役：至元十三年五月，陳宜中等，立宋宗室昰於福州，六月詔李恒救邵武，九月文炳會江西兵征昰，以軍紀嚴整，漳泉建寧諸郡，望風欵服，閩事遂定。

《平宋錄》：「十三年……五月一日，文天祥、世傑、宜中等，立昰於福州……，於是，閩中又變為昰用。昰發兵五萬，取邵武諸城，六月……李恒救邵武……，九月江西兵與東省阿剌罕、董文炳會征昰。」

元撰〈家傳〉：「閩中尚為宋守，敕公進兵，所過禁士馬無故履踐田禾……，是以南人不忍以兵鄉公，次台州，世傑遁……，漳泉建寧邵武諸郡，皆送欵來。」

(九)招降張暄、蒲壽庚：張蒲二人，於元代貢獻頗大。蓋張暄創海運，後仰給江南，歲輸三百萬石，危素海運志，曾評「民無輓輸之勞，國有儲蓄之富，豈非一代良法歟！」蒲壽庚於宋，專蕃舶之利三十年，入元後，對元代南洋貿易與遠征日本，皆貢獻非鮮。

王撰〈文炳碑〉：「次子士選招降海寇張暄，獲巨艦五百艘。」

新元史張暄傳：「二十二年，創行海運，從（朱）清、（張）暄之議也。」

王撰〈文用碑〉：「十四年正月，有旨召公赴闕，三月至上都，陛見日，上慰勞甚厚。初公至泉州時，太守蒲壽庚者來降，壽庚回紇人，以海舶為業，家資累鉅萬計，南海蠻夷諸國，莫不畏服，聞張世傑出海上，壽庚願率本家丁壯，鎮守東南，必可無虞，公以其人可用，解身所佩金虎符，以畀之，左右以為不可，公不答，至是奏聞，因謝專擅之罪。」（羅香林教授著蒲壽庚傳，極精博。）

故伯顏與吳文正澄，論董氏戰功，皆許爲平宋之役，功稱第一。

王撰〈文炳碑〉：「丞相至京，陛見曰：臣受命平江南，其招懷撫定之功，無出董文炳之右，鎮宋之事，臣以委之矣。」

吳撰〈文用碑〉：「忠烈起自田畝，為國竭忠而死，有八子，其元子文炳，以左丞從伯顏丞相平江南，功第一。」

李槃、王磐尤頌揚倍至，認爲一門忠孝，萬古芳香。

李撰〈左丞董文炳贈謚制〉：「山路間關，謁戎輅趨於六紹。風濤洶湧，扈龍舟渡於三江。迨予嗣服之年，委以專征之任，截波淮浦，至於海邦。招降兩浙之新民，撫定七閩之故地。大小數百戰，奮不顧身，勤勞三十年，厥有成績。往者睢陽城下，父已歿於兵鋒，比來揚州橋邊，男復終於王事。一門忠孝，萬古芳香。」

王撰〈文炳碑〉：「自年三十七，從詔之後，國家每有戎事，南北東西，無不與行。其摧堅制勝，陷陣先登之功，蓋不可勝數。雖功業日盛，名位日隆，身都將相，名動華夸。然其遇強敵堅陣，如正陽之戰，羊邏渡之戰，焦山之戰，未嘗不親臨陣，身當矢石也。」

四、事功

董氏勛業，較戰功彪炳，尤有可述者，厥爲戰時督師，禁殺掠，縱降俘。平時臨政，決大計，斥聚歛。

㈠全活民命：董俊入元之初，深冀間，有以妖言惑眾，圖謀不軌者，有司繫捕千家，將盡坑之。俊請於主事，但誅首惡，得獲保全者，數萬人。

李撰〈董俊碑〉：「深冀間，有以妖言惑眾者，有司捕繫，誅連千家，擬以門誅，公白主者……，獲全者數萬人。」

逮其南下攻汴圍金，他將利其子女是取，俊曰：人降而奪爲孥，仁人不取。所降者，悉縱還鄉里。

元撰〈家傳〉：「他將利其子女是取，公曰：人降而奪之孥，仁者不為，眾義不取。南征時，人多歸公為奴，既全其家，歸悉縱為民。鄰境人有被掠賣，亦予直贖還其屬……，人以樂為之用，大小百戰，戰輒克之。」

中統三年，執叛將李璮于濟南，主帥擬盡誅其漣浙兩軍，文炳諫之，萬餘人得獲全活。

王撰〈文炳碑〉：「璮有漣浙兩軍，練習戰陣，平時所恃以取勝者。城既下，主將傳令，分配諸翼，陰使除之。公……曰：往者師出雲南，大將妄殺一人，上震怒，責讓者四，況此等皆李璮驅迫不得已者乎？帥曰：公何不早言，遂釋之，得活者萬餘人。」

元撰〈家傳〉：「璮勝兵有漣浙兩軍，可兩萬餘人，勇而善戰，主將怒其與賊，配諸軍，陰殺之，公當殺兩千許人，公白主師……，從之。」

及焦山之役，俘宋甲士萬餘人，悉縱之爲民。十月入臨安，所過民不知兵。但有所俘，輒放還故里。

元撰〈家傳〉：「俘宋甲士萬餘人，悉縱不殺。獲戰艦七百艘，宋力自此窮矣！冬十月，王師分三道而左，公由江並海趨臨安，所過民不知兵。凡所獲生口，悉縱遣之，無敢匿者。」

南下入閩，更嚴禁抄掠，軍紀之嚴，士馬竟無敢踐民田禾。復下令：敢不縱所俘者，軍法從事，於是閩境望風款服。

元撰〈家傳〉：「閩中尚為宋守，敕公進兵，所過禁士馬無故履踐田麥…，次台州，世傑遁，諸將先俘州民，公下令…，敢有不縱所俘者，以軍法論，得免者凡數萬。薄溫州，溫州未下，令曰：毋取子女，毋取民有……，諸郡皆送款來……，閩人感公德最深，至今廟而祀之。」

迨士選右丞江西，狂民爲亂，得其所藉鄉兵姓名十餘萬，悉焚之，以安反側。民皆釋然曰：天遣公活我！

吳撰〈士選碑〉：「成宗嗣位，授江西行省右丞，贛屬縣有狂民為亂，公往平之，得所藉鄉兵，姓名十餘萬，公曰：此蓋脅從良民，焚其藉。賊巢近地之民，阻山為砦以自保，公屏眾單騎登山，遣人諭之曰：知爾良民……。民皆釋然，執壺酒拜迎曰：天遣公活我！」

故揭文安譽之曰：董氏一門，身歷百戰，未嘗妄殺一人。

揭撰〈守中碑〉：「董氏之先，南征北伐，未嘗妄殺一人，妄施一政。」

世祖亦獎謂士選曰：彬不殺降，較之汝父，未足爲多，必欲盡書，竹帛有幾也！

吳撰〈士選碑〉：「陛辭日，問公曰：讀曹彬傳乎？對曰：嘗讀。世祖曰：彬只是不殺降一事，汝父之功，過於彬，汝效汝父足矣。汝父清苦自勵，平宋不戮一人，至今民感其恩。今命汝，江南之民，見汝猶見汝父，汝其悉心蘇凋瘵之民，以稱朕意。」

元撰〈家傳〉：「曹彬不殺降一事，較之而父，未足為多，必欲盡書而文，竹帛有幾也！」

元文敏明善尤頌揚無似，認爲董氏父子，全活民命，無慮數十萬人。

元撰〈家傳〉：「贊曰：或曰，三世為將必敗，其後受其不祥。董氏貴顯四世，子孫數十百人。或曰，活千人者必有後。龍虎公、忠獻公為大將，不妄殺，濱死而生之者，無慮數十萬人，其諸以是為德與！董其未艾哉！」

(二)薦賢卹民：董氏政績，以文用最著。初侍世祖，潛邸漢人尚少，故禮迎王磐諸人，文用固親任其勞，即推薦之始，或將與焉？

虞撰〈行狀〉：「使為使，召遺老於四方，而太師竇公默，左丞姚公樞，鶴鳴李公俊民，敬齋李公冶，玉峰魏公璠偕至，於是王府得人為盛。」

九年，世祖南征，將圍鄂州，會憲宗崩于釣魚山，獨以大統虛懸，建議班師，後日世祖每對朝臣，輒譽之謂先識：

閻撰〈文用碑〉：「申令諸軍，旦日畢渡，會憲宗崩，咸請乘勝進取，獨建議班師歸，定國是。以為他日，南土可以傳檄而定，世祖然其議。其後宋既平定，每對朝臣，加獎公之先識。」

至元二十年，權臣摧抑司憲，文用曰：不可！今司憲雖在，綱紀猶不振，一旦摧抑，則創民無所赴愬，欲風采薾然，實無復可望矣！

虞撰〈行狀〉：「二十年，江淮臣省……建議行台隸行省，狀上集議，公議曰：不可！御史台譬之臥虎，雖未噬人，人猶畏其為虎也。今司憲僅在，綱紀猶不振，一旦摧抑之，則風采薾然，無可復望者矣！又謂曰：御史台所救政事之不及，丞相當助之，不當抑之也。御史台不得行，創民無所赴愬。而政日亂，將不止台事不行也。」

迨聚歛之臣，盧世榮、桑哥用事，權傾中外，雖台臣亦不敢言，唯文用本卹民之義，面折廷爭不少挫。丞相安童嘗譽之曰：以一言折聚歛之臣而厚邦本，仁人之言，其利溥哉！

虞撰〈行狀〉：「盧世榮……建議曰：我立法治財，視常歲倍增，而民不擾也。詔下會議，人無敢言者，公陽問曰：此錢取諸右丞家耶？將取之民……？牧羊者歲嘗兩剪其毛，今牧人日剪其毛而獻之，則主者固悅其得毛之多矣！然而羊無以避寒暑，即死且盡，毛又可得哉？民財亦有限，取之以時，猶懼其傷殘也。今盡刻剝無遺毳，猶有百姓乎？世榮不能對。丞相安圖公謂坐中諸君曰：董尚書真不虛食俸祿者。議者出，皆謝公曰：公以一言折聚歛之臣而厚邦本，仁人之言，其利溥哉！」

及任御史中丞，復薦王惲等十餘人爲按察使，徐琰等爲行台中丞，時號極選。

虞撰〈行狀〉：「二十五年，拜御史中丞，公曰：中丞不當理細務，吾當先舉按察使，仍舉胡公祗遹、王公惲、雷公膺、荊幼紀、許揖、孔從道等十餘人。又舉徐公琰、魏公初，為行台中丞，當時以為極選。」

他如文炳議收亡宋圖書、文忠正法平刑，均功在國家生民。

元撰〈家傳〉：「時翰林直學士李槃，奉詔招致宋士，至臨安，公謂之曰：國可滅，史不可沒……，其太史記，具在館，且悉收入，以備典禮，乃得宋史及諸注記。」

姚撰〈文忠碑〉：「時患多盜，敕苟犯，皆殺無赦……，公乃言：今殺於貨，與竊取一錢直，上鈞死，一斷不屬，憯黷莫甚⋯⋯，敕革之。」

故世祖嘗評文忠曰：竭誠許國，董某其人。

姚撰〈文忠碑〉：「上嘗語皇太子曰：竭誠許國，能於大事，多所建明者，惟董文忠為然。」

至後世子孫，士珍參政中書，號稱大治，藹然有中統之風。

歐陽撰〈士珍碑〉：「七年詔拜中書參知政事，與右丞相答剌罕，右丞尚文等，同心佐理機務，大治，藹然有中統之風焉！」

士選、守簡，亦並有卹民之政。

吳撰〈士選碑〉：「復立行泉府司⋯⋯，公曰：國家竭中原之力以平宋，不得不取賞於南方。然新附之地，人心驚疑⋯⋯，猶恐失民心。民心一失，收之甚難，得財之利輕，失民心之害重⋯⋯。世祖瞿然曰：是言是也！」

黃撰〈守簡碑〉：「廣西猺人竊發不時，官軍莫能制，徒侵暴居民。湖湘間，尤困於飛芻輓粟。公劾罷其總兵官左丞，諸軍肅然用命，其地悉平。」「拜中書左丞⋯⋯，以畿甸之民阻飢⋯⋯，劃禦災之策，至忘寢食，形容為之枯槁。」

五、世系

董俊曾祖徽，祖哲，父昕。子九人，以次曰文炳、文蔚、文用、文直、文毅、文振。文進、文忠、文義。文振、文義早卒，文毅、文進、後世不詳。

李撰〈董俊碑〉：「公諱俊……，曾祖徽，祖哲，父昕，皆不仕……。夫人五李氏、王氏、張氏、王氏、杜氏。子九人，長文炳，河南等路副統軍使，佩金虎符。次文蔚，武衛軍萬戶，佩金符。次文直，藁城令。次文毅，鄧州行軍千軍。文振早卒，次文進，次文忠，符寶郎，次文義早逝。」

文炳三子，以次曰士元、士選、士秀。養子一曰士龍。

元撰〈家傳〉：「子士元，剛不下人以氣，為武節將軍，侍衛親軍千戶……，戰于揚州，被十七創而卒。士選今為資政大夫，御史中丞、領侍儀司事。士秀……侍裕宗東宮……，終明威將軍、前衛親軍都指揮使，佩金虎符。」

《元文類》〈故宋勇勝軍統制官詹侯墓表〉：「侯之妻子在軍中，俱北徙，子生始四歲，時世祖以親王總兵柄河北，董忠獻公從世祖，具佑侯在蜀力戰降狀，命公曰：佳父必生佳兒，汝其善護視，公鞠養同己子，名之曰士龍。」

士元四子，長早卒，次曰守仁、守禮、守謙。

王撰〈士元夫人碑〉：「生子男四人，長早世，次即守仁、守禮、守謙。」

士選七子，曰守恕、守愚、守愿、守慤、守中、守思、守惠。孫九人，曰鑑、鏐、欽，餘皆幼。士秀無出，以守惠爲後。

吳撰〈士選碑〉：「子男七，守恕，懷遠大將軍、前衛親軍都指揮使。守愚先卒，守愿，守慤，守中，大夫、太常禮儀院判官。守思，奉訓大夫、保定路遂州知州。守惠，命為弟士秀後……。孫男九，鑑，鏐，欽，其六幼。」

文用八子，以次曰士貞，士亨、士楷、士英、士昌、士恒、士廉、士方、孫男守約等十六人，曾孫七人皆幼。文蔚無出，以士享爲後，又早卒。

吳撰〈文用碑〉：「子男八，長士貞，次士亨，後仲兄右衛君，官至昭勇大將軍、佩金符、侍衛親軍副都指揮史，早卒。三士楷，四士英，五士昌，六士恒初以特旨授承務郎、真定路總管府判官……，今授中大夫、南康路總管。七士廉，國子助教、翰林編修，季士方，女四……，孫男十七，守約知亳州事，守□右都衛副指揮使…，曾孫男七。」

文直子士表，孫守義，曾孫鈞、釗。

元撰〈文直碑〉：「文直……子男士表……，策勳累遷鄧州新軍萬戶，改淮東屯田軍萬戶，佩金虎符，階至定遠大將軍……。孫男守義，嗣屯田萬戶，曾孫男鈞、釗。」

文忠五子，以次曰士珍、士良、士恭、士信、士能。士信早卒，士能未仕。唯士恭據黃撰碑，謂仍文忠幼子，未知孰是？

姚撰〈文忠碑〉：「男五人，士珍資政大夫、御史中丞，士良同知開州，士恭正議大夫、典瑞太監，士信蚤卒，士能未仕……。」

黃撰〈士恭碑〉：「正獻五子，公最幼。」

士珍三子，曰守中，守庸，守簡。

揭撰〈守中碑〉：「公諱守中……，大父……諱文忠，父……諱士珍……。終制二年，以弟守庸為御史，舍浙東……。」

黃撰〈守簡碑〉：「守簡……祖諱文忠……，考諱士珍……，年甫弱冠，入備宿衛。」

守中四子，曰鐯、鋙、錀、鐩。

黃撰〈守中碑〉：「公夫人名翰林承旨王文康公鶚之孫……。生三男子，一女。子男𢒥、鋙、錀也。姬子女各一人。男鐩，𢒥由武備庫使，五遷而僉羣玉內司事。」

守簡二子，曰鉽、鎧。

黃撰〈守簡碑〉：「子男二人，長鉽、內供奉，見謂能稱其家，不幸前卒，次即鎧。」

士恭二子，曰守讓、守訓。守讓二子，曰錞、鍷。

黃撰〈士恭碑〉：「娶張氏，贈太傅忠宣公文謙之女……。子男二人，長守讓、大中大夫東昌路總管。次守訓。××大夫中書工部司程……。孫男二人，錞、鏠。」

士良、士能、守簡、守訓後人均不詳。且據姚撰〈文忠碑〉，文忠孫男七人，長守中，以次曰守庸、守恪、守遜、守簡、守常、守讓，無守訓。且守恪、守常、守遜，不知孰出。

姚撰〈文忠碑〉：「孫男七人，長守中，內供奉。次守庸，利用監資用提點。次守恪，內供奉。守遜、守簡、守常、守讓。」

董氏世系，據畿輔通志金石志，文炳墓碑之陰，有「董氏世系圖」，惜未能見。今僅就所及，圖列如下：

元藁城董氏世系表

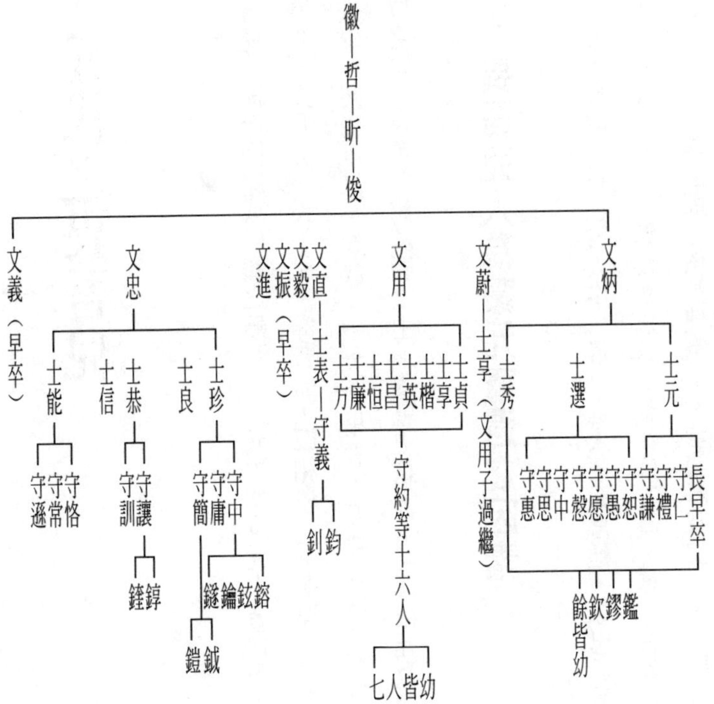

（原載一九六五年三月《中國邊政》四、五、六期）

十、元代之畏吾兒

畏吾兒，即唐回紇或回鶻之轉音。《元史》及元人著作中，亦作畏吾、畏兀、委吾、委兀、衛兀、偉兀、畏兀兒、畏午兒、偉吾而，輝和兒、回鶻兒。因國曰高昌，居於北庭都護府所在地之別失八里，故稱高昌、北庭、別失八里者，亦皆其族。元代色目三十一種中，論元廷寵遇之隆，地位之顯，無不凌駕諸國之上。爰就史籍，論其與蒙元及中原之關係如後。

一、畏吾兒人為蒙元寵遇之因素

畏吾兒人鎮海，爲色目人中，最早進入蒙元宮廷，以忠勇爲成吉思汗所親信者。

《多桑蒙古史》：「攝政皇后始罷丞相鎮海職，鎮海畏吾兒人也。」

蓋太祖起兵之初，鎮海即以伍長隸麾下。哈蘭真戰役，太祖班朱尼河飲水誓眾，其爲患難將校之一。

《元史》本傳：「初以軍伍長，從太祖同飲班朱尼河水。」（請參閱《大陸雜誌》十九卷十二期拙作〈元太祖班朱尼河飲水誓眾考略〉）

後參與擁戴，轉戰四方，所向無不以忠勇，奏建膚功。故燕京既拔，特召環射圈地，用爲殊寵。

《元史》〈鎮海傳〉：「鎮海……與諸王百官，大會兀灘河上，上太祖尊號曰成吉思皇帝。庚午從太祖征乃蠻有功，賜良馬一。壬申從攻曲出諸國，賜珍珠旗，佩金虎符，為闍里必。從攻塔塔兒、欽察……諸國，所俘生口萬計，悉以上獻……。從太祖謀定漢地，師次隆興，與金將忽察虎戰，矢中臆間，裹傷而出者數四，軍聲為之大振。既破燕，太祖命於城中，環射四周，凡箭所至，園池邸舍，悉以賜之。」

迨西破乃蠻，獲太陽汗傅塔塔阿統，亦畏吾兒人也。太祖詰之曰：彼疆土人民，盡歸我有，汝負印脫遁何爲？對曰：將以死守，欲求故主以報之。復精通本國文字，遂以博學多才藝，忠於王事，信守善道，大爲太祖所激賞。命傅太子諸王，用授畏吾兒文。

《元史》〈塔塔統阿傳〉：「畏兀人，性聰慧，善言論，深通本國文字，乃蠻大敭可汗，尊之為傅，掌其金印錢穀。太祖西征，乃蠻亡，塔塔統阿逃去，俄就擒，帝詰之曰：大敭人民疆土，悉歸於我矣！汝負印何之？對曰：臣職也。將以死守，欲求故主授之耳，安敢有他。帝曰：忠孝人也！問是印何用！對曰：出納錢穀，委任人才，一切事皆用之，以為信驗耳。

帝善之，命居左右，是後凡有制旨，始用印章，仍命掌之……，教太子諸王，以畏吾兒字書國言。」

逮己巳春，畏吾兒王亦都護，聞太祖德威，乃絕契丹，望風款服，爲西域諸國中，輸誠歸降之第一人。兼以盡誅太陽汗潰眾，使太祖得快意恩仇，遂大悅。召許爲第五子，世尚公主。

《元史》〈巴而朮阿而忒的斤傳〉：「亦都護者，高昌國主號也……。至巴而朮阿而忒的斤，臣於契丹（按：西遼），歲巳己，聞太祖興朔方，遂殺契丹所置監國等官，欲來附，未行，帝遣使使其國，亦都護大喜，即遣使入奏曰：臣聞皇帝德威，即棄契丹舊好……，自今而後，願率部眾為臣僕。是時，帝征太陽可汗，射其子脫脫殺之。脫脫子大都赤剌溫……十四人，奔亦都護。亦都護殺之四人，至於大戰於襜河。辛未來朝帝于怯綠漣河，奏曰：陛下若恩顧臣，使臣得與陛下四子之末，庶幾竭其犬馬之力，帝感其言，使尚公主也立可敦，且得序於諸子。」（按：原文爲歲巳己，當爲己巳之誤。）

其後，仳理伽普華，達識，爲主設謀，倡言歸服太祖，事聞，太祖益重其族，寵信日隆。

《元史》〈岳璘帖穆爾傳〉：「回鶻人，畏兀相國暾欲谷之裔也，其兄仳理伽普華，年十六，襲國相答剌罕。時西契丹方強，威制畏兀，命太師僧少監來臨其國，驕恣用權，奢淫自奉，畏兀王患之，謀於仳理伽普華曰：計將安出？對曰：能殺少監挈吾眾歸大蒙古國，彼且震駭矣……。附太祖，賜以金虎符……，仍食邑三十三郡。」

元史鐵哥朮傳：「高昌人，世居五城（按：別失八里）後徙京師。曾祖父達釋，有謀略，為國人所信服。太祖西征，高昌王懼，以錦衣白貂帽，召達識與謀，達釋知天命有歸，勸其主執贄稱臣，以安其國。」

故元代之色目人中，畏吾兒最先以忠勇、博學、歸降、受知於太祖。而太宗兄弟，既從學於塔塔統阿，已如前述，復受教於哈剌亦哈赤北魯。

《元史》〈哈剌亦哈赤北魯傳〉：「畏兀人也，性聰敏習事，國王月仙帖木兒亦都護，聞其名，自唆里迷國，徵為斷事官……。西遼主鞠兒可汗，遣使據其國，召哈剌亦哈赤北魯，至則以為諸子師，八兒出阿兒忒（按：即巴而朮阿而忒的斤），聞太祖明聖，乃殺西遼使，更遣阿憐帖木兒都督等四人使西遼……，且語以其故。於是與子月朶失野納，馳歸太祖。一見大悦，即命諸皇子受學焉。」

斡赤斤之諸王，亦以岳璘帖穆爾爲師。

《元文類》〈偰氏家傳〉：「岳璘（帖穆爾）精於偉兀書，慷慨以功名自許……，以質子從太祖征討，多戰功。皇弟斡真（按：斡赤斤）奏求師傅，上命公。公訓導諸王子，以孝悌敦睦，仁厚不殺，為第一義。上聞，嘉之。」

至後世子孫，如合失，世祖，多從學於畏吾兒人。

《新元史》〈昔班傳〉：「畏兀兒人…，嘗受太子合失書。合失，海都之父也。」

同書〈忙兀的斤傳〉：「畏兀氏，父乃朵羅朮，從亦都護內附，用畏兀字教授部人。世祖在潛邸，亦從學焉。」

所以，自太祖而至憲宗，畏吾兒人特被寵遇，誠如《松雪齋集》〈大元敕賜故榮祿大夫中書平章政事守司徒集賢院使太史院事贈推忠佐理翊亮功臣太師開府儀同三司上柱國追贈趙國公諡文定全公神道碑銘〉所謂：「自是有一材一藝者，畢效於朝。」《新元史》〈塔塔統阿傳〉評：「蒙古滅乃蠻，得畏吾兒文字用之，故畏吾兒多顯者。」

二、蒙元初期畏吾兒人之顯赫與表現

畏吾兒人既被寵遇，而太祖子孫，復受教於畏吾兒人。兼之蒙元肇造，質樸無文，所接觸之較高文化，唯畏吾兒而已。故不唯自太祖至憲宗，四朝皆以西域法治漢地。且太祖始有中原，即以岳璘帖木兒，主政中原。

《元文類》〈偰氏家傳〉：「以質子從太祖征討，多戰功……。中原諸路，悉命統治。既而從平河南……，授河南等處都達魯花赤。」（按：達魯花赤，據鄉賢姚從吾院士「舊元史中達魯花赤初期的本義為宣差說」：「可汗臨時派出的欽差。」）

太宗之世，鎮海入相，位在耶律楚材之上。

《黑韃事略》：「其相四人，曰按只解、曰移剌楚材，曰粘合重山，共理漢事。曰鎮海，回回國人，專理回回國事。」「行于漢人、契丹、女真諸亡國者，祇用漢字，移剌楚材主之。卻又於後面月日之後，鎮海親書寫回回字，云付某人。」此蓋專防楚材故。必以回回字為驗，無此則不成文書。按鎮海，又曰田鎮海，《新元史》本傳謂：「或曰本田氏，至漢北始改為怯烈氏。或曰當時同名者三人，以管屯田，故稱田鎮海云。」至其族屬，西書皆謂為畏吾兒人，茲從其說。

復命塔塔統阿掌宮廷財帛。岳璘帖穆爾充大斷事官，主中原刑政。

《元史》〈塔塔統阿傳〉：「畏兀人……，太宗即位，命司內府玉璽金帛。」

《元文類》〈偰氏家傳〉：「太宗皇帝即位，以中原多盜，選公充大斷事官，從斡真（按：太祖幼弟斡赤斤）出鎮順天等路。」

及馬六皇后稱制，奧都剌合蠻，授提領諸路課稅所官，典中原財賦。

《元史》〈太宗本紀〉：「十二年庚子春正月，以奧都剌合蠻，充提領諸路課稅所官。」（按：奧都剌合蠻，回鶻人。據《元文類》〈中書令耶律公神道碑〉：「回鶻，奧都剌合蠻，撲買課稅。」）

定宗既立，誅奧都剌合蠻，復以鎮海爲相。

《新元史》〈定宗本紀〉：「元年……乃馬真氏崩。太后攝政四年，法令廢弛……，奧都剌合蠻伏誅，復以鎮海為中書左丞相。」

故畏吾兒人之特被寵遇，聲勢顯赫，淩駕諸色目人之上，於此可以概見。唯此輩諸人，在中原地區，除岳璘帖穆爾，佈德行仁，政績斐然外。

《元文類》〈偰氏家傳〉：「岳璘（帖穆爾）……從斡真出鎮順天等路，佈德化，寬征傜，盜遁姦革，州部清整，尋復監河南等處軍民。」

餘多表現至惡。以鎮海而論，亦官亦商，助撲買課稅，人民倍受荼毒。

《黑韃事略》：「回鶻有田姓者，饒於財，商販鉅萬，往來於山東河北，具言民物繁庶。」王國維氏，嘗列舉四項理由，疑「備錄中之回鶻人田姓者，即鎮海矣。」

《元文類》〈中書令耶律公神道碑〉：「回鶻譯吏安天合，至自汴梁，倒身事公，以求進用。公雖加獎借，終不能滿望。即奔鎮海，百計行間，首引回鶻奧都剌合蠻，撲買課稅。」

（按：撲買課稅，即撲買者，以較原課徵稅額爲多之金錢，利賄人主，然後由其逕向人民包徵。故課一徵十，人民倍受荼毒。）

奧都剌合蠻，以貨賂取寵人主，撲買課稅。貪暴不法，竟至御寶空紙，隨意書填。令史違命，則斷其手。

《元朝名臣事略》〈中書令耶律文正王〉：「公自庚寅年，定課稅所額，每歲銀一萬錠。及河南既下，戶口滋息，增二萬二千錠。回鶻溫都爾哈瑪爾（即奧都剌合蠻），撲買課稅，增至四萬四千錠。公曰：雖取四十四萬亦可得，不過嚴設法禁，陰奪民利耳。民窮為盜，非國之福。而近侍左右，皆為所諂，上亦頗惑眾議……，力不能奪。」又謂：「溫都爾哈瑪爾，方以貨賂取朝政，執政者亦皆訶附，惟憚公沮其事，則以銀五萬兩賂公，公不受。」《元文類》〈中書令耶律公神道碑〉：「時后已稱制，則以御寶空紙，付奧都剌合蠻，令隨意書填……。尋復有旨，奧都剌合蠻奏准事理，令史若不書填，則斷其手。」《多桑蒙古史》：「皇后攝政時，仍命奧都剌合蠻提領諸路課稅所，撲買中原銀課如故。專事聚斂，楚材憤挹成疾，以一二四四年六月歿。」

加之高利貸款，號羊羔利。積欠稍久，輒鬻需妻子，破家產而不能償。《元文類》〈中書令耶律公神道碑〉：「取借回鶻債銀，其年則倍之，次年則并息又倍之，謂羊羔利。積而不已，往往破家散族，至以妻子為質，然終不能償。」（請參閱《反攻月刊》二九八期拙作〈元代斡脫官錢與羊羔兒利〉）

故世祖在潛邸，對畏吾兒人之貪財嗜利，掊克聚斂，印象至惡。《元朝名臣事略》〈內翰李文正公〉：「丁巳……，馳傳來召……。（世祖）問：回鶻人可用否？對曰：漢人中有君子小人，回鶻人亦有君子小人，但其貪財肆利，廉謹者少，在國家擇而用之耳。」

所以潛邸幕僚人物，畏吾兒人甚少，僅昔班、孟速思、葉仙鼐、阿里海涯、廉希憲五人而已

《新元史》〈昔班傳〉：「畏吾兒人……，事世祖潛邸，長必闍赤。」

《元史》〈孟速思傳〉：「畏兀人……，年十五盡通本國書，太祖聞之，召至闕下，一見大悅……。授睿宗，使視顯懿莊聖后分邑歲賦。後事世祖於潛邸。」

《元史》〈葉仙鼐傳〉：「畏吾人……，幼事世祖于潛藩。」

《新元史》〈阿里海涯傳〉：「回鶻人……，薦於世祖潛邸，直宿衛。」

《元朝名臣事略》〈平章廉文正王〉：「字善甫，輝和爾氏，由父官廉訪使，氏焉。初事潛邸，歲癸丑，授京兆宜撫使。」

三、世祖以降之畏吾兒

憲宗既崩，孟速思密請速即帝位，勿使神器久懸。

《元史》〈孟速思傳〉：「畏兀人……，憲宗崩，孟速思言于世祖曰：神器不可久曠，太祖嫡孫，唯王最長且賢，宜即帝位……。世祖即位，眷顧益重……，與安童並拜丞相，固辭，帝……曰：賢哉孟速思，求之彼族，誠為罕也。」

撒吉思亦力請諸王塔察兒，掬誠推戴世祖。

《元史》〈撒吉思傳〉：「回鶻人……，初為太祖弟斡真必闍赤，領王傅。……憲宗崩，阿里不哥爭立，諸王多附之者。撒吉思馳見塔察兒，力言宜協心推戴世祖，塔察兒從之。及世祖即位，聞撒吉思所言，授北京宣撫……。及至鎮，鋤奸抑強……。授山東行省都督……，山東人刻石頌德。」

而唐仁祖、迦魯納答思等，復通諸國語文，爲朝廷所需。

《元史》〈唐仁祖傳〉：「畏兀人……，少穎悟，父歿，母教之讀書，通諸方語言……，二十八年，除翰林學士承旨。」

《元史》〈迦魯納答思傳〉：「畏吾兒人，通天竺教及諸國語……，西南小國……，二十餘種來朝，迦魯納答思於帝前，敷奏其表章，諸國驚服。」

於是，世組對畏吾兒人之觀感，遂爲之一變。其後，廉希憲父子，以政績顯於當世。

《元史》〈布魯海牙傳〉：「畏吾人……，善其國書，尤精騎射。年十八，隨主內附，充宿衛……。太祖崩，諸王來會，選使燕，總理財幣。莊聖太后，聞其廉謹，以名求之於太宗……，授斷事官。時斷事官，得專生殺，多依勢作威。而布魯海牙小心謹密，慎於用刑……。世祖即位，擇信臣宣撫十道，命布魯海牙使真定。真定富民，出錢貸人者，不逾時倍取其息，布魯海牙正其罪，使償者息如本而止，後定為令。」

《新元史》〈廉希憲傳〉：「渾都海擁其重兵，附阿里不哥，與劉太平、霍魯歡相表裏。廉希憲以一書生，搘柱其間，決猶豫，平大亂，可謂智勇矣！及為宰相，剗除蠹弊，與民休息，侃然以古大臣之事為己任，元之理學名臣，希憲一人而已，安童、不忽木其次也。」

阿里海涯、按竺邇，以軍功彪炳，倍蒙嘉許。

《牧庵集》〈湖廣行省左丞相神道碑〉：「公北庭人……，大將卜九吉帶，俾其子故中書右丞相呼魯普化，從受北庭書。又薦其忠謹，得宿衛大帝潛藩……。所下州，荊之南十四，淮西四，湖南九，江之西二，廣西二十有一，廣東河南各四，凡五十八。自餘洞夷山獠……，連數千里，受縻聽令者，猶不與存……。」《新元史》本傳亦評謂：「阿里海涯平湖廣，使伯顏東下，無還顧之憂，功名與阿朮、伯顏相伯仲。」

《新元史》〈按竺邇傳〉：「雍古氏（按：回鶻之貴族）……，以善射名。從太祖征西域，以功為千戶……，太宗即位，以按竺邇為元帥，鎮刪丹州……。睿宗分兵由山南入金境，按竺邇為先鋒……，太宗勞之曰：軍民官何官為尊，任汝自擇，按竺邇固辭，乃拜征行大元帥……。世祖即位，叛將……據關隴……。按竺邇曰：今內難方殷，豈臣子安居之時，吾雖老，尚能破賊……，捷聞，帝賜璽書褒美。」

而其後人，馬祖常、趙世延、貫酸齋，以及偰氏一門九進士，又以文學名顯於時。

《新元史》〈按竺邇，月乃合傳〉：「雍古氏、回鶻之貴族也。按竺邇父子，為當世名將。至趙世延，乃用文學取貴仕（按：平章政事），覩其劾桑哥，忤鐵木迭兒，豈非謇諤之士！馬祖常才高碩學，與元明善、虞集齊名，獨以排擯集，為士論所不滿，惜哉！」據《新元史》

《氏族表》：偰玉列，延祐五年進士。偰哲篤，延祐二年進士。偰直堅，泰定元年進士。偰朝吾，至治元年進士。正宗，至正五年進士。阿兒思蘭，至正八年進士。偰列篪，至順元年進士。善著，泰定四年進士。偰百僚遜，至正五年進士。

凡此，皆畏吾兒人，重獲寵信，在中原之優異表現。然阿合馬，桑哥之入相，又皆貪暴不法，厚歛肆虐，較之昔日，則爲尤烈。

《新元史》〈阿合馬傳〉：「回鶻人……，察必皇后以為媵臣……，世祖愛其幹敏，中統三年，始命領中書左右部兼諸路都轉運使，委以財賦之任……。至元元年……，超拜中書平章政事。」主政之時，《元史紀事本末》〈阿合馬桑盧之奸〉評之謂：「鈎考錢穀」。「無不破產」，「怙勢賣官」，「選法大壞」。《道園學古錄》〈知昭州秦公神道碑〉亦謂：「長卿乃上書世祖曰：阿合馬擅生殺。人莫敢言，為國蓄積烈毒已甚。其鉗制左右，使不得徹上聽，情叵測似秦趙高。私家之蓄，過於公家，覬覦資籍，情露似漢董卓，請及時按法論誅之。」

《元史》〈桑哥傳〉：「畏吾兒人……性狡黠，好言財利事……，二十四年……遂以桑哥與帖木兒為平章政事。」主政期間，《元名臣事略》〈太師淇陽忠武王〉評之謂：「簧鼓上聽，殺異已者，箝天下口。以刑爵為貨之，咸走其門，入貴價以買所欲。貴價入，則當刑者脫，求爵者得。不四年，紀綱大紊。」

故後世，對世祖之嗜財貨，用歛臣，固多惡評。

《多桑蒙古史》：「自賽典赤死後，理財之長官及其大半屬僚，皆外國人，俱因掊克而得幸。忽必烈始終好利，常採用其增加國課，充實府庫之方法，授權不顧廉恥之人，使之暴征重歛，貪瀆自私，誣陷藉歿，而人常受其害。」

而裕宗在潛邸，亦因之對吾兒人，觀感有若乃父之初期。

《新元史》〈潔實彌爾傳〉：「回鶻氏……，裕宗愛之，嘗語之曰：高昌回紇人皆貪，獨汝不染其俗。儻日用不足，可於我取之。」

四、尾語

總之，元代之畏吾兒，雖被寵遇，亦多通顯，然就中原人民而論，乃功不淹過。而蒙元初期，以西域法治漢地，既非善政，所委亦多非其人。惟日後漢化既深，遂能行善政，通文學，澤被生民，知名於時，此又畏吾兒人，殊堪稱頌之處也。

〈原載一九六七年十月《反攻月刊》三〇七期〉

十一、元代之國子學

一、創　置

世祖初在潛邸，即銳意太平。

《元朝名臣事略》〈尚書劉文獻公〉：「聖上初在潛邸，以介弟之親，輔政先朝，銳意太平，徵聘四方宿儒俊彥，賓接柄納，以更張治具。」

《新元史》〈世祖本紀〉：「憲宗即位，詔漠南漢地，軍國之事，悉聽裁決，開府金蓮川，得專封拜。」

爲廣咨詢，嘗遣趙璧，董文用，蒲輪安車，徵聘山林藪澤宿儒俊彥之士。

《新元史》〈趙璧傳〉：「世祖在潛邸，聞其名，召見，呼秀才而不名……。命馳驛四方，聘名士王鶚等。」

《元朝名臣事略》〈內翰董忠穆公〉：「使召遺老於四方，而內翰竇公默、左丞姚公樞，鶴鳴李公俊民、敬齋李公治、玉峰魏公璠偕至。於是王府得人為盛。」

燕閒顧問，潛邸諸人，咸以三代所以歷數長久，風俗純美者，皆興學養士所致爲對。

《牧庵文集》〈中書左丞姚文獻公神道碑〉：「上在潛邸，遣故平章趙璧來徵，既見，上大喜，時召與語……。公為書數千百言，首以二帝三王為學之本，為治之序，與治國平天下之大經，彙為目曰：修學校，崇經術……，以為育人材……之基。」

《元朝名臣事略》〈內翰竇文正公默〉：「公奏言：三代所以歷數長久，風俗純粹者，皆自設學養士所致。方今宜建學立師，博選貴族子弟以教之，以示風化之本。」

《秋澗集》〈論立國子學事狀〉：「切見朝廷選近臣子孫聰明者，付之省部嫻習政務，或授之儒生講誦書史，優其廩既，學者益眾。」

故世祖頗能尊經崇儒，重視教育，輒選近侍子弟，使教之。

《元史》〈王鶚傳〉：「甲辰冬，世祖在潛邸，訪求逸遺之士，使聘鶚，及至，使者數輩迎勞，召對進講孝經書易及齊家治國之道，古今事物之變，每夜分乃罷。世祖曰：我雖未能即行汝言，安知異日不能行之耶！歲餘乞還，賜以馬，仍命近侍闊闊，柴楨等五人，從之學……。」

《元史》〈趙壁傳〉：「又令蒙古生十人，從壁授儒書，敕壁習國語。」

《元史》〈竇默傳〉：「世祖在潛邸，遣使召之，默變姓名以自晦……。不得已乃拜命。既至，問以治道……。俄命皇子真金從默學……。」

《元史》〈張德輝傳〉：「丁未，世祖在潛邸，召見……。有頃，奉旨教冑子孛羅等。」

迨世祖踐祚建元，群臣復累請建學校，育人材，以樹醇風之本，奠隆治之基。

《元文類》〈時務五事〉：「自上都中都，下及司縣，皆設學校，使皇子以下，至於庶人之子弟，皆從事於學，日明父子君臣之大倫，自灑掃應對，至於平天下之要道，十年已後，上知所以御下，下知所以事上……，能是二者，則萬目皆舉。不能是二者，它皆不可期也。」

《續通考》：「翰林集賢學士程鉅夫奏曰：臣聞國家天下，必需才以為用，而人才之盛，全在國家教育之勤……。」

《元史》〈宋子貞傳〉：「中統三年……，又請建國學，教冑子，郡提學課諸生，三年一貢，有旨命中書次第施行。」

然幼弟僭號於和林，李璮叛亂於肘腋，窮年征戰，無暇遑顧。

《新元史》〈阿里不哥傳〉：「中統元年，世祖即位于開平，阿里不哥亦僭號和林城西按坦河，太宗後王海都、憲宗後王玉龍答失、昔里吉、察合台後王阿魯忽曲里堅子阿爾哈臺、旭烈兀子出木哈兒等，及拔都母托庫克台可敦，皆附之……。」

《新元史》〈世祖本紀〉：「中統三年……二月己丑，李璮舉兵反……。癸卯。平章政事趙璧，兼大都督，統諸軍討李璮。」

兼以宋猶未平，國脈待固。

《平宋錄》：「至元十一年十月，左丞相伯顏，奉詔南征……。十三年正月十九日，大軍至臨安北五十里……，廣王昺、益王昰遁去，宋王尋歸命……。十五年……六月廿七日，江東道宣撫使張弘範，拜蒙古漢軍都元帥……，征昺等……。十六年……二月……六日平旦，弘範分諸將為四軍……，順流衝出……。七日，浮水之屍十餘萬……弘範等磨崖山紀功而還。」

是以至元六年，始立國子學。次年，雖親擇近侍子弟十一人，使許衡、王恂教之，然徒具其名而已。

《新元史》〈世祖本紀〉：「至元六年……秋七月……癸酉，立國子學。七年春正月國子祭酒許衡為中書左丞。」

《新元史》〈選舉志〉：「七年，命侍臣子弟七人入學，以長者四人從許衡，七人從王恂。」

直至至元八年，始因張文謙竇默之請。

《新元史》〈張文謙傳〉：「復與竇默請立國子學，詔許衡為國子祭酒。」

《元朝名臣事略》〈左丞張忠宣公〉：「七年拜大司農……。尋又奏立國子學，詔以魯齋許公為祭酒，選貴冑子弟教養之。」

詔許衡以集賢大學士，兼國子祭酒。命四方願受業者，俱得預其列。

《許魯齋集》〈國學事跡〉：「八年授集賢大學士，國子祭酒。先生方居相府，丞相傳旨，令教蒙古生四人；後又奉旨教七人。至是有旨令四方及部下，願受業者，俱得預其列。」

《元朝名臣事略》〈太史王文康公〉：「世祖擇勳戚子弟學於公，師道卓然。及公隨裕宗撫軍稱海，始以諸生屬許文正公。」

即南城金樞密院設學使教之。

《許魯齋集》〈國學事跡〉：「八年授集賢大學士、國子祭酒……，令即南城之舊樞密院設學。」

《元史》〈選舉志·學校〉：「國初燕京始平，宣撫王𢪿，以金樞密院為宣聖廟。太宗六年設國子總教及提舉學官，命貴臣子弟，入學受業。」

初期國學，生員既少，制猶未定，即廩餼竟亦不繼。

《許魯齋集》〈國學事跡〉：「十年，諸生廩餼不繼，稍稍引去。又權臣屢毀漢法，四月召赴上都議事，面請還鄉，上命議其去留。」

《續通鑑》：「至元十三年……，博果密……偕同齋生上疏曰：王者建國軍民，建學為先……。然學制未定，生徒數少……。」

逮至元十三年以降，舊樞密院學址，改爲大興路學署，學有官署，生無黌舍，師生散寓民間。

《新元史》〈耶律有尚傳〉：「時學館未建，師弟僦屋而居，有尚屢以為言。」《續通鑑》：「初太宗設總教國子官，逮至元初，以許衡為祭酒，而侍臣子弟就學者，才十餘人。衡既去。教益廢，而學舍未建，師生寓民舍，司業有尚屢以為言。」《元史》〈選舉志‧學校〉：「國初燕京始平，宣撫王檝，請以金樞密院為宣聖廟。太宗六年，設國子總教及提舉學官，命貴臣子弟，入學受業……。至元十三年，授提舉學官品印，遂改為大都路學署，曰提舉學校所。」《續通考》：「臣等謹案：世祖設監立學，其時有官署，而無學舍。」

雖累經蒙古色目漢南群臣，如王惲；博果密、阿魯渾、程文海等，請建學舍。《秋澗集承華事略》〈崇儒〉：「殿下之選儒士，講經典，皆以尊師重道故也……。方今文儒之事，關係教化，曠而未廣者數事；如學校未興，人才無所育。儒戶未復，士風絕于下。孔殿未修，帝師虛其位……。如或當行，惟殿下留意其尊師重道之廣，光貴千古矣！」《續通鑑》：「至元十三年……，國子生博果密……上疏曰：王者建國軍民，建學為先……。為今之計，欲人材眾多，通習漢法，必如古法，遍立學校，然後可。若猶未暇，宜於大都宏闡國學，擇蒙古人年十五以下十歲以上，質美者百人，百官子弟與凡民俊秀者百人，俾廩給各有定制。選德業充備，足為師表者，充司業、博士、助教而教育之。」《松雪齋集》〈大元敕賜故榮祿大夫中書平章政事守司徒集賢院使領太史院贈推忠佐理翊亮功臣太師開府儀同三司上柱國追封趙國公謚文定全公神道碑銘〉：「公諱阿魯渾……，世祖知其朴，俾習漢文書……。初為世祖所知，即勸以治天下，必用儒術，江南諸老臣及山林藪澤有道藝之士，皆宜招納，以備選錄。於是置集賢院，下求賢之詔，遣使天下……。又請建國子監學官，增博士弟子員，優其廩既，學者益衆。」

《新元史》〈選舉志・學校〉：「二十三年集賢直學士程文海言：臣聞國與天地，必需人才為用，而人才之盛，非自盛也，全在國家教育之勤……。國家中統建元以來，中外臣僚，亦時聞表表偉杰者，皆自往時故老宿儒，薰陶浸灌而然，歷時既久，以次淪謝……。臣愚欲陛下明詔有司，重學校之事，慎師儒之選，京師首善之地，尤當興建國學，選一時名流，為國人矜式，優以廩餼，隆以禮貌，四方觀感有所興起……。奏上，帝韙之。」

然至二十四年，始草建於國城之東。

《元史》〈耶律有尚傳〉：「二十四年，朝廷乃大起學舍，始立國子監，立監官，而廣增弟子員。」

《續通考》：「考諸記序，則大德十年之所營，即至元二十五年所修之地，而改葺之也。」

考其原因，此或江南群盜併起。

《元史紀事本末》〈江南群盜之平〉：「元世祖至元十七年，天下始一統，其年，漳州陳桂龍即起兵，與建寧黃華勢合，繼以廣州之林桂方，象山之尤宗祖，循州之鍾明亮，廣西之黃聖許，狐鳴豨突，連歲弄兵，終世祖之身，未獲殄滅。」

諸王乃顏、海都、哈丹叛於北方。

《元史紀事本末》〈諸王之亂〉：「世祖至元二十四年夏四月，諸王乃顏反……。時西北諸王，多欲從之……，二十五年春正月，諸王海都犯邊。海都者，太宗之孫，合失大王之子，世居北方，自定宗以來，日尋干戈，至元初，即有叛意……。二十六年二月，哈丹兵寇胡魯口……。二十七年二月，哈丹寇遼東海陽……。二十九年冬十月，諸王明里鐵木兒附海都以叛……。」

累朝勳舊，不甘就亡國之俗，群詆漢法所致。

《元文類》〈時務五事〉：「國家仍處遠漠，無事論此，必處今日形勢，非漢法不宜也……。然萬世國俗，累朝勳貴，一旦驅之下從臣僕之諫，移就亡國之俗，其勢有甚難者，苟非聰悟特達，曉知中原實歷代帝王為治之地，則必咨嗟怨憤，喧嘩其不可也。」

《新元史》〈選舉志・學校〉：「二十三年，集賢直學士程文海言：臣聞國與天地，必需才為用，而人才之盛，非自盛也，全在國家教育之勤……。而主論者，恬不知怪視學校為不急，謂詩書為無用，不知人才盛衰，張本於此。」

二、擴建

大德二年，哈剌哈孫拜中書左丞相，因京師無孔廟，國學寓他署，奏請興建。《新元史》〈哈剌哈孫傳〉：「大德二年……，拜中書左丞相……，有大政，必引儒臣共議。京師無孔廟，國學寓他署，乃奏建廟學。」

三年春，詔賈馴董役肇始，營文宣廟於宮城之東。《吳文正集》〈賈侯修廟學頌序〉：「世祖皇帝至元二十四年，設國子學，命立孔廟。暨順德忠獻王哈喇哈孫相成宗，始克繼先志，成其事。而工部郎中賈侯董其役。廟在東北緯塗之南，北東經塗之東。殿四阿，崇十有七仞，南北五尋，西東十筵者三，廣十有一步。門東門西之廡，各廣五十有二步。外門左右，為齋宿之室，以間許，各十有五。神廚、神庫、南直殿之左右翼，以間計各七。殿而廡，廡而門，外至於外門，內至於廚庫，凡四百七十有八楹。肇謨於大德三年之春，訖功於大德十年之秋。」《元文類》〈國學先師廟碑〉：「中統二年，以儒臣許衡為國子祭酒，選朝臣子弟，充弟子員。至元四年，作都城，劃地宮城東，為廟學基。二十四年，備置監學官。元貞元年，詔立先聖廟，久未集。大德三年，丞相臣哈喇哈孫答剌罕……，責成工部郎中賈馴、心計指授，晨夕匪懈，工師用勸，十年廟成。」

《元文類》〈大興府學孔廟碑〉：「至元二十四年，既成今都，立國子學，位於國左。又因故廟為京學。京學雜五方俗，廩餼日不給，廟牆屋弊壞……。泰定三年，今大尹曹侯……，延兩廡五十有二楹……，又懇請於朝，得廩餼弟子員百人，受學京師……，於是天下首善之教興焉。」

七年，御史中丞何瑋復言：今孔廟已建，宜立學於側。

《續通鑑》：「大德七年……，何瑋為御史中丞，陳當世要務十條，帝嘉納之。京師孔子廟成，瑋言：唐虞三代，國都閭巷，莫不有學，今孔廟既成，宜建國學於側，從之。」

故大德十年，宣聖廟成，乃樹國學於廟西。

《元文類》〈國子學先師廟碑〉：「十年秋廟成，謀樹國學。」

《續通鑑》：「大德十年春正月……丁卯……，營國子學文宣廟西。」

至大元年五月，御史台臣復奏，學舍未成，請竟其功。

《續通考》：「武宗至大元年五月，御史台臣言：成宗朝，建國子監學，迄今未成，請畢其功，制可。」

於是，是年冬，國學始成。計中爲監，旁六館，凡百六十七間。

《元文類》〈國子學先師廟碑〉：「至大元年冬學成。廟度地頃之半……，為楹四百七十有八。學在廟西，地遜於廟者十之三，中國子監，東西六館，自堂徂門，環列鱗比，通教養之區，為間百六十有七。」

《吳文正集》〈賈侯修廟學頌序〉：「乃營國學於廟之西，中之堂為監，前以公聚，後以燕處。旁有東西夾，夾之東西各一堂，以居博士。東堂之東，西堂之西，有室。東室之東，西室之西，有庫。庫之前，有六館，東西嚮，以居弟子員。一館七室，助教居中以涖之。館南而東而西有兩塾，以屬於門，屋四周通百間，踰年（按：至大元年）而成。」

至順三年，孛朮魯翀任祭酒。以大德中，擬以建學餘力，作屋以舍師儒未果，乃撙集弟子師贄之禮，於監中居賢坊，營室四區，爲肅官具饔之所。

《畿輔通志》〈金石志〉：「國子監營繕官舍記」：「謹案陳旅安雅堂集本碑文云：至順三年，南陽孛朮魯先生，以集賢直學士，兼國子監祭酒，監有隙地，在居賢坊，大德中，有司議擬以建學餘力，作屋以舍師儒，不果也。明年五月，除地坊北，劃為四區，區各立屋五間，中三間為居室，旁兩間，為肅官具饔之所。七月經始，九月成。考《元史》〈孛朮魯翀傳〉云：兼國子祭酒，舊制弟子員，初入學，以羊贄所貳之品與羊等，翀曰：與其饜口腹，孰若為吾黨燥溼寒暑之虞乎？命撙集之，得錢二萬緡有奇，作屋四區：以居學者，助此事也。」

三、生員

國子生限十五歲以上入學。在校所需，凡筆墨紙劄，圖書廩餼，悉由官給。

《新元史》〈選舉志・學校〉：「學生先設一百二十人，蒙古五十人，諸色目漢人五十人。十一歲以上伴讀十人。年十五歲以上各用經史子集諸書，於官書內關。學生飲食，並一切所需，官為應付，俟置學田訖，然後開支。」

《綱鑑》：「丁亥（按：至元二十四年）二月，設國子監官……，生員百二十人，蒙古漢人各半，官給紙札、飲食，乃隸集賢院。」

創始之初，皆爲蒙籍。

《新元史》〈許衡傳〉：「親擇蒙古弟子使教之。」

《許魯齋集》〈國學史蹟〉：「八年，授集賢大學士，國子祭酒……。令教蒙古生四人，後又奉旨教七人。」

後方定制，凡朝官七品以上之子弟質美者，得由三品朝官，薦舉人學。

《新元史》〈百官志・國子監〉：「教國子與蒙古四怯薛人員，選七品以上朝官子弟為國子生。」

《伊濱集》〈送張宗德序〉：「貴胄於國學，必繇三品朝官，舉而後補。」《元文類》〈治典總序‧儒學教官〉：「世祖皇帝既立國子學，以教國人，及公卿大夫之子，取其賢能教而用之。」

至其員額，初僅十一人，旋定爲八十人。

《續通考》〈學校〉：「至元六年七月，立國子學。次年，命侍臣子弟十一人入學……。又命生員八十人入學，為定式。」

後累增至四百人。

《元史》〈選舉志‧學校〉：「至元二十四年，立國子學而定其制……。其生員之數，定二百人，先令百人及伴讀二十人入學。」

《續通鑑》：「大德八年……二月丙戌，增置國子生二百員。」「至大三年……，增國子生為三百員。」「延祐二年……，增國子生百員。」

中晚以降，群臣雖屢疏增額，皆不報。

《續通考》〈蘇天爵乞增國學生員狀〉：「成均實風化之良，而人材乃邦家之本，宜增廣員額，樂育賢能……。迨至仁宗皇帝：增多至四百員。然而近歲以來，員額已滿，至使冑子無從進學，殊非祖宗開設學校，廣育人材之美意也。蓋自昔國家，未有不作育英賢，而能為治者也。故漢室中興，圜橋門者億萬計。李唐受命，游成均者三千員。人才之多，近古未有。

惟國家海宇之廣，庠序之盛，又豈漢唐所可比擬！獨於學校員額猶少……。擬增添生員百名，內蒙古色目五十人，應入學者，並如舊制。」

《續通鑑》：「至順二年……六月乙巳朔，監察御史韓元善言：歷代國學皆盛，獨本朝國子生僅四百員，又復分辨蒙古色目漢人之額，請凡蒙古色目漢人，不限員額，皆得入學……，不報。」

生員有蒙古色目漢人之分，其額，蒙人半之，色目漢人半之。

《新元史》〈選舉志・學校〉：「至元二十四年，立國子學於大都……。其生員之數，定二百人。先令一百人及伴讀二十人入學，其百人之內：蒙古半之，色目漢人半之。」

又有伴讀之制，凡三品朝官，得舉庶民子弟之俊秀通文學者，入學爲陪堂生伴讀。

《新元史》〈百官志・國子監〉：「隨朝三品以上官，得舉凡民之優秀者，入學為陪堂生伴讀。」

至元二十四年，爲二十人，至大三年，增爲四十人。

《新元史》〈選舉志・學校〉：「至元二十四年，立國子學於大都……。伴讀二十人，公選通文學者充之。」

《續通鑑》：「至大三年……秋七月……己未，詔諭省臣曰：朕今親定國子生額為三百人，仍增陪堂生二十人，通一經者，以次補伴讀，著為定式。」

四、設官

國學設官，初僅祭酒一員。至元八年，增司業、博士、助教各一員。

《新元史》〈世祖本紀〉：「至元六年……秋七月……癸酉立國子學……。七年春正月，國子祭酒許衡為中書左丞……。八年……三月……乙酉，中書左丞許衡罷為集賢大學士、國子祭酒，立國子學，置司業：博士、助教等官。」

《續通考》〈學校〉：「至元八年，增國子學司業、博士、助教各一員。」

二十四年，設國子監，立國學，置祭酒一員，司業二員，監丞一員，博士二員，助教四員，典薄一員。

《新元史》〈選舉志‧學校〉：「至元二十四年……，集賢院並眾官會議學校事宜。定監官四員：祭酒一員周正平，司業二員，耶律伯強、硯伯固，監丞一員王嗣能。學官六員：博士二員，張伯安、滕仲理，助教四員，謝奕、周鼎、靳泰亨、王載。」

《綱鑑》：「丁亥二月，設國子監官，祭酒一員，司業二員，監丞一員，博士二員，助教四員。」

《新元史》〈百官志〉：「祭酒一員，從三品。司業二員，正五品。監丞一員，正六品。專領監務典簿一員，從七品……。至元二十四年，定置諸員如上。」「國子學，博士二員，正七品……。助教四員，正八品……。」

大德八年，以國子生分教上都，增助教、學錄各二員，典給一員。

《續通鑑》：「大德八年……三月……丁未，以國子生分教上都。」

《新元史》〈百官志〉：「大德八年，為分職上都，增助教二員，學正二員，學錄二員……，典給一員……。」

後復置司樂、管勾各一員，典籍二員，總計十九員。

《道園學古錄》〈國子監學題名序〉：「監有祭酒一員，比監先置此官，許文正衡首為之。司業二人，監丞一人。後又置典簿一人，治文書，其下設正二人，錄二人，司樂一人，典籍二人，管勾一人……。」

若合國子生四百人計之，僅四百一十九員。然天歷間，據虞集云：弟子員共五百六十人。故官員人數，定不止此。

《道園學古錄》〈國子監題名序〉：「弟子員今五百六十人，天歷二年，始克追考祭酒至助教，姓名歲月刻石……。」

至其業務，祭酒主國之教令，爲監學之首長。

《新元史》〈百官志〉：「國子監，掌國之教令，以德尊望重者為之。祭酒一員，從三品。」

司業、監丞，掌全校教務，乃監學之副貳人員。

《續通鑑》：「至大元年……，召吳澄為國子監丞……。澄至，旦燃燭堂上，諸生以次受業。」

博士、助教施教學，授業解惑。學錄、學正明規矩，督習課業。

《新元史》〈選舉志・學校〉：「二十四年，立國子舉於大都。設博士通掌學事，而專守一齋。正錄申明正矩，督習課業……。博士、助教親授，句讀音訓，正錄伴讀，以次傳習之。講說則依所讀之序，正錄伴讀，亦以次傳習之。次日抽籤，令諸生復說其功課。對屬詩章經解史評，則博士出題，生員具稿，先呈助教，俟博士既定，始錄附課簿，以憑考校。」

《新元史》〈百官志〉：「博士二員，正七品，掌教授生徒考校儒人著述，教官所業文學。助教四員，正八品，分教各齋生員……。學正二員、學錄二員，督習課業。」

司樂治禮儀。

《新元史》〈選舉志・學校〉：「通曉音律，學業優贍者為司樂。」

典給理膳食。

《新元史》〈百官志〉：「典給一員，掌生員飲膳。」

典簿領監務，主文書。

《新元史》〈百官志〉：「專領監務一員，從七品。」

《道園學古錄》〈國子監題名序〉：「又置典簿一人，治文書。」

五、貢　舉

國子生之貢舉任官，初採試貢制。

《新元史》〈選舉志・學校〉：「泰定三年，更積分而為貢舉，並依世祖舊制。其試貢之法……，大概與前略同，而防閑較密云。」

至大二年，爲求愼密，曾詳加增補。

《元史》〈選舉志・學校〉：「武宗至大四年……，復立國子學試貢法。」

《續通考》：「武宗至大四年十二月，立國子學試貢法……。試蒙古色目稍加密，漢人則全科場之制。」

延祐二年，始用齊履謙之議，廢試貢，易積分升齋之法。

《新元史》〈齊復謙傳〉：「延祐元年，復以履謙為國子司業。時初命國子生歲貢六員，以入學先後為次弟：履謙曰：不考其業，何以典善得人。乃酌舊制，立積分升齋之法。」

《續通鑑》：「延祐元年……，履謙酌舊制，立升齋積分之法……，帝從其議。自是人人勵志，多文學之士。」

《元史》〈選舉志〉：「仁宗延祐二年，用集賢學士趙孟頫，禮部尚書元明善等所議，國子學貢試之法，更定之。一曰陞齋等第：六齋東西相同，下兩齋，左曰游藝，右曰依仁，凡誦書講說小學，屬對者隸焉。中兩齋，左曰據德，右曰志道，講說四書，課肄詩律者隸焉。上兩齋，講說易書春秋，科習明經義等程文者隸焉。每齋生員數不等，每季考其所習經書課業，及不違規矩者，以次遞陞。二曰私試規矩：漢人驗日新，時習兩齋，蒙古色目取志道、據德兩齋。本學舉實歷坐齋二周歲以上，未嘗犯過，許令充試。限實歷坐齋三周歲，以充貢舉。漢人私試，孟月試經肄一道，仲月試經義一道、季月試策問表章詔誥內科一道。蒙古色目人，孟仲各試明經一道，季月試策問一道。辦理俱優者，為上等，準一分。理優辭平者，為中等，準半分。每歲通計其年績分，至八分以上者，陞充高等生員，以四十名為額，內蒙古色目各十人，漢人二十人。歲終試貢，員不必備，惟取實才，有分目闕少者，以坐齋月日前後多少為定。其未及等，並無闕未補者，其年績分並不為用，下年再行積分。每月初二早旦圓揖後，本學博士助教公座面引應試生，各給印紙，依式出題考試，不許懷挾代筆，各用印紙真楷書寫，本學正錄彌封謄錄，餘並依科舉式。助教、博士以次考定，次日監考覈考，於各簿內，籍記各得分數，本學收掌，以俟歲終通考。三曰黜罰科條：應私試積分生員，其有不事課業，及一切違戾規矩者，初犯罰一分，再罰二分，三犯除名。從學正錄糾舉，正錄知見，而不糾舉者，從本監議罰之。應已補高生員，其有違戾規矩者：初犯殿試一年，再犯除名：從學正錄糾舉，正錄知見而不糾舉者，亦從本監議罰之。應在生員，歲終實歷坐齋，不滿半歲者，並行除名。除月假外，其餘告假，並不準算，學正錄歲終通行考校。應在學生員，除蒙古色目別議外，其餘漢人生員，三年不能通一經，及不肯勤學者，勒令出學。其餘責罰，並依舊規。」

迨泰定元年，復從張起巖之議，欲行薦舉，雖遭反對，然至三年，其議終行。已而遂寢。

《續通鑑》：「泰定元年……，國學舊法，每以積分次第，貢以出官，執政用監丞張起巖議，欲廢之。中書左司員外郎許有壬折之曰：積分雖未盡善，然可得博學能文之士，若曰維德行之擇，其名故嘉，恐皆厚貌深情，專意外飾，或懵不能識一丁矣。」

《新元史》〈許有壬傳〉：「三年（按：泰定）……，起巖議遂行，已而復寢。」

自是終元一代，皆依世祖舊制，行試貢之法。

《新元史》〈選舉制〉：「泰定三年，更積分而為貢舉，並依世祖舊制。其貢試之法，從監學所擬，大概與前法略同，而防閑較密。」

歷年歲貢之數，多爲四至八人。

《續通考》〈學校〉：「大德七年，定四十人歲貢六人。至大四年，定四十人，歲貢四人。延祐四年，歲貢八人。泰定四年，歲貢六人。至文宗天歷二年；定額設四十名，充部令吏四人，路教授四人。」

逮至元六年，始增爲十八人。

《續通考》〈學校〉：「先是文宗時，命所貢生員，每大比選士，與天下士同試於禮部，策於殿廷。又增置備榜，而加選擇焉。至是（按：至元六年）定額十八人。蒙古六名……，色目六名……，漢人南人共六名。」

至正八年，復置副榜二十人。

《續通考》〈學校〉：「至正八年四月，中書奏准：監學生每歲取及分生員四十人，三年貢會試者，凡一百二十人。除例取十八人外，今後再取副榜二十人。於內蒙古色目各四名……，漢人取一十二人。」

至其任官之職務，率多學官，間有部史。

《新元史》〈選舉．志學校〉：「其學正錄及司樂典籍管勾等員，舊例舉積分生充之。後積分既革，於上齋舉年三十以上，學行堪範後學者，為正錄。通曉音律，學業優贍者為司樂。幹局通敏者為典籍、管勾。其侍儀舍人，於上中齋中，舉禮儀習熟，吐音洪亮，曾掌春秋釋奠，每月告朔明贊，眾見其能者充之。」

《續通考》〈學校〉：「至文宗天歷二年，定額設四十名，充部令吏四人，路教授四人。」

《續通鑑》：「至正三年……，監察御史成遵等，請用終場下第舉人，充學正山長。國子生會試不中者，與終場舉人同。」

《續通考》〈學校〉：「至正八年……，今後再取副榜二十人。於內蒙古色目各四名，前二名充司鑰，下二充侍儀舍人。漢人取一十二人，前三名充學正司樂，次四名充學錄典籍管勾，下五名充舍人。不願者聽其還齋。」

《伊賓集》〈送張宗德序〉：「考試取其中者，而為第其甲乙，以名升於禮部。甲為六部史，乙郡博士，歲八人，謂之出身。」

《新元史》〈選舉志・學校〉：「武宗至大四年……，復立國子學試貢法。蒙古授官六品，色目正七品，漢人從七品。」

《續通考》〈學校〉：「至是（按：至元六年）定額十八人。蒙古六名，從六品出身。色目六名，正七品出身。漢人南人共六名，從七品出身。」

所任品級，蒙古從六品，色目正七品，漢人從七品，有元一代，概未更易。

六、教學

至元八年，許衡罷中書左丞，除國子祭酒，喜謂：此吾事也。

《新元史》〈許衡傳〉：「八年，以為集賢大學士兼國子祭酒，親為擇蒙古弟子；使教之。衡聞命喜曰：此吾事也。國人太撲未教，視聽專一，若置善類之中，涵教數年，必為國用。」

乃驛召四方弟子十二人，分任齋長，伴讀諸生。

《伊賓集》〈送張宗德序〉：「初許文正避舍左揆也，以集賢大學士兼國子祭酒，奏詔舊弟子散居四方者，若大梁王公梓，大名韓公思永，蘇公郁，東平耶律公有尚，姚公燧、燉、高公凝，河內孫公安，秦劉公季偉，呂公端善，劉公安中；太原白公棟十二人……。」

《新元史》〈許衡傳〉：「乃請徵其弟子……十二人為伴讀，分處各齋，以為齋長。」

至元十年，以諸生廩餼不繼，權臣屢毀漢法，乃請歸懷孟。

《元朝名臣事略》〈內翰王文忠公〉：「國子祭酒許衡告歸，上命中書右丞張文謙問公。公言：自古有國家者，必與人材共治，若無學校，人材從何而得！許某教生徒有法，數年之後，皆可從政，事體所繫至大。某性廉介，意其所以求退者，得非生員數少，坐縻廩祿，有所不安而然也。宜增生員，使之進學。」

衡在職國學，爲時雖暫，然受業諸生，彬彬輩出，致位卿相，成代名臣。

《道園學古錄》〈送李擴序〉：「國學之置，肇自文正公……。數十年彬彬然，號稱名卿材大夫者，皆其門人矣！」

《秋澗集》〈烏臺筆補・議復立國學〉：「竊見至元七年，朝廷立國子學，命許衡為祭酒，選朝右貴近子弟，令教授之。不滿五歲，其諸生俱能通經達理，彬彬然為文學之士，及其入仕，皆明敏通疏，果於從政。如子諒侍儀之正大，子金中丞之剛直，康提刑之仕優進學，弟親臣之明行修，堅童君永之識事機，子享待制之善書，學企中客省之貞幹，揚六省臺，蔚為國用。豈小補哉！必欲設學校養人才，京師首善之地，宜先復立國學，以風勵天下。」即所樹學規，有元一代，後繼者，亦無不踵襲文正之舊。

《續通鑑》：「有尚前後五居國學，其教法一遵許衡之舊，而勤謹有加。」

《道園學古錄》〈送李擴序〉：「國學之置，肇自許文正公……。其為之者，大抵踵襲文正之成跡而已。」《續通鑑》：「至正十七年……，大司農呂思誠卒，謚忠肅。思誠氣宇凝定，不為勢力所屈，三為祭酒，一法許衡之舊，受教者，後多為名士。」

文正一生，爲學以明體達用爲主，修己以存心養性爲要。故言行不苟，無愧天地。內剛外和捨取皆揆之于義。

《圭齋集》〈元中書左丞集賢大學士國子祭酒……，文正許先生神道碑〉：「其為學也。以明體達用為主。其修己也，以存心養性為要。」

《許魯齋集》〈古今儒先議論〉：「胡居仁曰：魯齋天資純正：所行自不苟。」

《圭齋集》〈元中書左丞集賢大學士國子祭酒……文正許先生神道碑〉：「雖顛沛流離，行不愧影。其與人交，中剛外和。一介取予，必揆於義。與之俱，雖有忮求，馴致俱化……。」

至其爲教，凡曆數書射，灑掃應對，命諸生無不習。

《許魯齋集》〈國學事跡〉：「先生教諸生習字，必以顏魯公為法。」「欲以蒙古生習算術，遂自唐堯戊辰，距至元壬申，凡三千六百五年，編世代歷年，為一書，今諸生誦其年數，而加減之。」「諸生讀書之暇，先生令蒙古生長者習拜及宣誥詔儀釋奠，冠禮，時亦習之。小學生有倦意，令習跪拜揖讓，進退應對，或投壺習射，負者罰讀書若干遍。」

以灑掃應對爲之始，精義入神以爲終。

《圭齋集》〈元……文正許先生神道碑〉：「其教人也，灑掃應對進退為始，精義入神為終。」

小學四書，敬信如神明，故入德之門，自此而始。講貫之精，而後本諸程周張朱之說，進於易詩書春秋。耳提面命，莫不以孝悌忠信爲本。

《許魯齋》〈國學事跡〉：「先生……嘗寄書其子曰：小學四書，吾敬信如神明然，能明此，他書雖不治可也。」

《許魯齋集》〈古今儒先議論〉：「其教也，入德之門，始惟由小學而四書：講貫之精，而後進於易詩書春秋，耳提面命，莫不以孝悌忠信為本，四方化之。」

《道園學古錄》：〈國子監學題名記〉：「其書，易詩春秋禮記，論語大學中庸孟子，其說則周程張朱氏之傳也。」

《新元史》〈選舉志・學校〉：「凡讀書，先孝經，小學、論語，孟子，大學、中庸、次及詩、書、禮記、周禮、春秋、易。」

平日說書，不務繁多，必使通曉，可資實踐而已。

《許魯齋集》〈國學事跡〉：「說書章數，不務多……，必使通曉而後已。嘗問諸生，此章書義，若推之自身，今日之事，有可用否?大凡欲其踐行，不貴徒說他。」

故文正之課諸生，重德育，貴實踐。誘掖忘倦，言行合一。以灑掃應對折其外，出入游息養其中。掇忠孝以立其本，明禮法而通其用。

《道園學古錄》〈送李擴序〉：「文正故表章朱子小學一書，以先之。勤之以灑掃應對以折其外，嚴之以出入游息而養其中。掇忠孝之大綱，以立其本。發禮法之微權，以通其用。」

皇慶元年，吳澄、齊履謙，並爲司業，時號得人。

《續通鑑》：「皇慶元年……，以國子監虞集言，升監丞吳澄為司業，與齊履謙同日並命，時號得人。」

唯草廬爲學，誠篤不及文正，而淹博過之。

《新元史》〈吳澄傳〉：「其學誠篤不及衡，而淹博過之。」

至其爲教，察天人之際，窮事物之理，通各家之戶牖，極先聖之閫奧。因材施教，反複訓誘，務使學者通曉所以，得所依據而後已。

《道園學古錄》〈送李擴序〉：「近者吳先生之來為監官……。為教也，辨傳註之得失，而達群經之會同。通儒先之戶牖，以極先聖之閫奧。推鬼神之用，以窮物理之變。察天人之際，以知經綸之本。禮樂制度之具，政刑因革之文，考據援引，博極今古，各傳其當，而非夸多以穿鑿。靈明通變，不滯於物，而嘗析事理為三，使學者得有所據依，以為日用常引之地。得所標指，以為內宿造極之處。」

《續通鑑》：「澄至，旦燃獨堂上，諸生以次受業。日昃退燕居之室，執經問難者，接踵而至。澄各因其材質，又複訓誘之。每至夜分，雖寒暑不易。」

又嘗集程顥、胡瑗、朱熹有關教學之議，約爲教法四類：一曰經學，二曰行實，三曰文藝，四曰治事。惜未及行謝去。

《元史紀事本末》〈科學學校之制〉：「澄用宋程顥學校疏議，胡瑗六學教法，朱熹學校貢舉私議，約為教法四條；一曰經學，二曰行實，三曰文藝，四曰治事。未及行。又嘗為學者言，朱子於道學問之功居多，而陸子靜以尊德性為主。問學不本於德性，則其弊必偏於言語訓釋之末。故學必以德性為本，庶幾得之。議者遂以澄為陸氏學，非許氏尊信朱子本意，然亦莫知朱陸之為如何也。澄一夕謝去，諸生有未經謁告，從之南者。」

七、學風

晚元國學之風尚，至爲窳劣。不僅師表唯事章句之粉飾，噤吟尸位而已。

《續通鑑》：「至正元年……，時國子監蒙古回回漢人坐員，凡千餘人。然祭酒司業博士，多非其人。惟粉飾章句，補葺時務，以應故事。」

《伊賓集》〈張君仲實行狀〉：「轉教平江儒學，先職是者，轉噤吟尸厥官。」

即生員亦驕謾，起鬨鬧事。

《續通鑑》：「至正元年……，時……在監諸生，日啖籠炊粉羹，一人之食，為鈔五兩，而十百為群，恬嬉翫愒，以慢過嘲謔相尚。或入茶酒肆，則施屏風以隔市人，飲罷不償值，掉臂而出，莫敢誰何！」

《新元史》〈王思誠傳〉：「召修遼金元三史，調秘書監。（按：至正三年）會國子監諸生，因事鬨於學，復命思誠為司業。思誠黜為首者五人，罰而降齋者七十人。勤者升，惰者降，士習為之一變。」

考其原因，待遇菲薄，此其一也。蓋國初無俸給。

《元史》〈食貨志〉：「元初，未置祿秩。」

皓首一官，糊口不給。

《秋澗集》〈烏台筆補・論教官俸給事狀〉：「教授多老儒宿德，白首一官，不沾寸祿，良可哀也！今欲修習之業，旬省月視，責有成效，亦已難矣！」

兼之久經喪亂，宿儒傷殘殆盡。

《道園學古錄》〈送彰德經歷韓君赴官序〉：「國朝之始定中原也，其先離亂傷殘之日久矣！老儒學士，幾如晨星，未之為繼……。」

故設非許衡奮起其間，責成興學養士，幾不可得。

《元朝名臣事略》〈左丞許文正公〉：「至於進退出處之際，勇於就義，凜然不可以勢利誘而威武屈也。」

迨至元六年，雖定官制，給俸祿。

《元朝名臣事略》〈左丞許文正公〉：「四年十一月，召至大部。六年，奉旨議官制。」

《新元史》〈食貨志・官俸〉：「國子監祭酒，俸五十九貫三錢三分，米六石。司業俸三十九貫三錢三分，米三石。監丞俸三十貫三錢三分，米三石。典薄俸十五貫三錢三分，米二石。博士俸二十六貫六錢六分，米二石五斗。助教俸二十二貫，米二石。教授同學錄，俸十一貫三錢三分，米五斗。」

然中晚以降，交鈔貶值。

《元朝文類》〈鈔法〉：「其法之弊也，鈔輕而物重，子母不能相權。故至元尚書省，折以中統之五倍。至大尚書省，又折至元之五倍，每加愈重。」

遂致學官多擁腫腆乜，孳孳焉計升斗是急。溫飽且不給，安敢望有三代之教歟！

《揭文安集》〈送劉以德赴化州學正序〉：「職教之徒，臃腫腆䏭，孳孳焉規錙銖，計升斗是急，使並緣之吏，間窺隙伺，相與為欺，安敢望有三代之教哉！」

《秋澗集》〈烏臺筆補・設學校〉：「今府州縣雖設立教官，講書會課，止是虛名，皆無實效。其隨處教授，名實學官，糊口不給，奚暇治禮義而及人？」

復視同曠官，猥以資格注授。

《續通考》〈選舉志・學校〉：「時（按：至元二十四年）各道儒師，悉以曠官罷。」

《道園學古錄》：「今天下教官，猥以資格注授，強加之諸生之上，而名之曰師，有司、生徒，皆莫之信。如此而望師道之立，可乎！」

益使學官之選，多錄錄下材，流品不一。德藝如此，又何堪優為！

《佩玉齋類㝢》〈贈明道書院山長湯子逸序〉：「上元屬江左名郡，御史大夫開府郡中。此時教官，多錄錄下材，不為人所稱道。」

《西巖集》〈魯叔寧左村易說序〉：「國家數路取人，陰陽卜筮無不與。至則館集賢而廩給之。比年雖……求其術，可以依稀髣髴者蓋少。或依稀髣髴矣，而不挾之鈎功名，干利祿者，又加少。」

八、歷任祭酒

國子學之歷任祭酒至助教，天歷二年，嘗加追考，勒石記之。《道園學古錄》〈國子監學題名序〉：「天曆二年，始克追考祭酒至助教姓名，歲月刻石。」唯該碑文似已失傳，故僅就所及資料，試考其歷任祭酒，列表如後：（略）

九、結　語

蒙元國學，自至元六年創始，歷三十四年，方擴建黌舍。歷三十九年，生員始四百人。且終元一代，未嘗增加。較之唐宋諸代，不若遠甚。然連回回、蒙古國學，一併計之，則生員之數，已逾千人。故蒙元以塞北部族，入主中原，興學養士若是，亦殊爲可貴矣！

（原載一九六五年七月《中國內政》三十卷一二期）

十二、元代的站赤

元代傳驛，盛于前代。考其制度，初有站赤，後復建急遞鋪。二者並行，而任務稍異。蓋急遞鋪僅負傳達之責，而站赤又兼驛使之供應。本文所論，只及站赤而已；至急遞鋪，容後另爲一文。

一、站赤之設置

元代以疆域遼闊。

《元史》〈朮赤傳〉：「國初以親王，分封西北，其地極遼，去京師數萬里，驛騎急行二百餘日，方達京師。」

爲通達邊情，布宜號令。

《元史》〈兵制〉：「蓋以通達邊情，布宜號令，古人所謂置郵而傳命，未有重於此者焉。」

乃於太宗元年，創立中外站赤。

《元史》〈太宗本紀〉：「元年……始置倉廩，立驛傳。」

《新元史》〈察合台傳〉：「及立中外站赤，皆察合台贊成其事。」

《新元史》〈兵志〉：「站赤……立於太宗元年。」

按站赤，蒙語驛傳之意。

《元史》〈兵志〉：「元制站赤者，驛傳之譯名也。」

阿剌淺，脫忽察兒、劉敏，先後奉詔董其役。

《元秘史》：「所擺站赤，命阿剌淺，脫忽察兒兩個整理。」

《新元史》〈阿剌淺傳〉：「西域賽夷氏……，太宗即位，設諸色站赤，命阿剌淺與脫忽察兒，董其事。」

《新元史》〈劉敏傳〉：「太宗即位，改造行宮幄殿，七年城和林，廣萬安宮，設宮闈司局，立驛傳，以便貢輸，皆以敏董其役。」

初東起和林，西至薩萊。

《元秘史》：「斡歌歹皇帝說：我成吉思皇帝，艱難創立國家，如今教百姓每安寧快活，休教他辛苦，遂將合行之事，與兄察阿歹處商議……。一使臣往來，沿百姓處經過，事也遲了，百姓也生受，如今可教各千戶每，出人馬，立定站赤，不是緊急事務，須要乘坐站馬，不許沿百姓處經過。」

《元秘史》：「站赤一節，我自這裡立起，迎著你（按：察合台）立的站，教巴禿（按：拔都）自那裡立起，迎著我立的站，說將來了。」

《新元史》〈朮赤傳〉：「以鹹海西南與鹼海裡海以北，封朮赤。以錫爾河以東之地，封察合台。」

憲宗三年，旭烈兀征報達，復旁及波斯。

《新元史》〈憲宗本紀〉：「三年……六月……皇弟旭烈兀征報達……。七年……冬，皇弟旭烈兀至報達。」

迨至元十七年。除陸站外，又詔江淮諸路，增置水站。

《元史》〈兵志〉：「至元十七年二月，詔江淮諸路，增置水站。除海青使臣及事干軍務者，方許馳驛，餘者自濟州水站為始，並令乘船往來。」

至元二十六年；復從蔡澤之請，立泉州至杭州海站。

《元文類》〈政典總序驛傳〉：「二十六年二月十六日，沿海鎮守官蔡澤言：泉州至杭州，陸路甚遠，外國進貢方物，勞民負荷，驛馬多死，澤知海道舊有三千水軍，合於海道立水站遞運，免勞百姓，又可戢盜。尚書省奏從之，名曰海站，後罷。」

《元史》〈兵志・站赤〉：「二十六年……，於海道置立水站。」

至元三十年，更詔洪君祥，董立耽羅至鴨綠江海站。

《續通鑑》：「至元三十年……，詔沿海置水驛，自耽羅至鴉綠江口，凡十一所，令簽樞密院事洪君祥董之。」

此外，遼東尚有狗站。

《輟耕錄》：「高麗以北，別名十八，華言連五城也，罪人之流奴兒干者，必經此。其地極寒；海亦冰，自八月即合，至明年四五月方解：人行其上，如履平地。征東行省每歲委官，至奴兒干給散囚糧，須用站車，每車以四狗挽之，狗悉諳人性，站有狗分例，若尅減之，必噬其主者，至死乃已。」

《元文類》〈政典總序・驛傳〉：「元貞元年六月九日，丞相完澤奏：哈兒賓地界，舊立狗站十二所，前者當站糧食，出於百姓，然其地不事耕稼，數年以來，站狗多死，至站無以交換，又赴前站，轉致損乏，站戶苦之。」

是以，元代站赤，有陸站、水站，海站及狗站之別。

《元史》〈兵志・站赤〉：「凡站，陸則以馬，以牛，或以驢，或以車，而水則以舟……。而遼東狗站，亦因以附見。」

《新元史》〈兵志・站赤〉：「遼陽等處行中書省所轄……。狗站一十五處，元設站戶三百，狗三千隻，後除絕亡倒死外，實在站戶二百八十九，狗二百一十八隻。」

而陸站，又因交通工具之不同，有馬站，牛站，轎站，步站之分。

《新元史》〈兵志・站赤〉：「江浙等處行中書省所轄總計二百六十二處，馬站一百三十四處……。轎站三十五處……。步站十一處……。」「中書省所轄腹裡各路站赤，總計一百九十八處……，牛站二處……。」

站與站間，大體距若三十至二十五哩。

《馬可波羅行紀》：「每二十五哩或三十哩，必有此種驛站一所。」「從汗八里首途，經行其所取之道時，行二十五哩，使臣即見有一驛，其名曰站，一如吾人所稱供給馬匹之驛傳也。」

然邊遠之地，則每三十五哩至四十五哩，始設一站。

《馬可波羅行紀》：「至若此種遠地之驛站，彼此相距；則在三十五哩至四十五哩之間。所需馬匹百物，悉皆設備，如同他驛。」

計天下站赤，星羅棋佈，凡一千三百九十三站。

《新元史》〈兵志・站赤〉：「中書省所轄腹裡各路站赤，總計一百九十八處……。河南江北等處行中書所轄總計一百七十九處。……遼陽等處行中書省所轄總計一百二十處……。江浙等處行中書省所轄總計二百六十二處……。江西等處行中書省所轄總計一百五十四處……。

湖廣等處行中書省所轄總計一百七十三處……。陝西行中書省所轄總計八十一處……。四川行中書省所轄總計一百三十二處。雲南諸路行中書省所轄站赤八十七處……。甘肅行中書省所轄三路脫脫禾孫馬站六處……。」

而四大汗國與高麗、安南等屬地者，不與焉。

《元史》〈地理志〉：「西北地附錄」、「畏兀兒地」：「至元二十年，立畏兀兒四處站。」「別失八里」：「至元十五年，授八撒察里虎符，掌別失八里，畏兀城子里軍站事……。」「彰八里」：「至元十五年，授朵魯知金符，掌彰八里軍站事。」

《元史》〈地理志・安南郡縣附錄〉：「自安南大羅城，至燕京約一百一十五驛，計七千七百餘里。」

《元史》〈高麗傳〉：「至元十八年，王睶言：本國置站，凡四十，民畜凋弊，勅併為二十站。三十年，沿海立水驛，自耽羅至鴨綠江並楊村海口，凡三十所。」

二、站赤之設備與供應

站赤之任務；一爲布號令，通邊情。二爲奉驛使，供行止。故凡驛使，皆獲供應。

《馬可波羅行紀》：「來往使臣，不論來自何地者，皆獲供應。」

止有館舍，宿有供帳，飢有飲食，行有車馬，亦一代之良法也。

《元史》〈兵志・站赤〉：「止則有館舍，頓則有供脹，飢渴有飲食，梯航畢達，海宇會同，元之天下，視前代以為盛。」

《元秘史》：「每一站……內舖馬，並使臣的廩給羊馬，及車輛牛隻；定將則例去。」

每站有馬伕二十人。

《元秘史》：「每一站，設馬伕二十人。」

置馬數百匹。

《馬可波羅行紀》：「此種驛站中備馬，每站有多至四百匹者。有若干站，僅備二百匹，視各站之需要而為增減。」

馬可波羅曾謂：天下站馬，凡三十萬匹。

《馬可波羅行紀》：「此種驛站，備馬三十萬匹……，驛邸逾萬所。」

迨中晚以降，因地域遼闊，形勢複雜，故馬少者代以驢，缺馬者給以牛。水行用舟，山行乘轎，綱運以車，險直丁負，遼東則供以犬輿。

《元文類》〈政典總序・驛傳〉：「陸行馬微者，或給以驢。閩廣馬少者，或以代牛。水行舟，山行轎，倦者給臥轎。綱運以車馬，直險則丁夫荷負。遼海以犬曳小輿，載使者行冰上，此其供頓。」

計天下站赤，置馬四萬九千一二百九十五匹、牛八千四百三十五頭，驢六千零七隻，車四千七十四輛，舟五千九百二十一艘，轎三百七十八乘，羊一千一百五十頭，伕三千三十二戶，狗二百一十八隻。

《新元史》〈兵志・站赤〉：「中書省所轄腹裡各路站赤……。馬一萬二千二百九十八匹，車一千六十九輛，牛一千九百八十二隻，驢四千九百八頭……。船九百五十隻，馬二百六十六匹，牛二百隻，驢三百九十四頭，羊百口……。牛三百六隻，車六十輛。」「河南江北等處行中書省所轄……。馬三千九百二十八匹，車二百一十七輛，牛一百九十二隻，驢五百三十二頭……，船一千五百一十二隻。」「遼陽等處行中書省所轄……，馬六千五百一十五匹，車二千六百二十一輛，牛五千二百五十九隻……。狗二百一十八隻。」「江浙等處行中書所轄……馬五千一百二十三匹……，轎一百四十八乘……。運夫三千三十二戶……，船一千六百二十七隻。」「江西等處行中書省所轄……馬二千一百六十五匹，轎二十五乘，……船五百六十八隻。」「湖廣等處行中書省所轄……，馬二千五百五十五匹，車七十輛，牛五百四十五隻，坐轎一百七十五乘，臥轎三十乘……，船五百八十隻。」「陝西行中書省所轄……，馬七千六百二十九匹……，船六隻。」「四川行中書所轄……，馬九千八十六匹，牛一百五十頭……，船六百五十四隻，牛七十六頭。」「雲南諸路行中書省所轄……，馬二千三百四十五匹，牛三十隻……，船二十四隻。」「甘肅行中書省所轄……馬四百九十一匹，牛一百四十九頭，驢一百七十一頭，羊六百五十口。」

每站之建設，不唯富麗堂皇。有堂，有室，有庖湢，有倉庫。

《元文類》〈政典總序・驛傳〉：「驛中有堂，有室，有庖湢……。兩驛相距，道修，則道半別置官舍，以憩號邀驛，此其次舍。」

《新元史》〈兵志・站赤〉：「各站立米倉。」

且一應設備，豪華俱全。

《馬可波羅紀行》：「每驛有一大富麗之邸，使臣居宿於此。其房舍滿佈極富麗之臥榻，上陳緞被，凡使臣所需要之物皆備，設一國王莅此，將見居宿頗適。」

飲食所給，頓止者給全食，行經者與半食。

《元文類》〈政典總序・驛傳〉：「使者宿驛中，則給米洎酒各一升，麵洎肉各一斤，曰全餐。不宿而過者，給半餐。」

冬則供炭，夏則有冰。

《元文類》〈政典總序〉：「冬之炭，夏之冰，兩之製備焉。」

《元史》〈兵志・站赤〉：「冬月一行，日支炭五斤。十月一日為始，正月三十日終。」

一日之俸，大體米一升，麵一斤，酒一瓶，肉一斤，柴一束，雜支鈔二分。

《元史》〈兵志・站赤〉：「太宗元年……，使臣每日支肉一斤，麵一斤，米一升，酒一瓶……。中統四年……，正使臣白米一升，麵一斤，酒一升，油鹽雜支鈔一十文……。從人白米一升，白麵一斤……。至元二十一年……四月，定增使臣份例，正使宿頓，支米一升，麵一斤，羊肉一斤，酒一升，油鹽雜支，增鈔二分……。從者每名，支米一升，經過減半。」

至所起車馬之數，按事之巨細，官之崇卑，定其多寡。

《元文類》〈政典總序〉：「其馬舟車之數，視官崇卑，事大小，為多寡。」

中統二年，嘗詔宣撫使五匹，副使四匹，委差官吏等三匹。

《秋澗集》〈中堂紀事〉：「中統二年……夏四月……二十五日癸卯，極晴朗，諸相入朝，奏准……宣撫司起馬五匹，副使四匹，委差官吏令史人等三匹。」

三、站戶之待遇與義務

凡役於站者，稱站戶，悉簽之於民。

《元秘史》：「如今可教各千戶每，出人馬，立定站赤。」

《元史》〈兵志・站赤〉：「站戶闕乏逃亡，則又以時僉補。」

其編組，亦若軍隊然，有牌頭，百戶之設。

《新元史》〈兵志・站赤〉：「太宗元年，勑諸馬站牛舖，置漢車一十具，各站……站戶，每年一牌內，納米一石，令百戶一人掌之。」

簽地較遠者，律攜眷聚居於站。

《元史》〈兵志・站赤〉：「中統四年……五月，雲中設站戶，取迤南州城站戶內，選堪中上戶……，於各戶選堪當站役之人，不問親軀，每戶取二丁及家屬，於立站去處安置。」

《馬可波羅行紀》：「設若使臣前赴遠地，不見有房室邸舍者，大汗在其處設置上述之驛站。」

官復共四頃田，免其租稅。

《元文類》〈政典總序・驛傳〉：「民之役驛中者，復其地四頃，不輸租，與士兵同。」

唯簽地即近者，准居原地，亦免四頃租。然以上田畝，照納地稅。

《元史》〈兵志・站赤〉：「五年（按：至元）八月，詔站戶貧富不等，每戶限四頃，除免稅石……。以上田畝，全納地稅。」

此外，凡站戶，免和顧和買，一切雜泛差役。

《元史》〈兵志・站赤〉：「二十年……，免站戶和顧和買，一切雜泛差役。」

且時加存卹。

《馬可波羅行紀》：「大汗對於此種人，不徵賦稅。反有賜給。」

《秋澗集》〈烏台筆補〉：「隨路站赤祗應，如酒肉等物，亦宜約量減免，不然照秋中書省，玄付順天路事理，一體施行。不然是燕南二萬餘戶，獨不被存卹之意也。」

《元史》〈兵志‧站赤〉：「泰定元年三月，遣官賑給帖木里木憐納憐等一百一十九站，鈔二十一萬三千三百錠，糧七萬六千二百四十四石八斗。北方站赤：每加津濟。」

故站之所在，多成村落。其制亦寓站于農，移民拓荒之良法也。

《馬可波羅行紀》：「命人居住等處所，耕種田畝，兼服站役，由是在其地，建設不少大村。」「設若使臣前赴遠地，而不見有房屋邸舍者，大汗亦在其處，設置上述之驛站。」

站戶之任務凡三：一爲戶出二丁，自備首思（按：飲食、衣服、行李）當役。

《元史》〈兵志‧站赤〉：「中統四年……五月，雲中設站戶……。於各戶選堪當站役之人，不問親軀，每戶取二丁……，於立站處安置。」

《新元史》〈兵志‧站赤〉：「站戶協力自備首思當站。」

《元史》〈兵志‧站赤〉：「二十年……，仍當自備首思。」

二爲凡交通所需，驛馬祇應，損死增補，概由站戶任之。

《馬可波羅行紀》：「大汗命人調查各站及鄰城附近居民人數，俾知能出馬若干，所出馬給站舖，城鄉供給驛馬之法，悉皆知如此。」

《元文類》〈政典總序‧驛傳〉：「凡役於站中者……，出馬供使客，馬死，輒買補之，有正馬副馬。」

《新元史》〈兵志・站赤〉：「每戶限田四頃，免歲賦，以供鋪馬祇應。」

《新元史》〈兵志・站赤〉：「至元元年，中書奏六部併為四部，據別路站赤鋪站數目，宜令本部檢校，其區處條劃……。一、戶養馬一匹，有例死者，驗數補買……。一、站戶買馬，仰本管官先行看視，須擇買肥壯者，無得聽從站戶，止圖省價濫收。」

唯邊之地反是。

《馬可波羅行紀》：「唯在遠道及荒地驛站，則由大汗供給馬匹。」

初十戶出車一輛。

《元史》〈兵志・站赤〉：「太宗元年十壬月，敕諸牛鋪馬站，每一百戶，置漢車一十具。」

當馬站者，戶供馬一匹。當牛站者：戶出牛二頭。

《元史》〈兵志・站赤〉：「中統四年……五月：雲中設站戶……。應當馬站戶，馬一匹。牛站戶，牛二隻……。於立站去處安置。」

至元十九年，爲體䘏站戶，詔三五戶供馬一匹，十三戶出車一輛。

《元史》〈兵志・站赤〉：「十九年……通政院臣言：隨路站赤，三五戶共當站馬一匹，十三戶供車一輛，自備一切什物公用。」

三爲驛使供應，除每牌歲納米一石外。

《新元史》〈兵志・站赤〉：「站戶十，歲納米一石。」

餘悉由官給鈔價，和買於民。

《元史》〈兵志・站赤〉：「十八年閏八月，詔除上都榆林迤北站赤外，隨路官錢，不須支給，驗其閒劇，量增站戶，協力自備首思當站。」

《新元史》〈兵志・站赤〉：「二十五年，腹裏路分三十八處，年銷祇應錢，不敷數，增給鈔三千九百八十一錠，併元額七千一百六十九錠，總中統鈔一萬一千五十錠，分上下半年給。」

至於站丁，暇時則給役站中，有事即騁馳傳遞。一日之速三百里，晝夜兼行四百里。

《元史》〈兵志〉：「鋪兵一晝夜，行四百里。」

《馬可波羅行紀》〈從汗八里遣赴各地之使臣鋪卒〉：「其人於日間奔走二百五十至三百哩。」

且得奪路之良馬，以供急馳。

《蒙韃備錄》：「凡見馬則換易，並一行人從，悉可換馬，謂之乘鋪馬，亦古乘傳之意。」

《馬可波羅行紀》：「常持一海青符，俾其奔馳之時，偶有馬疲。或其他障碍之時，得在道上，見有騎者，即驅之下，而取其馬，此事無人敢拒……。」

四、站戶之生活

站戶雖倍經體卹，生活仍異常艱苦。不獨逃亡甚眾。

《續通鑑》：「至順三年……中書省臣言：四川驛戶，比以軍興消乏，宜遣官同行省量濟之，制可。」

《新元史》〈兵志・站赤〉：「其各站提領，百戶與州縣通同作弊……，致站戶逃移消乏。令於部分擬定約束，官民便利，兵部議從之。」

《元史》〈兵志・站赤〉：「十九年……通政院臣言：隨路站赤……，近年以來，多為諸王公主及……位，頭目認識招收，或冒入投下戶計者，遂致站赤損弊，乞換補站戶，從之。」

且有鬻子女，以當站供役者。

《續通鑑》：「至元十六年……，以臨洮、鞏昌、通安十驛歲飢，供役繁重，有質賣子女，以供役者。命選官撫治之，旋以襄陽屯田戶七百，代軍當驛役。」

考其原因，一曰役負繁重。僅以奉元一驛而論，地處邊遠，役負當輕，然半年間，僅蕃僧之道此者，一百八十五人，用馬八百四十餘匹。

《續通鑑》：「泰定二年……監察御史李昌言：臣嘗經平涼府靜會定西等州，見西僧佩金字圓符，絡繹道途，馳驅累百，傳舍至不能容，則假館民舍，因迫逐男子，奸污婦女。奉元一路，自正月至七月，往返者百八十五次，用馬八百四十餘匹，較之諸王行省之使，十多六七，驛戶無所控訴，台察莫敢誰何！」

邊遠如此，內地可知。

《新元史》〈兵志・站赤〉：「至元元年……良鄉縣馬站，四月之內，起馬至一萬三千三百餘匹。」「至大三年……浙江杭州驛，半年之內，使過者千二百餘人。」

《續通鑑》：「至大元年……，中書省言：進海東青鶻者，常乘驛馬五百不敷，應重括民間車馬，兵部請以各驛馬，陸續而進……，從之。」

二日毫費過鉅。驛使供應，詔有定例，唯中晚以降，供應甚張，所需幾十倍于昔。

《續通鑑》：「至元元年……十一月……詔罷科舉。初徹爾特穆爾為江浙平章；會科舉驛請考官，供應甚張；心不能平，及復入中書，首議罷科舉。」

《新元史》〈崔彧傳〉：「詔拜中書右丞……奏……軍站諸戶，每歲官吏，非名索取，賦稅倍蓰，民多流離，請非奉旨及省部文書，敢私斂民財，及役軍匠，論如法。」

至尋兀寶丁等之獻獸，一驛供肉，竟四千二百餘斤，消耗之巨，殊堪驚人。

《新元史》〈兵志・站赤〉：「至大三年：中書臣言：有桑兀寶丁等進獮鶻、獅豹，留二十七人，食肉四千二百餘斤。請自今遠方以奇珍百寶來者，依例進。其商人自有所獻者，令自備資力，從之。」

《續通鑑》：「至大元年……中書言：回回商人，持璽書佩虎符，乘驛馬，各求珍異。既而以一豹上獻，復邀回賜，似此甚眾。」

所耗既鉅，供應每不給，故胥吏百般威逼，非名強索於民。生活之苦，遂益形加重。

《續通鑑》：「至元二十四年……六月……授孟頫兵部郎中。兵部總天下諸驛，時食客飲食之費，幾十倍於前，吏無以供給，強取於民，不勝其擾，遂請中書，增鈔給之。」

《新元史》〈崔彧傳〉：「軍站諸戶，每歲官吏，非名索取。」

三曰鈔價遲發。驛使供應，除車馬外，站戶每牌僅歲輸一石米。餘悉由官給鈔價，和買於民。唯價鈔撥發，緩不濟急，且率多扣發，甚或不給。

《新元史》〈兵志·站赤〉：「大德八年，御史台言：各路站赤：合同應祇應官錢，多不依時撥降。又或少數不給，令站戶輸當庫子，陪備應辦。莫若驗使臣起數，實支官錢。所在官司，依時撥降，令各路提領收掌祇應，勿得科配小民，以為便益，從之。」

四曰匿報逃亡。逃亡既眾，應即僉補，俾均荷負。然有司不肯詣實申報，止是樁配包當而已。故站戶之負擔益重，生活更形困苦。

《新元史》〈兵志·站赤〉：「皇慶元年，監察御史言，燕南河北軍站人戶，遠年逃竄，有司不肯詣實申報，止是樁配見戶包當。」

五日官紳浸漁。推剝之法，名目凡多。有苛扣料價，私取羊酒。

《秋澗集》〈烏台筆補・彈步站官王提領不公事狀〉：「今體察得中部管站官吏王提領、崔把總、徐令吏等，與自願當站百戶楊併焦百戶等，上下通同作弊，於站戶百戶馮百享等二十名處，累次取斂錢物，及尅落給散草料鈔，取年酒，逐節不公等事，據此合行糾察。」

或俵散香茶，販賣牲畜，站戶之消乏，宜其如是。

《新元史》〈兵志・站赤〉：「皇慶元年，監察御史言：各站提領百戶，與州縣通同作弊結攬，詭名添價，販買驢畜，營私利己。又提點官等總領親戚，退閒官吏，假借威勢，俵散香茶等物。」

五、站赤之節符與設官

凡使臣馳驛，悉憑節符，其類別有金銀圓牌，鋪馬聖旨，鋪馬箚子三種。

《元史》〈兵志・站赤〉：「其給驛傳璽書，謂之鋪馬聖旨。遇軍務之急，又以金字圓符為信，銀字者次之。」「每道給鋪馬箚子三道。」

《中堂記事》：「堂議亡金時，箚子上，劃黑桃紀數，今宜印以墨馬，遂用之。如三匹者三馬，……仍用省印以傳其上。」

前者掌於典瑞監。

《新元史》〈兵志・站赤〉：「皇慶元年……六月，中書省臣言，典瑞監掌金字圓牌及鋪馬聖紙三百餘道。」

《新元史》〈典瑞監條〉：「掌寶璽、金銀符牌……。中統元年置符璽郎……。至元十六年，立符寶局……。十八年改典瑞監。」

後者頒於中書省。

《新元史》〈兵志・站赤〉「凡給傳驛璽書，謂之鋪馬聖旨。頒於中書省者，謂之鋪馬𤣥子。遇軍務之急者，又以金字圓符為信，銀字者次之。」

軍驚急務，朝廷用金符，諸侯用銀符。

《元史》〈兵志・站赤〉：「蓋圓牌遣使，初為軍情大事而設。」

《元史》〈刑志・職制〉：「朝廷軍情大事，奉旨遣使者，佩以金字圓符給驛，其餘小事，止用御寶聖旨。諸王公駙馬，亦為軍情急務遣使者，佩以銀字圓符給驛，其餘止用御寶聖旨。若濫給者，從台憲官糾察之。」

常事馳驛，爵高者用聖旨，秩低者用劄子。

《元文類》〈經世大典・政典總序〉：「以常事遣，則省部給御寶聖旨，水行者給船劄。」

《元史》〈兵志・站赤〉：「至元元年二月，詔各道憲司，如總管府例，每道給鋪馬劄子三道……。十九年四月，詔給各處行省鋪馬聖旨……，每省五道。」

至各級頒賜之數，諸省道等不一。

《新元史》〈兵志・站赤〉：「至元十九年，詔給各省鋪馬聖旨，楊州、鄂州、泉州、興隆、占城、安西、四川、西夏、甘州，每行省五道。十月增給各省鋪馬聖旨，西川、京兆、泉州十道，甘州、中興各五道。二十年，和林宣撫司給鋪馬聖旨二道，江淮行省增給十道……。二十一年，增給各處鋪馬劄子，荊湖、占城等處行省二十道，荊湖北道宣撫司二道，所轄路分十六處，每處二道，山東運司二道，河南運司七道，宣德府三道……。延祐六年，沙瓜州立屯儲總管府，給鋪馬聖旨六道。」

建驛之初，僅於關會之地，置脫脫禾孫，往來盤問，以辨詐僞。

《元史》〈百官志〉：「國初置驛站，設脫脫禾孫，以辨奸偽。」

《元文類》〈經世大典・政典總序・驛傳〉：「郡邑之都會，道路之衝要，則設脫脫禾孫之官，以檢使客，防姦非。」

中統元年，始詔霍木海，總管諸路站赤。

《元文類》〈經世大典・政典總序・驛傳〉：「中統元年，令霍木海，總管諸路站赤。」

至元元年，復詔天下站赤，歸各路管民官掌理。

《元文類》〈經世大典・政典總序・驛傳〉：「至元元年，改革漢站，令各路管民官掌理。

霍木海提領使臣起數，鋪馬強弱。」

《元史》〈兵志·站赤〉：「至元元年，中書奏六部併為四部，據別路站赤，鋪站數目，宜令本部檢校，其區處條畫……。一、各路站赤，委府州縣達魯花赤長官提調。」

迨至元七年，方建官署，立站赤都提領司，以掌天下傳驛。

《元史》〈兵志·站赤〉：「至元……七年……十一月，立諸路站都統領使司。往來使臣，令脫脫禾孫監問。」

隸于兵部。

《新元史》〈百官志〉：「兵部……掌天下郡邑、郵驛，屯牧之政令。凡……驛乘郵運祇應，公廨，皂隸之制，悉以任之。」

《新元史》〈兵志·站赤〉：「至大……四年……，省臣言：始者站赤隸兵部，後屬通政院。」

至元十三年，改諸站都統領使司，爲通政院，仍領天下站赤。

《元史》〈兵志·站赤〉：「十三年正月，改諸路站赤都統領使司，為通政院，令降印信。」

次年，分置大都、上都兩院。二十九年，又置江南分院。

《元史》〈百官志〉：「十四年，分置大都上都兩院。二十九年，又置江南分院。」

逮大德七年，罷江南分院。

《新元史》〈百官志・通政院〉：「二十九年又置江南分院，大德七年罷。」

至大四年，更罷通政院，以其事復歸兵部。

《新元史》〈兵志・站赤〉：「至大……四年省臣言……通政院怠忽整頓，站赤消乏，合依舊命兵部領之，從之。」

是年七月，雖復其舊制，然獨領蒙古站赤。

《新元史》〈兵志・站赤〉：「至大……四年……七月，復立通政院，領蒙古站赤。」

《元史》〈百官志・通政院〉：「是年，兩都仍置，止管達達站。」

延祐七年，漢地站赤，復歸通政院。並詔達魯花赤提調，州縣勿與。

《新元史》〈兵志・站赤〉：「延祐七年，詔蒙古漢人站赤，依世祖舊制，歸之通政院。是年，詔腹裏江南漢地站赤，令達魯花赤提調，州縣勿與。」

至其他站官，北設驛令，南置提領。

《元史》〈兵志・站赤〉：「其官，有驛令，有提領。」

〈經世大典・驛傳〉：「北方諸站，則置驛令。南方諸站，則設提領。」

在城之驛，置官二員。州縣之驛，設頭目二人。

《元史》〈兵志・站赤〉：「至元七年正月，省部官議定，各路總管府，在城驛設官二員，於見役人員內選用。州縣驛設頭目二人……。」

六、有關站赤之法令

驛政既繁，故站丁之怠忽者，三犯即決。

《元史》〈兵志〉：「如有怠慢，初犯事輕者，笞四十，贖銅，再犯罰俸一月，三犯者決。」

對馬匹之保護，尤爲重視。嘗嚴令禁乘孕馬；

《元文類》〈經世大典總序・驛傳〉：「太宗十一年十月奉旨，驛傳勿給懷駒馬，如違給乘者各杖七十五。」

違符馳驛；

《元史》〈兵志・站赤〉：「使臣無牌面文字，始給馬之驛官及元差官，皆罪之。有牌面文字而不給馬者，亦論罪，……但係御用諸物，雖無牌面文字，亦驗數應付車牛。」

枉道營私；

《元史》〈刑志・職制〉：「諸乘驛使臣，或枉道營私，橫索祇應，或訪舊逸遊，餓損馬乘，並聞斷治。」

私乘站馬；

《新元史》〈兵志・站赤〉：「管站官不得私乘站馬，違者罪之。」

背道經行；

《元文類》〈經世大典・政典總序・驛傳〉：「至元二年，中書兵部上言：渾源、弘州，不曾設站，順天、真定、德興等路使臣，背道經行，索換鋪馬，中書省行下各處，今後使臣，止由正站走遞，毋得經行不立站之處換馬。」

行李過重；

《元史》〈刑志・職制〉：「諸使臣行橐過重，壓損驛馬，而脫脫和孫與使臣交贈為好，不以法稱盤者，笞二十七，記過。」

詐乘站馬；

《元史》〈刑志・職制〉：「諸驛使詐改公牒，多起馬者，杖八十七。其部押官馬，輒帶私馬，多取草料者，並沒入其私馬。」

違例多乘；

《新元史》〈兵志・站赤〉：「使臣不得違例多騎馬，及禁索站赤錢物。」

以車易馬；

《元史》〈刑志・職制〉：「諸使臣輒騎懷駒馬者，取與各笞五十七，及以車易馬者，具坐之。」

即公主下嫁，亦不得馳驛。

《元史》〈刑志・職制〉：「諸公主下嫁迎送往還，並不得由傳置。」

且爲蘇息馬力，復令押官乘驢。

《新元史》〈兵志・站赤〉：「中統二年，奏西京等路，舖馬疲勞，擬令押運官坐車騎驢。奉旨令後隨路車運官物，止令押運官坐車乘驢，不須給馬。」

無急務乘車。

《元文類》〈經世大典・政典總序・驛傳〉：「使臣無急事，令乘牛車。」

日馳不過三驛。

《元史》〈刑志・職制〉：「諸使臣多取分例，笞十七，追所多還官，記過。使還人員，除軍情急務外，日不過三驛，驛官仍於關文標寫，起止程期，違者各笞二十七，再犯罷役。」

《秋澗集》〈為驛程量事緩急給限事狀〉：「切見隨路每歲差遣人員赴都……既還，心欲速得到家，不問舖馬生受，日行數站，其馬匹不無走損倒死……。」

無警馳馬至死者，笞且償值。

《元文類》〈經世大典・政典總序・驛傳〉：「使者不得枉道，行杖館人，擇善馬，橐橐重不勝載。非警急，而疾馳馬致斃者，皆有罪。」

《元史》〈刑志・職制〉：「諸驛使在路奪回馬，易所乘馬，馳至死者，償其值。若以私事故選良馬，馳至死者；笞二十七，仍償其值。」

此外，禁擾站商；

《秋澗集》〈中堂記事〉：「中統二年……夏四日……二十四日癸卯，極晴朗，諸相入朝，奏准……據鋪側近住坐，或開店買賣，聽過往軍馬使臣人等，並不得搔擾。」

冒佔民田。

《新元史》〈兵志・站赤〉：「諸站牧地，管民官與本站官，打量畝數，明示界限，毋得互相犯亂，亦不得挾勢冒佔民田。」

檢查行李。

《元史》〈刑志・職制〉：「諸使臣行李，脫脫禾孫及驛吏，輒敢搜檢者，禁之。」

閑慢文字，不得入馳。

《秋澗集》〈中堂記事〉：「遞轉文字，除申朝省，並本路行移官司緊要文字外，其餘閑慢文字，不得入遞，亦不得私下夾帶，一毫他物轉運。」

本管民官，督站務。

《新元史》〈兵志・站赤〉：「委本戶管民正官，督勤站務，照覷鋪馬。」

凡能辨詐僞文字，二起以上者償，詐補驛吏者笞。

《元史》〈刑志・詐偽〉：「諸蒙古驛吏，能辨出詐偽文字，二起以上者，減一資陞轉。」

「諸驛吏令，有過不敘。詐稱作闕，別處補用者，笞五十七，罷役不敘。」

七、結語

元代驛傳既盛，所在屬國，又悉置站赤。《元史》〈兵志・站赤〉：「凡在屬國，皆置傳驛。」故交通之便，輒能聲聞畢達，朝會夕至。〈經世大典・站赤〉：「我國家疆之大，東漸西被，暨於朔北。凡在屬國，皆置驛傳，星羅棋佈，脈胳貫通，朝會夕至，聲聞畢達，此又總綱絜維之大機也。」不獨啣命之使，東西往來如織；其不知名之商賈教士，尚不知凡幾。法史家萊撤：「蒙古人西征，將從前閉塞之路途，完全洞開，將各族集聚一處，其最大結果，即將全體民族，使之互換遷徙。不獨皇使東西往來如織，其不知名商賈教士，以及隨從軍隊者，尚不知凡幾也。」影響所及，對中西文化之溝通，固蔚為壯觀；《多桑蒙古史》：「蒙古之侵略，曾縮短亞洲極端各地之交通……。曾見有阿蘭及欽察之軍隊，作戰於交趾。又曾見中國之工程師，服役於遼曷水畔。回教徒之居留中國者，為數甚眾，多躋高位，且有統軍者。大都宮廷中，可見波斯之曆數家，與中國學者聚議。臣事蒙古皇帝者，有二十國之人。而諸國之名，在十三世紀以前，或未為人所熟聞也。」

《蒙古與俄羅斯》：「史家霍渥爾斯謂；我認為繪畫的藝術、指南針、火藥、以及社會生活中之許多必需品，皆非歐洲人所發明。乃由蒙古自東方所輸入者：自屬毫無疑問。」

且形成「震旦之誘惑」。

《柏郎嘉賓遊記》：「工藝之精，世無其匹。地極富饒……。」

《和德里遊記》：「中國大城，謂之較歐洲最大者，其壯麗與偉大，有過之無不及……。」

「其城之大，無人敢信。」

爲新航路，新大陸，發現之肇因。

海思穆恩・威蘭《世界通史》〈震旦之誘惑〉：「他（按：馬可波羅）的書，是一篇最有價值的敘述，後代歐洲人（其中包括哥倫布）閱讀的興趣，歷久不衰……。希望為他們的宗教，獲得信徒，為自己的商業，獲得豐富的遠東市場。假若陸地旅行不安全，他們必須找新的水道，以到大震旦（按：實契丹一名之變體，以契丹爲中國之名）。」

（原載一九六七年六月《中國邊政》創刊號）

十三、元初河漕轉運之研究

一、陸輓淇門

據《元史紀事本末》：

「初朝廷運糧，仰給江南者，或自浙西，涉江入淮，由黃河逆流至中灤，陸運淇門，入御河，以至京師。」

《新元史》〈海運志〉：

「先是伯顏入臨安，而淮東之地，猶為宋守，乃命張瑄等，自崇明州募船，載亡宋庫藏圖籍，由海道運至直沽。又命造鼓兒船，運浙西糧，涉江入淮，達於黃河，逆水至中灤旱站，運至淇門，入御河接運，以達京師。」

故元初始漕江南粟，以給京師之漕道，爲自江入淮，自淮逆河至中灤，陸輓淇門，下御河以達京師。

所謂「初朝庭運糧」，據《元史》〈羅璧傳〉：

「十二年（按：世祖至元），始運江南糧，而河弗便。」

事在至元十二年。然據《新元史》〈河渠志〉：

「至元十七年，江南平，置汶泗都漕運司，控引江淮，以供京師。自東阿至臨清三百里，舍舟而陸，車運至御河，役民一萬三千二百七十六戶，經茌平縣，地勢卑，夏秋霖潦，道路不通，公私病之。」

故元初始輸江南粟，又在至元十七年。而漕道，亦經東阿、臨清，非中灤、淇門。

按此說似誤，蓋危素元《海運志》與《新元史》〈食貨志．海運〉曾謂：

「初……運糧，則自浙西，涉江入淮，由黃河逆水至中灤旱站，陸運淇門，入御河，以達京師。復又開濟州泗河，自淮至新開河，由大清河至利津入海。因海口沙壅，又從東阿旱站，運至臨清，入御河。」

「復用總管姚煥議，開濟州泗河，自淮入泗，自泗入大清河，由利津河口入海。因海口壅沙，又從東阿旱站，運至臨清，入御河。」

均指出元初河漕路線，初經中灤、淇門，後改道東阿、臨清。且據《元史》〈海運志〉：

「是年（按：至元二十年）十二月，立京畿江淮都漕運司二，乃各置分司，以督綱運，每歲令江淮漕運司運糧至中灤，京畿漕運司自中灤運至大都。」

故至元二十年，漕江南粟，尚經中灤、淇門。

據上述，元初始輸江南粟漕道，所謂「涉江入淮，達于黃河，逆流至中灤旱站，陸運淇門，下御河，以達京師。」即自長江，經古之邗溝，達於淮河。復自淮河逆宋河之南派，至於中灤。再自中灤陸運淇門，順御河至直沽，然後經白河達通州，陸輓京師之謂。

按邗構，《宋史》〈河渠志〉：

「隋煬帝大業三年：詔尚書左丞相皇甫誼……，發淮南兵夫十餘萬，開邗溝。自山陽瀆，至揚子江三百餘里……，而後出幸焉。自後天下利於轉輸……，雖數湮廢，而通流不絕，於百代之下，終為國家之用。」

《讀史方輿紀要》：

「官河，府（按：揚州）東南二里，古邗溝也。即春秋吳通江淮之處……。亦謂之邗江，亦曰合瀆渠，今曰漕河。蓋江南之漕，廣陵當其咽喉，上江來者，至自儀真；下江來者，至自瓜州，會于揚子橋。東北過府城東，凡六十里而入邵伯湖，又北行六十里入高郵界，又北四十里至界首入寶應湖，又北至黃浦接淮安界，為山陽瀆。繇江達淮，南北長三百餘里，漕堤在焉，宋張綸所築也。天禧中，綸為江淮發運使，因隋堤之舊，而增築之……。」

故所謂「涉江入淮」，即自長江經邗溝，以達于淮河之謂。

復按黃河，據《穀山筆塵》：

「熙寧十年，河決澶州，北道斷絕。河流南徙，東匯於梁山濼，分為二派。一合南清河入於淮，一合北清河入於海。南清入淮，即今沂泗南流，由徐邳入淮之道，宋元以來，未之有改也。」

《元史紀事本末》：

「河自宋熙寧中決澶淵曹村，北流斷而南徙，東匯於梁山濼，灑為二，一合南清河入淮，一合北清為濟水故道入海。」

《杞乘》：

「自宋神宗熙寧十年，南徙分為二派，一入淮，一入海，故道遂失。」

南清河與北清河，據方回謂：

「建紹中，黃河決入鉅野，溢于泗，以入于淮者，謂之南清河。由汶會濟，至滄州以入海者，謂之北清河。」

梁山濼，據《穀山筆塵》：

「石晉開運六年，滑州河決，侵汴曹濮單鄆五州之境，環梁山合於汶水，此黃河南徙之始也。梁山，在今壽張東平之間，汶水自東北來，與濟水合於梁山之北，而決河之水，瀰浸潰溢，環梁山而會於汶，則云所謂梁山濼矣。」

故宋熙寧後。黃河南徙，自壽張梁山濼分二派：北派，經清、濟故瀆，東流至利津入海，即今黃河下流。南派，奪汶泗下流，入於淮。

復據〈安平鎮志序〉：

「自南渡，河益南徙，由渦入淮，東流故道遂涸。」

按河決入渦，據《大學衍義補》：

「金之亡也，河始自開封北衛州，決入渦河，以合於淮。」

《元史紀事本末》：

「金之亡也，河始決開封城北衛州，入渦河以合淮。」

《明史》〈河渠志〉：

「黃河……。宋熙寧中，始分趨東南，一合泗入淮，一合濟入海。金昌明中，北流絕，全河入淮。」

故元初黃河，僅宋河之南派。蓋由利津入海之「東流」或「北流」，因金末河決入渦，業已涸絕。所以；元初漕運，所謂「達于黃河，逆流至中灤」，即逆宋河之南派，經壽張梁山濼，至中灤之謂。若「逆流」乃指奪渦入淮之黃河，則朔河而上，當先至汴梁，而汴梁至中灤，則爲順流而非逆流了。復按濟州河未開鑿之先；據《新元史》〈河渠志〉：「元初過汶入洸以益漕」當指益宋河南派，亦即增赴中灤漕道之水量，此亦非逆渦河之旁證。

按中灤，據《讀史方輿紀要》：

「在縣（按：封邱）南，大河北岸。元入運道，以此為中頓。」

《大清一統志》：

「在封邱縣西南三十五里，大河北岸，舊有城。元至元中，以運道湮廢，命轉運使漕江南糧……，以此為中頓。」

復按淇門，據《讀史方輿紀要》：

「城（按：汲縣）東三十里……。元有運道，自封邱中灤鎮，陸運至淇門。」

《大清一統志》：

「在汲縣東北五十里，元時運道，自封邱中灤鎮，陸運淇門。」故元初漕道，所謂「自中灤陸運淇門」，即自黃河北岸之中灤，陸運至御河畔的淇門之謂。

關于「下御河以達京師」，據《大清》〈一統志〉：

「衛河，源出輝州縣西蘇門山，東南流入新鄉縣界，又東入府治汲縣界，又東北經淇縣與淇水合流，東北至濬縣城西，又東北經滑縣內黃界，又受漳洹二水，至山東臨清州城西，會於漕河，至直沽入海……。隋煬帝引之為永濟渠，亦曰御河。」

《新元史》〈河渠志〉：

「衛河，出輝州蘇門山，經新鄉汲縣而東，至大名路濬州，淇水入之，名為御河。經凡城縣東北流，入濟寧路館陶縣西，與漳水合。又東北至臨清縣，與會通河合，從河間路交河縣北，入清池縣界，永濟河入之。又北至清州靜海縣，會白河入于海。」

按白河，據《新元史》〈河渠志〉：

「白河，源出塞外，經郭州為潮河，東南流至通州潞縣，合榆渾諸水，亦名潞河。又東南至香河縣，又過武清縣，達於靜海縣，至直沽入海。至元三十年九月漕司言，通州運糧河，全仰白榆渾三河之合流，舟揖之行，有年矣。」

故元初漕運，所謂「下御河以達京師」，即自淇門下御河，順流至靜海，轉白河，達於通州，陸輓供京師。

二、濟州河與陸輓淇門並輸

據《天下郡國利病書》：

「元之都燕，固即今日之京師也。雖去江南轉漕甚遼遠，然無三門砥柱為之隔絕。夷考其當日運道，初則涉江入淮，逆黃河至中灤站，陸輓淇門，入御河，達京師；不便也，又開濟州泗河，繇大清入海。」

復據《元史》〈河渠志〉：

「濟州河，至元十七年姚演議開濟州泗河，入大清河至利津入海，阿合馬議從之，命阿八赤董其役。十八年遣奧魯赤……，往濟州定開河夫。」

《元史》〈世祖本紀〉：

「至元二十年……，八月丁未，濟州新開河成。」

故濟州河之開鑿，爲姚演所倡議，阿八赤董其役，於至元十八年首事，二十年完成。

至其經流，據《東阿縣志》：

「按元代海運之法，自任城會源閘，導汶水北流，入清濟故瀆，由東阿舊城，至利津入海。」

《天下郡國利病書》：

「元世祖至元二十年，以江淮水運不通，命兵部尚書奧魯赤，自任城（按：今濟寧）委曲開穿河渠，導及洸、汶、泗水北流，至須城（按：今東平）安民山，入清濟故瀆，經東阿至利津入海。」

《新元史》〈河渠志〉：

「元初遏汶入洸，以益漕運，汶始與洸、泗、沂合，猶未分於北。至元二十年，自濟寧新開河，分汶、泗諸水西北流，至須城之安民山，入濟水故道，以達於海，猶未通於御河。」

按濟水故瀆，據《東阿縣志》：

「大清河者，故濟瀆也，禹貢導沇水東流為濟，又東北合於汶，又東北入於海。考之水經，濟水至乘氏。分為二，其東北流者，過壽張縣西界，安民亭南，汶水從東北來注……，二水合流，又北過須昌縣西……，至利津入海。」

大清河，據明《小清河記略》：

「濟青之區，有河曰大清，曰小清。小清源出歷城之趵突泉……，東北抵樂安高家港入于海。大清，則濟水渠也，自東阿之張秋（按：安平）東北抵利津富國鹽場入于海。」

汶泗二水，據兗州府志：

「汶水由東平北流，合北濟故瀆，入于海。泗水由曲阜南流，合南濟故瀆，入于淮，此水經故道也。」

故至元二十年，輸江南粟漕道，除陸輓淇門外，又增一線。即自江而淮，自淮逆黃河達於濟州河，復自東阿舊城，順清濟故瀆，即今黃河下流，至利津入海，經海道至直沽，達於京師。

新河既成，據《元史世祖本紀》：

「至元二十年……八月丁未，濟州新開河成。十月癸卯，中書省臣言，阿八赤新開河，二處皆有倉，宜造小船，分海運，從之。」

復據《元史》〈紀事本末〉：

「十九年十二月始海運……。朝廷未知其利，仍通舊運………。二十年復海運……，未幾，又分新河軍士、水手及船，於揚州，中灤二處運糧，命三省造船二千艘，於濟州河運糧，蓋未專海運。」

故元初漕運，至至元二十年，雖道濟州河，以輸江南粟，然陸輓淇門，以下御河線，尚未廢置。所以，此時漕道，乃河海三道並輸。

按元代海運之始，據《元史》〈羅璧傳〉：

「至元……十九年，用丞相伯顏言，初通海道，漕運抵直沽，以達京師。」

《危素元海運志》：

「至元十九年，伯顏……請於朝，命上海總管羅壁……運糧……從海道至京師」

《元史紀事本末》：

「至元……十九年十二月，始海運。」

《新元史》〈海運志〉：

「至元十九年，命……自海道漕運江南糧四萬六千餘石。」

然據《元史》〈食貨志〉：

「元自世祖用伯顏言，歲漕東南粟，由海道以給京師，始自至元二十年。」

《海道經》：

「至元二十年，克取江南，廿一年，起運海糧。」

《廣輿圖》：

「宋清、張瑄者，海上亡命也………。至元二十一年，伯顏建議海運，乃招二人，押運糧二萬五千石。」

邱濬《海運論》：

「至元十九年，始建海運之策。」

故諸說不一，然大體而論，元初漕運，於至元十九至廿一年間，始自專陸輓淇門，改爲與濟州河及海道，三線並輸。元初漕道，爲之一變。

三、罷陸輓淇門，專濟州河漕運

據《大清一統志》：

「中灤鎮，在封邱縣西南，大河北岸，舊有城。元至元中，以運道湮塞，命轉運使歲漕江南糧………至中灤城，陸運赴淇門，蓋運道以此為中頓。後以勞費不貲，改從海道，而中灤遂廢。」

復據《危素元海運志》：

「二十二年（按：至元）參政不魯失海等奏，自江南每歲運糧一百萬石，從海道運者十萬石，從阿八赤……新挑河道運者六十萬石，從粵魯赤所挑濟州河道運者三十萬石。」

無御河漕江南粟量，故元初至至元二十二年，始罷陸輓淇門，而改由濟州河與海道，二線北輸。元初漕道，爲之再變。

四、濟州河廢，改陸輓臨清

據《新元史》〈河渠志〉：

「開濟州河……，然海口沙淤，船出入不便，既而右丞相麥朮丁奏，阿八赤所開河，益少損多，敕侯漕司忙古觧至議之。海道便，則阿八赤河可廢，未幾，忙古觧自海道運糧至：濟州河遂廢。」

危素元《海運志》：

「二十四年（按：至元）立行泉府司，專掌海運……，是年遂罷東平河（按：濟州河）運糧。」

《新元史》〈海運志〉：

「二十四年立行泉府司，專領海運……。始罷東平河運，專用海運矣。」

故濟州河，因海口沙淤，於至元二十四年罷廢。

復據《天下郡國利病書》：

「元初開濟州泗河，至新開河，由大清河利津諸河入海，既而沙壅，復從東阿陸輓臨清下御河。」

《新元史》〈海運志〉：

「開濟州泗河，自淮入泗，自泗水入大清河，由利津河口入海。因海口壅沙，又從東阿旱站，運至臨清入御河。」

《東阿縣志》：

「濟州河……後以海口沙壅，江淮糧運，皆至東阿起陸運，至臨清，下御河北上。」

故元初漕道：至至元二十四年，自濟州河與海道並輸，改爲陸輓臨清與海道兼運。元初漕道，爲之三變。

五、會通渠成，罷臨清陸輓

陸輓臨清，據《元史》〈河渠志〉：

「自東阿至臨清二百里，舍舟而陸，車運至御河，役民一萬三千二百七十六戶，經茌平縣地勢卑，夏秋霖潦，道路不通，公私病之。」

於是，據《天下郡國利病書》：

「復從東阿陸輓至臨清下御河，又開膠萊新河，以通海運。」

明呂兆熊亦謂：

「從東阿陸輓至臨清，入御河，不便也，又開膠萊河河道通海。」

按膠萊河開鑿始末，據《新元史》〈河渠志〉：

「膠萊河，亦名膠東河。在膠州東北，分南北流。南流自膠州麻灣口入海，北流至掖縣海倉口入海。至元十七年姚演議開新河，鑿地三百餘里，起膠西縣陳村海口，西北至掖縣海倉口，以達直沽。」

復據《新元史》〈張天祐傳〉：

「十八年（按：至元）詔發濟南十路民丁五萬，濬膠河以通海運，責天祐董其役，丞相哈必赤監之。」

然據《新元史》〈河渠志・膠萊河〉：

「海沙易壅，又水潦積淤，功詭不就。二十二年，以勞費不貲，罷之。」

故雖開新河，然漕江南粟，並未經此。至其經流情形，以《天下郡國利病書》推述最詳：

「自淮河入河，岸隔一里為支家河，可開通經新溝至安東縣，有澳河嚮水三叉，俱臨淮可通。東則有東連河、朱家河、白家溝、七星河流入淮。又東有鹽場河、平望河、界首河、白限河、朱洞河、車軸河流入海，俱宜築塞。中有遏蠻河在淮海之交，可置閘以殺水勢。西則有朮陽水，溷而為大湖、傅湖。……西連河、崔家溝、古閘河，皆為入漣河水道。自支家河至連河海口，計三百八十里。入于海，由海贛榆至山東界，歷安東衛、舊石廳、夏河廳、靈山衛、膠州瞭望營，至麻灣海口，計二百八十里。隔馬家灣五里，可以開通，經把浪廟、新河口、店口社、陳村小閘，載高劉家大樓、王史杜家村、至平度州。又從窩鋪停口，大成昌渠小閘、新河集、秦家廟、海倉口，至大海，計三百七十五里……。《輿地志》云：登萊本海運故道，然勢險難圖，稽之往蹟，平度山東南有南北新河，水源出高密縣，至膠州，分為二流。北河西流至萊之海倉口入海，以其自膠抵萊，故名膠萊。蓋元時所濬，可避迤東海道數千里之險，世固未能舉其說也。」

膠萊河既勢險淤潦，功訖不就，於是，據《元史》〈河渠志〉：

「至元二十六年，壽張縣尹韓仲暉，太史院令史邊源，相維建言，開河置牐，引汶水達舟於御河，以便公私漕販。」

《新元史》〈河渠志〉：

「於是壽張縣尹韓仲暉：太史院令史邊源，相繼建言，開河置牐，引汶水達于御河，較陸輓利相什佰。」

遂又議開新河。

新河，據《新元史》〈河渠志〉：

「二十五年，遣都漕副使馬之貞偕源（按：邊源）按視地勢。之貞等圖上可開之狀，丞相奏言，安民山至臨清為渠二百六十五里，若開竣之，為工三百萬，當用鈔三萬錠，米四萬石，鹽五萬斤。其陸運夫一萬三千戶，役罷為民，其賦入及芻粟之佐，為鈔六萬八千錠，費略相當，然渠成亦萬世之利，請來春浚之，從之。」

復據《元史》〈河渠志〉：

「是年（按：二十六年）詔出楮幣一百五十萬緡，米四百石，鹽五萬斤，以為傭直，備器用，徵旁郡丁夫三萬，驛遣斷事官忙哥速兒，禮部尚書張孔孫，兵部尚書李處選等董其役。首事於是年正月己亥，起於須城安民山之西南，止於臨清之御河，其長二百五十餘里。中建牐三十有一，度高低，分遠邇，以節蓄洩。六月辛亥成，凡役工二百五十一萬七百四十有八，賜名會通河，置提舉司職河渠事。」

經至元二十六年之建議，按視，施工，於同年六月完成。至其所導水源，據《兗州府志》：

「汶水由東平北流，合北濟故瀆，以入于海。泗水由曲阜南流，合南瀆故瀆，以入于淮……。至元二十年，以江淮水運自任城開渠達于安山……，以遏泗水會洸，合而至任城會源牐，南北分流……。二十六年……，復自安山西南開河……，謂之引汶絕濟，此今會通河所由始也。」

《新元史》〈河渠志〉：

「元初，遏汶入洸，以益漕運，汶始與洸，泗、沂合，猶未分於北。至元二十年，自濟寧新開河，分汶泗諸水西北流，至須城之安民山，入濟水故瀆，以達於海，而猶未通御河。至是，又自安民山西南，開河直達臨清，而泗汶諸水，始通於御河。」

故元初漕運，至至元二十六年會通河成，遂自陸輓臨清，改爲舟輸臨清。元初漕道，爲之四變，即海道與會通河並運。

六、通惠渠成，漕運直達京師

元漕江南粟，初僅至通州。通州至京師段，尚須陸輓五十里。據《元史》〈河渠志〉：

「先時通州至大都五十里，陸輓官糧、歲若千萬，民不勝其悴。」

《元史》〈郭守敬傳〉：

「先是通州至大都，陸運官糧歲若千萬石，方秋霖雨，驢畜死者，不可勝計。」

於是乃開通惠河。據《元史本末》：

「二十九年（按：至元），開通惠河，以郭守敬領都水監事。初，守敬言水利十有一事，其欲導昌平縣，白浮村神山泉，過雙塔榆河，引一畝玉泉諸水入城，匯於積水潭，復東折而南，入舊河，每十里置一牐，以時蓄洩，帝稱善。復置都水監，命守之。丞相以下，皆親操畚，為之倡……，逾年畢工。自是免都民陸輓之勞，公私便之。帝自上都還，過積水潭，見舳艫蔽水，大悅，賜名通惠。」

《元史》〈河渠志〉：

「通惠河，其源出於白浮甕山諸泉水。世祖至元二十八年，都水監郭守敬奉詔興舉水利，因建言疏鑿通州至都城河，改引渾水溉田，於舊牐河蹤跡，導清水，自昌平縣白浮村，引神山泉西折南轉，過雙塔榆河、一畝：玉泉諸水，至西門入都城，南匯積水潭，東南出文明門，東至通州高麗村入白河，總長一百六十四里一百四步……從之。首事於至元二十九年之春，告成於三十年之秋，賜名通惠河。凡役軍一萬九千一百二十九，工匠五百四十二，水手三百一十九，沒官囚隸百七十二，計二百八十五萬工，用楮幣百五十二萬錠，木石等物稱是……。船既通行……，陸輓官糧……至是罷之。」

故元初漕運，至至元三十年，通惠河成，遂自陸輓大都，改爲舟輸入京。元初漕道，爲之五變。

河漕轉運，代代有之，然自秦漢以降，皆西輸鎬洛，唯自元代，始南適江淮，北及燕京。雖

《古今治平》對元代河漕曾評謂：

「自至元二十六年，因壽張尹韓仲暉言，自東平州安山開河，北至臨清二百五十餘里……河成，賜名會通。然河道初開，岸狹水淺，不能負重載，容大舟。又絕江淮溯泗水、呂梁、彭

城古稱險處，每歲運不過數十萬石，終不若海運之多。」

《通漕類編》亦謂：

「會通河之名，始見於此。然當時河道初開，岸狹水淺，不能負重，每歲之運，不過拾萬石，非若海運之多也。是終元之世，海運不罷。」

但明清兩代，歲輸數百萬，實肇基於元。（附元代河漕變遷圖）

（原載一九六三年八月《大陸雜誌》三十七卷四期）

元代河漕變遷圖

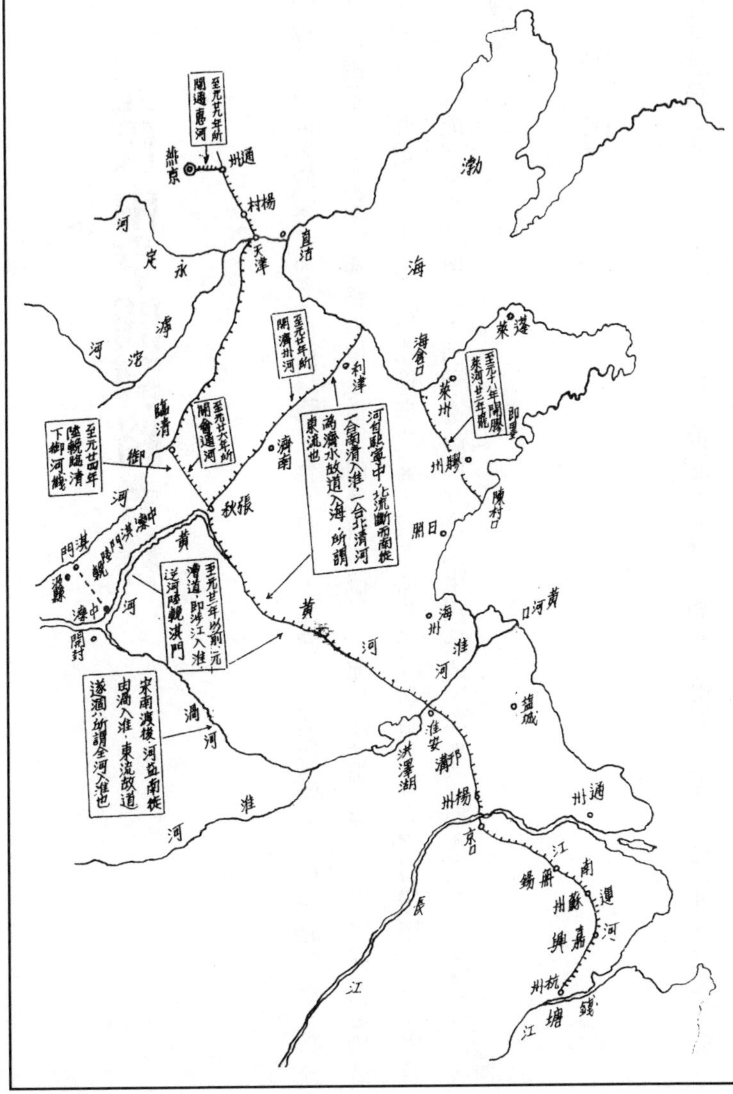
至元廿九年所開通惠河
燕京
通州
楊村
天津
直沽
渤海
永定河
滹沱河
至元廿年所開濟州河
利津
海倉口
蓬萊
萊州
至元十八年開膠萊河廿三年罷
即墨
膠州
陳村口
日照
臨清
至元廿六年所開會通河
至元廿四年陸輓臨清下御河綫
御河
濟南
張秋
河自熙寧中，北流斷而南徙，一合南清入淮，一合北清河，循濟水故道入海，所謂東流也
淇門
中灤
淇門陸輓中灤
滑縣
開封
黃河
至元廿二年以前元漕道，即涉江入淮，逆河陸輓淇門
海州
黃河口
淮河
鹽城
宋南渡後，河益南徙，由渦入淮，東流故道遂涸，所謂全河入淮也
渦河
淮安
洪澤湖
高郵
揚州
通州
淮河
京口
長江
江南運河
無錫
蘇州
嘉興
杭州
錢塘江

十四、元代兩京間驛路考釋

上都開平，爲世祖龍興之地。自茲以降，有元諸帝，每歲不唯悉往巡幸；且中樞官署，亦分署上都。所以兩京交通之繁，驛路頓供之重，由此當可概見：兼以皓首文翰，例當扈從，是以沿途之景物，開平之風情，與夫宮廷宴享慶典之盛，每多所吟詠，散見於元人之詩集中。故筆者嘗集之據以述「元代歲幸上都紀要」，刊于邊政協會之《中國邊政》一卷二期。茲再本元詩所記，試考釋其驛路之所經。

一、依　據

兩京往來驛路：雖時人乏記，然袁桷、黃溍、柳貫、胡助、楊允孚等，皆曾驛赴上都，沿途多所吟詠。

《清容居士集》〈開平第三集〉要目：龍虎臺、居庸關、榆林、桑乾嶺、李老峪、合門嶺、龍門、赤城、獨石、灤河。

《黃文獻集》〈上京道中雜詠〉要目：居庸關、榆林、槍竿嶺、李老峪、赤城、龍門、擔子窪、李陵臺。

《柳待制集》〈上京紀行詩〉要目：度居庸關、李老峪聞子規、龍門、望李陵臺、曉發龍門次獨石狀呈楊廷鎮修撰、乘海青車過赤城鵰窩、還次桓州。

《純白齋類稿》〈上京紀行〉要目：昌平、居庸關、懷來道中、李老峪、龍門行、榆林、槍竿嶺、過桓州、宿牛群頭。

《灤京雜詠要目》：龍虎臺、昌平、居庸、彈琴峽，槍竿嶺、李老峪、雲州、東涼亭、擔子窪、偏嶺、李陵臺、察罕腦兒。

兼之南段北程；皆合於輦道。周伯琦嘗以監察御史，例當環衛，有扈從詩前後序，詳記其所經。《扈從集》〈扈從詩前序〉：「至正十二年四月……，大駕北巡上京，例當扈從，起至大口，留信宿，歷皇后店角，至龍虎里，皆納鉢……。五月一日，過居庸關而北……。至失八兒禿，地多泥淖，又名牛群頭，其地有驛，有郵亭……。驛路至此相合……。至祭罕腦兒，猶漢言白海也……。此去納鉢，曰鄭谷店、曰明安驛，泥河兒、曰李陵臺驛、雙廟兒，遂至桓州，曰六十里店，即烏丸地也。前至南坡店，去上京一舍。」同書「扈從詩後序」。「六

元代諸帝歲幸上都輦道與驛路圖

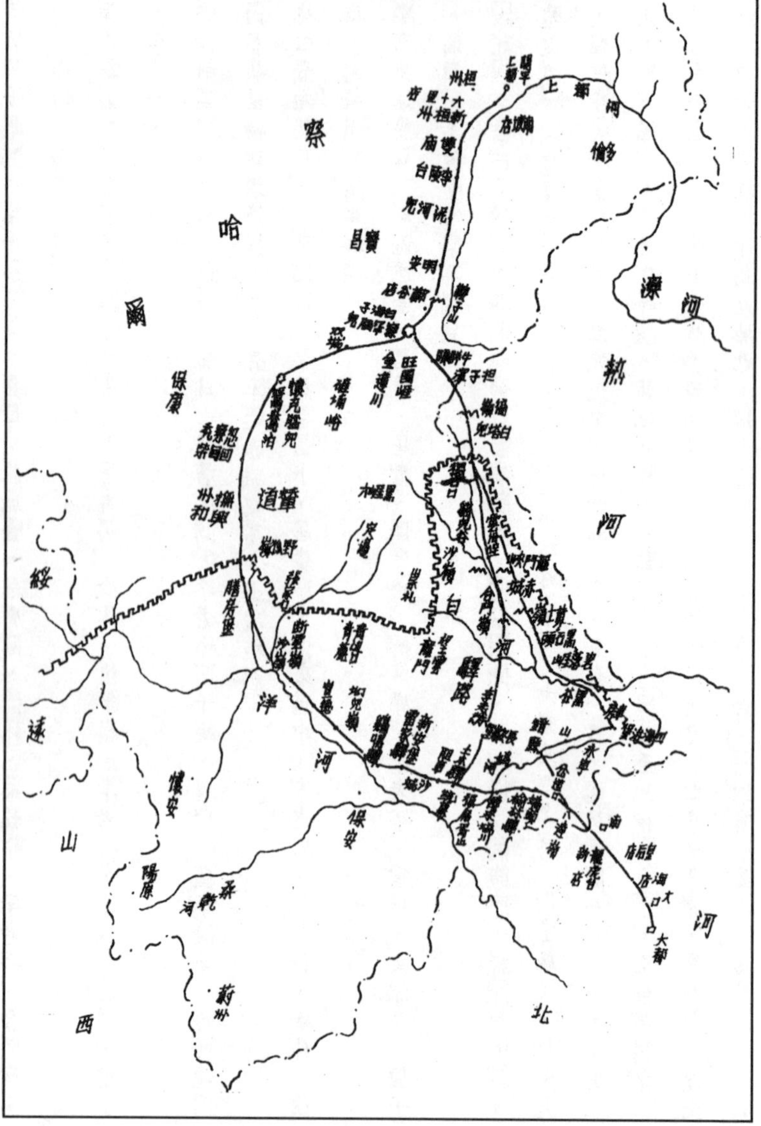

月……廿二日，發上都而南，宿六十里店納鉢，越三日，至察罕腦兒，由此轉西……，至統幕，則與中路驛程相合。西南歷狼居胥山。至懷來縣……。南則榆林驛，即衛青傳榆谿舊塞。自懷來行五十里至嬀頭，又十里入居庸關，以至於大口，遂以八月十三日至京師。」

故據上述，當可略見南、中、北三段驛路之情形。

二、驛　程

南段：自大都，出健德門北行。

《元史地志》〈大都路〉：「京城方六十里。十一門……。北之東，曰安貞。北之西，曰健德。」

《清容居士集》〈開平第三集〉：「四月二十一日，與繼學同出健德門，而伯庸以是日入都城，作詩以寄之。」

《灤京雜詠》：「北顧宮庭暑氣清，神堯聖禹繼昇平。今朝建德門前馬，千里灤京第一程。」

道大口、龍虎臺，

《扈從集》「大口」詩註：「其地有三大堙，土人謂之三疙疸，距都北門二十里。」

同書〈扈從詩前序〉：「龍虎臺，在昌平境，又名新店，距京師僅百里。」「龍虎臺」註：

「距居庸關二十五里。」《讀史方輿紀要》〈昌平州〉又謂：「南口而東六里，有龍虎臺。」復據《中堂紀事》：「五日……發自燕京……，六日卯午憩海店，距京城二十里……，晚宿南口新店，距海店七十里。」則龍虎臺，距京又為九十里。

逾南口、彈琴峽、八達嶺，

《讀史方輿紀要》〈昌平州〉：「居庸關，在州西北三十里，志云：州西北二十里，為居庸關南口。有城，南北二門。自南口而上，兩山之間，一水流焉，逆出其十五里為關城，跨水築之……。又八里為上關，有小城，南北二門。又七里，彈琴峽，水流鏬石，聲若彈琴。又七里為青龍橋，又三里為延慶之八達嶺。」（按：昌平州，即今河北之昌平。）

同書〈延慶州〉：「八達嶺，在州西南三十里，東南去居庸上關十七里，為往來之要衝。元人以此為居庸北口，上有城，設兵戍守。自八達嶺，下視居庸關；若建瓴，若窺井，昔人謂居庸之險，不在關城，而在八達嶺也。」（按：延慶州：即舊察哈爾之延慶或曰縉縣。）

至岔道口，遂與東路輦道分途。

《讀史方輿紀要》〈延慶州〉：「岔道口，在州南二十里，志云：自八達嶺而北，地稍平，五里至岔道口，有二路：一自懷來衛、保安州、歷榆林、土木、雞鳴三驛至宣府，為西路。一至延慶州，永寧衛，四海治，為北路。八達嶺為居庸之噤吭，岔道口又八達之藩籬也……。

《輿程記》：「岔道口北行二十二里至州。西行六十里，至懷來衛之榆林驛。」

《嘉慶重修一統志》〈宣化府〉：「岔道口在延慶州南二十里，舊志：自八達嶺而北，地稍平，五里至岔道口，有二路：一自懷來衛、歷榆林、土木、雞鳴三驛，至宣化府為西路。一至延慶州、永寧衛、四海治為北路」。

《馬可波羅行紀》〈天德州及長老約翰之後裔〉馮承鈞引註：「此外有二道可赴上都，皆在西道之東，並出獨石口；其一，出居庸關與西道分道。」

復折而西北行，經榆林，

《嘉慶重修一統志》〈宣化府〉：「榆林驛堡，在懷來縣東南三十里，東至延慶州岔道口二十五里，至居庸關五十八里，元置榆林驛，明初因之。本朝設把總駐守，舊兼設驛丞。今裁。」

《讀史方輿紀要》〈延慶右衛〉：「榆林驛堡，在衛東南三十里，元置榆林驛……。明初亦置驛，東至岔道口二十五里，至居庸關五十里」（按：「延慶右衛，治懷來。」）

懷來，

《讀史方輿紀要》〈懷來衛・廢潘縣〉：「今衛治：漢置潘縣，晉因之，後魏因之，後周始改懷戎縣，唐為嬀州治，契丹得地；改為懷來縣，金明昌六年，又改為嬀川縣，明初廢。」

《嘉慶重修一統志》〈宣化府・懷來縣〉，「元改懷來縣，明洪武十五年，改懷來左衛，十六年曰懷來衛，宣德初，移延慶右衛於此。」

乃至統幕。

《中堂紀事》：「午汩統墓店，詢其名：土人云：店北舊有統軍墓故稱。」

《讀史方輿紀要》〈懷來衛土木驛堡〉：「衛西南二十五里，東北至延慶州八十里，西至保安州四十里，地界相錯，為往來孔道。本名統漠鎮，後訛為土木，永樂初置堡于此。」

《繼輔通志》〈關隘・懷來縣〉：「土木驛堡，在縣西二十五里，為往來孔道，本名統漠鎮，後訛為土本。」

《大明一統志》〈土木驛堡〉：「遼主遊幸，張大幙於此，因名為統幙，誕矣。俗訛為土幕，又為土木，其地在保安州與懷來衛接界。」

中程：自統幕，捨西路輦道，折而東北行。

《扈從集》〈扈從詩後序〉：「又二十里至統幕，則與中路驛程合。」

《馬可波羅行紀》〈天德州及長老約翰之後裔〉引註：「宣德州在大都赴上都之西道中，波曾留於此，從大都至宣德，所經之地地與今同……。此外有二道可赴上都，皆在西道之東……。其一在土木分道，出獨石外，復與西道合。」

越長安嶺、李老峪，

《畿輔通志》〈山川・龍門縣、長安嶺〉：「在縣東南，本名槍竿嶺，明永樂中改今名，一名桑乾嶺。」《讀史方輿紀要》〈龍門衛〉：「長安嶺本名槍竿嶺，或曰桑乾嶺之譌也。」

《讀史方輿紀要》〈龍門衛〉：「李老峪，在（長安嶺）堡北三十里。」《畿輔通志》〈山川〉：「李老峪在長安嶺堡北十里。」

按長安嶺堡，據《畿輔通志》〈關隘〉：「在龍門縣東南九里。」《讀史方輿紀要》〈長安嶺堡〉：「明初置豐峪驛，永樂九年築城置堡……。邊防考：獨石馬營一帶，地雖懸遠，而寇不能徑下者：以長安嶺為之阻也。其地東西跨嶺，中通一線，旁徑逼仄，居庸而外，此為重關之險。」

浩門嶺，

《畿輔通志》〈山川〉：「浩門嶺亦曰合門嶺，在鵰鶚堡北二十五里。」「赤城縣西南二十里。」

按鵰鶚堡，據《畿輔通志》〈關隘〉：「鵰鶚堡，在龍門縣東四十五里。」《讀史方輿紀要》〈鵰鶚堡〉：「元雲中之鵰窠站，明初置浩嶺驛，永樂中，增置鵰鶚堡。」

至於赤城。

《嘉慶重修一統志》〈宣化府・舊赤城〉：「今赤城縣治，元置赤城站，明宣德五年，築城曰赤城堡，本朝改為赤城縣。」。「赤城縣」：「宋為望雲縣，元改為雲州。明洪武初廢，宣德五年，置赤城堡。」

《讀史方輿紀要》〈赤城堡〉：「元為雲州赤城站，明初置雲門驛。」

復逆沽河上源中支之白河北行，

《畿輔通志》〈水道・白河〉：「沽水上源有二，西為堤頭河，東為獨石水，分流入邊，合為白河……。沽河兩源既合，遂名為白河，仍南流十八里，逕赤城頭子堡……，又南流……出龍門峽。」

經沙嶺、雲州堡、龍門峽，

《畿輔通志》〈山川〉：「沙嶺，在獨石口西南八十里。」又「沙嶺在宣化縣西北二十里，亦名斷雲嶺。」以前者為是。

《嘉慶重修一統志》〈雲州故城〉：「在赤城縣北，本望雲川地，遼置望雲縣……，元中統四年，升為雲州……，明初廢，今為雲州堡。」「雲州堡」：「在赤城北三十里，即元故雲州也。明洪武初廢州，置雲州驛。」《讀史方輿紀要》〈雲州堡〉：「堡當南北通衢，堡北為龍門口……，東北直獨石、鎮安，為衝要之地。」

《畿輔通志》〈山川〉：「龍門峽，在雲州東北五里，距赤城二十五里，高六十餘丈，長一里許，南山下，為通獨石大路。」《讀史方輿紀要》〈龍門山〉：「雲州堡東北五里，兩山石壁對峙，高數百尺，望之若門，關外諸水，皆出於此，亦曰龍門峽……，塞北控扼之衝也。」

遂與東路輦道，並出獨石。

《馬可波羅行紀》〈天德州及長老約翰後裔〉引註：「此外有二道可赴上都，皆在西道之東，並出獨石口……。」

《畿輔通志》〈關隘〉：「獨石口，在赤城縣東北一百里，其南十里為獨石城。」《讀史方輿紀要》〈獨石城〉：「今開平衛治，本元雲州之獨石地。」

復北度偏嶺，歷擔子窪，

《嘉慶重修一統志》〈偏嶺山〉：「在赤城縣北，獨石城北四十五里，或曰即天嶺也。」

《讀史方輿紀要》〈開平衛〉：「偏嶺在衛（按：治獨石城）北四十五，或曰天嶺……，契丹謂曰辭鄉嶺，陷番者，至輒南望慟哭而去，蓋譌偏為天也。」

《畿輔通志》〈山川〉：「擔子窪，在獨石口北，偏嶺下，元時設巡檢于此。」唯又謂：「旺國崖，大定八年更名靜寧山。《宣鎮志》以為在望雲川東北，去保安州四十五里，下有擔子窪。」按《中堂紀事》謂：「金人駐夏金蓮川涼陘一帶，遼人曰王國崖者是也。」復按口北三廳志謂：「金蓮川，今人呼為金蓮花灘，在獨石口西北一百二十里。」故擔子窪有二說，一在偏嶺下，一在旺國崖下，而旺國崖又二說，一在保安州北四十五里，當以偏嶺下為是。

至牛群頭，乃與西路輦道，復合于斯。

《扈從集》〈扈從詩前序〉：「至失八兒禿，地多泥淖，又名牛群頭……，驛路至此相合。」

《秋澗集》〈中堂紀事〉：「二十一日……由都（按：開平）西門出，是夜宿桓州，二十二日壬子抵舊桓州，二十三日前次牛群頭……，明日甲寅宿雲州。」

北段：自牛群頭復北行，至察罕腦兒，

《蒙古遊牧紀》〈阿巴噶部左翼旗〉：「旗西南百二十里，有鴛鴦濼，蒙古名昂古里圖……，地當西一度，北極出地四十三度處，東南十餘里外，所見諾爾，則元之察罕腦兒矣。」「旗南三十里，有察罕泊，土名白海子，亦曰長水海子，四望白沙，故有察罕之稱……。元察罕腦兒，今上都牧廠西南：與此別。」然《嘉慶重修一統志》謂：「白海子，在翼南三十里，亦曰長水海子，四望白沙，故蒙古呼為察罕諾爾，舊作察汗腦兒。」《讀史方輿紀要》，略同。

《秋澗集》〈中堂紀事〉：「十五日停午，至察罕腦兒……，蓋金人駐夏金蓮川涼經一帶，遼人曰王國崖者是也。」復據《畿輔通誌》〈張家口廳〉：「旺國崖，亦作望國崖……，西距雙城七十里，距青麓（按：青邊口）二百六十五里。據此則望國崖，當在撫州東北，桓州西南，與金蓮川、白海子相近，為獨石口西北壩外之地。」〈水道〉：「今灤河之上流曰上都河，源出獨石口外東北百餘里，巴顏屯圖固爾山……，折而東流，五里逕上都城南，所謂上都河屯也。河屯、華言城也。上都者，即元開平府，灤水繞其西南，故名上都河。於是察罕諾爾，自北來注之。察罕諾爾。漢言白海，《遼史》〈天祚帝本紀〉謂之白水濼。元周伯琦《北行紀》謂為察罕腦兒。」據上述，《大清一統志》，《讀史方輿紀要》，並主元時之察罕腦兒，即白海子，亦名長水海子。《蒙古遊牧紀》，則主兩諾兒非一。當以張穆主張為是。蓋前二書，皆轉錄他書而來；後一書，乃張氏嘗親歷其地，且與周伯琦紀行相合。

更朔上都河左岸北行，經明安驛，

據《畿輔通志》〈灤河水道〉：「上都河又西北流………，轉東北流七十里………，又三十里，逕青城，即波羅河屯也，在明安城東北六十里，」故當驛道之明安，在上都河之左岸。

李陵臺、新桓州，

《秋澗集》〈中堂紀事〉：「桓州故城西南四十里，有李陵臺。」《灤京雜詠》註「李陵臺」：「此地去上京百里許。然古今圖書集成「宣化府古績考」：『李陵臺，元史以臺屬開平，且云在糧道側，國初人運餉親見之。及考唐地志則云：雲中都護有燕然山，山有李陵臺，蓋陵不得歸，登以望漢焉。』」按古蹟數出，乃為常見，據周伯琦紀行，以前者為是。

《扈從集》〈扈從詩前序〉：「遂至桓州，曰六十里店。」《讀史方輿紀要》〈垣州城〉：「在衛（故開平衛）西，本烏桓所居，金置桓州………。州有二成，南為新城，北為故城，相去三十里………。一統志桓州城，在雲州堡北三百六十里。」

越南坡店，遂抵上都。

《扈從集》〈扈從詩前序〉：「前至南坡店，去上京一舍耳。」

《古今圖書集成》〈宣化府古蹟考〉：「上都城，在鎮（按：宣化）東北七百里，其城猶存，宮闕荊榛矣。」

上述諸地名稱，除懷來，雲州外，多甚少變更。唯南北兩段，周伯琦所紀：雙廟兒、泥河兒、嬀頭三驛，與中程之驛站，是否僅有此數，均尚待續考，方家先進，幸不吝賜教焉。

（原載一九六四年一月《政治學術季刊》三卷一期）

十五、元王惲驛赴上都行程考釋

——元代兩京間驛道研究之二

《中堂記事》，爲元王惲所著。按惲，字仲謀，號秋澗，衛之汲郡人。中統初，嘗任職中書，此其値省日記也。據其自序云：「及閱故書，得當時値省日錄，觀其諸賢，聚精會神於一堂之上，所以開太平之基，播無疆之休，班班可考，因略修飾，題之曰中堂紀事………。異時有索野史，求史官中舍之所遺者，不無一得於斯焉。」故其內容，無論于元初之軍政措施，兩京間之交通，以及典章制度，風土文物，均有彌足珍貴之記述。恂爲治元史者，不可忽視之作品。爰就其有關驛赴上都，往返行程之記載，考釋如後。方家時賢，幸其賜教。

一、北上灤京

二十三日，役來趣閤省北上1。越三日壬戌，五日丙寅，未刻，丞相禡禡2與同僚發自燕京3。是夕，宿通玄北郭4。偕行者：都事楊恕5，提控朮甲謙6，詳定官周止7，省椽王文尉、劉傑8。

六日丁卯午，憩海店9，距京二十里。凡省部未絕事務，於此悉行次遣。是晚，宿南口10新店11，距海店七十里。

戊辰，卯刻，入居庸關12。世傳始皇比築時，徙居庸於此，故名。兩山巉絕，中若鐵硤。少陵13云：硤形藏堂隍，壁色立積鐵者14，蓋寫眞也。控扼南北，是爲古今巨防。午憩姚家店，是夜宿北口軍營15。月犯東井、鉞星16，或者云：斧鉞用兵之兆。距南口（姚家店），三十里而還。

己巳，辰刻，度八達嶺17。於兩山間俯望燕城，殆井底然。出北口，午憩棒棰店18。天容日氣，與山南絕異。以暄涼較之，爭逾月矣！午飯榆林驛19。其地大山北環，舉目已莽蒼沙磧20，蓋古媯川地也21。是夜宿懷來縣22，南距北口五十三里。縣東南里許，有釀泉，井水作淡鵝黃色，其日玉液泉即此也。官爲置務，歲供御醪23焉。

庚午，泊統墓店24。詢其名，土人云：店北舊有統軍墓故稱。是夜宿雷氏驛亭25，地形漸高，西望雞鳴山[26]，南眺桑乾上流[27]，自奉聖東[28]諸山下注，白波洶湧，若驅而東。雞鳴者，昔唐太宗東征[29]，至其下，聞雞鳴故名。東南距懷來，七十里而還。

辛未，午刻，入宣德州[30]：是夜宿考工官[31]劉氏第。

癸酉，行六十里，値雪，宿青麓[32]。

十三日甲戌，至定邊[33]憩焉，蓋金所築故城也。是夜宿黑崖子[34]，距青麓九十里。

十四日乙亥，抵榷場峪[35]，蓋金初南北互市[36]所也。是夜露宿雙城[37]北十里小河之東，南距黑崖甸一百有五里。

十五日丙子，亭午，至察罕諾爾[38]，時行宮[39]在此。申刻，大風作，玄雲自西北突起，少頃四合，雪華掌如，平地尺許。亂灤河而北，次東北土樓下。群山糾紛，川勢平易，因其勢而廣狹焉。泉流縈紆，揭衣可涉。地氣甚溫，大寒掃雪，寐以單韋[40]，煦如也。沙草氄茂，極利畜牧。按地志，灤野蓋金人駐夏金蓮涼徑[41]一帶，遼人曰旺國崖[42]者是也。

二十三甲申，次鞍子山[43]，南距灤河四十里。

二十四日乙酉，次桓州故城[44]，西南四十里有李陵台[45]，道陵勑建[46]祠宇，故址尚在。未刻，朔風發發，雨霰交作，傳令：「方春牧馬不勝寒，其瘦弱者，悉用氈搭覆其背，否者以法從事。」

二十六日晨，霜蔽野，如大雪，日極高，陰凝始釋。距鞍子山二十五里。是日完州人高道字道之，來自和林[47]。迄北正三月間，地草自燃。東自和林，西至炊州[48]。其燃極草根而止，水溫處愈甚。其人往來者，以氈濡水，覆其上可越。又有黑風，掠人面如灼，兵械及山椒[49]，遇夜皆有火出。在山者：如烈炬然。或者云，火兵象，皆彼自焚消鑠之兆。

二十七日戊子，次新桓州[50]，西南十里外，南北界壕尚在[51]，宛然也。距舊桓州三十里。

二十八日己丑，飯新桓州。未刻，扈從鑾駕，入開平府，蓋聖上龍飛之地。歲丙辰，始建都城[52]，龍岡[53]蟠其陰，灤江[54]經其陽。四山拱衛：佳氣蔥鬱。都東北不十里，有大松林，異鳥群集。曰察必鶻[55]者，蓋產於此。山有木，水有魚，鹽貨狼藉，畜牧蕃息，大供居民食用。然水泉淺，大冰負土，夏冷冬冽，東北方極高寒處也。按地方志，蓋東漢烏桓[56]地也，距新桓州四十有五里。

二、南返燕京

二十日庚戌，詣都堂[57]，辭諸相南歸。

二十一日辛亥，辰刻，由都西門出[58]，是夜宿桓州。二十二日壬子，抵舊桓州。

二十三日癸丑，前次牛群頭[59]，取直東南：下崖嶺[60]，宿山南農家，明日甲寅，居雲州[61]張繼先家。

二十五日乙卯，自望雲沿龍門河[62]南行。行入寒山峪[63]，遇大雨，憩寒山遞鋪。午霽，渡泥澗，人馬縋而下，挽而上，登靖邊[64]北嶺，有虎突起澗東，嘯而去，人馬爲之辟易，宿碧落崖[65]下。崖峻絕，方廣如畫屏然。泉流縈帶，環山根一匝。秋稼已熟，黃雲滿川，蓋朔方之武陵溪也[66]。

二十六日丙辰，下十八骨了[67]，泥滑不能騎，比至平地，僕馬爲痛矣！約行兩舍，抵田家止宿。

二十七日丁巳，宿北口小店，明日踰灰嶺[68]，試桃花峪溫湯[69]。山間殊有奇觀，石爲盤渦，如碧玉盆者非一。春籐灌林交蔭，左右其水源，蓋璐河之上源也[70]。是晚宿新店，又二日，至燕京。自中統元年九月，奉檄北上，至是年辛酉九月，凡十有三月，實歷三百八十四日。

三、結語

元代兩京間之交通，據元周伯琦言，其途有四：一日東輦道，一日西輦道，一日御史巡檢道，一日驛道。

《扈從集》：「大抵兩京相望，不滿千里。往來有四道，曰驛路，曰東路二，曰西路。東路二者，一由黑谷，一由古北口。古北口路，東道御史按行處也。伯琦往年分署上京，但由驛路而已，黑谷輦路，未之前行，因忝法曹，扈清轂下，遂得見所未見。」

關于東出西回之輦道，有《扈從集》，記之甚詳。

〈扈從詩前序〉，所記東路輦道行程：自大都，經大口、皇后店、龍虎台。居庸關，瓮山、車房、黑谷、龍門、黑石頭、黃土嶺。程子頭、磨兒嶺、頡家營、白塔兒、沙嶺、黑觜兒、失八兒禿、察罕諾爾、鄭谷店、明安驛、泥河兒、李陵台驛、雙廟兒、桓州、南坡店，而達上京。

扈從詩後序，所記西路輦道行程：自上都、經六十里店、察罕腦兒、懷禿腦兒、鴛鴦泊、苦水河兒、回回柴、忽察兒、興和、野孤嶺、得勝口、沙嶺、宣德府、坳兒嶺、雞鳴山、雷家驛、阻車、統幕、狼居胥山、懷來、榆林驛、媯頭、居庸關、大口，而返大都。且謂：「國制：凡官署之幕職椽曹，當扈從者，東出西回，甲乙番次。唯監察御史扈從，與國人世臣環衛者，同東西之行。」

至于驛道，元人雖無記載，然皓首文翰，分署驛赴上都，乘傳所經，每多所吟詠，故筆者嘗據以考釋其行程。

據《政治學術季刊》三卷一期拙作〈元代兩京間驛道考釋〉：「南段：自大都，出健德門北行，經大口、龍虎台，逾南口、彈琴峽、八達嶺，至岔道口，遂與東輦道分途。復折而西北，經榆林、懷來、至於土木。中程：自統幕，捨西輦道，折而東北，越長安嶺、李老峪、浩門嶺，至於赤城，復溯白河北行，經沙嶺、雲州堡、龍門峽，遂與東輦道並出獨石口。更北度偏嶺，經擔子窪，至牛群頭，遂與西輦道復合於斯。北段：自牛群頭，復西北行，至察罕諾爾，逆上都河左岸北上，經明安、李陵台、新桓州、南坡店，遂抵上都。」故驛道之南段、北程，均與輦道相同，僅中段與輦道分途。

唯此項驛程，爲元代中晚之情形。

按前引拙作之依據，如《清客居士集》之〈開平第一、二、三、四集〉，《黃文獻集》之〈上京道中雜詠〉，《柳待制集》之〈上京紀行詩〉，《純白齊類稿》〈上京紀行〉，楊允之《灤京雜詠》，以及柯九思、馬祖常、張昱、迺賢、楊瑀、虞集等詩，皆元代中晚之作。故是項驛程，當為中晚之情形。

與前述王惲行程相較，有極大之變動。故附于此，以概見元代兩京間，驛道轉變之情形。（附元代兩京間交通圖於三〇六頁）

（原載一九六七年六月《大陸雜誌》三十四卷十二期）

註釋

1 省，即中書省。其設置與職掌，據《新元史》〈官志〉：「太宗二年，立中書省，以耶律楚材爲中書令。」《草木子》：「立中書以總庶務」。《元史新編》：「中書政本」。

2 丞相，據《元史》〈官志〉：「右丞相、左丞相各一員，正一品，銀印。統六官。率百司，居令之次。令缺，總省事，佐天子理萬機。初職名未創，太宗始置右丞相左丞相各一員，世祖中統元年，置丞相一員。」禡禡，據《中堂記事》：「中統元年秋七月十三日，立行中書省於燕……。行中書省官四員：丞相禡禡，資嚴勵，凜然不可犯：初與趙相行六部於燕。至是，就用爲行省長官。」

3 燕京即今北京市。遼曰析津府，爲南京，又稱燕京。金曰大興府。爲中都。元建新都於大興東北，曰大都，亦號燕京，大興府仍舊。明稱北京順天府，清因之。《遼史》〈地志〉：「南京析津府，本古冀州之地，高陽氏謂之幽陵，陶壽曰幽都，有虞氏析爲幽州……，遼太祖升爲南京，又曰燕京。」《淵鑑類涵》〈順天府〉：「遼爲南京，曰幽都；曰析津，曰燕山。金爲中都，曰大興府。元爲燕京，曰大都。明洪武初，爲北平府，永樂都此爲北京，曰順天。國朝因之。」《新元史》〈地志〉：「大都路，金之中都，曰大興府。太祖十年克中都，改爲燕京路總管大興府。五年建爲中都，大興府仍舊。至元四年，始於中都之東北，築新城而遷都焉。」

4 通玄，又稱通元，元大興府北門。《金史》〈地志．中都路〉：「天德三年，始圖上燕城宮室制度，三月，令張浩等，增廣燕城門十三……。北曰會城、曰通玄、曰崇智、曰光泰。」《讀史方輿紀要》〈順天府〉：「金廢主完顏亮，改燕京爲中都，命增廣都城，有門十三……。北曰會城、曰通元、曰崇智、曰光泰。」北郭，通玄門外之城關地區。按內城與外城，或護城堤之間地區，曰郭。孟子曰：「三里之城，七里之郭。」

5 都事，職官名。《續通典》〈歷代都事、主事、令史〉：「唐制：尚書省都事六人，掌發辰，察稽失，監印，給紙筆……，元中書省，左右都事各二人。」《元史》〈官志〉：「都事二員，正七品。掌禮房之科有九：一曰南史，二曰北史，三曰貽黃，四曰保舉，五曰禮，六曰時政記，七曰封贈，八曰牌印，九曰好事。知除房之科有五：一曰次品，二曰常選，三曰台院選，四曰見缺選，五曰別里哥選。戶雜房之科有七：一曰定俸，二曰衣裝，三曰羊馬，四曰置計，五曰田土，六曰太府監，七曰會計科。糧房之科有六：一曰海運，二曰攢運，三日邊遠，四日賑濟，五日事故，六日軍匠。銀鈔房之科有二：一日鈔法，二日課程。應辦房之科有二：一日飲膳，二日草料。」

楊恕，《中堂記事》：「中統二年辛酉正月……癸酉，左司都事劉郁被譴，既而辦退。堂議，以前進士楊恕代焉。恕字誠之，金內相文獻公之子。皐落人，經義第，成德君子也。後爲翰林侍制，終易州尹。」

6 提控，即提控令史。《通典》〈職官〉：「漢置蘭台令史，尙書令史，掌文書，次于郎。」《續通典》〈職官〉：「唐制，三省六部及台監，皆有令史及中書令史。少或四五人，多或三四十人……。元中書省六部及台監，各有令史，少或二人，多或五人。」朮甲謙，《中堂記事》：「提控令史：李惟寅、楊文卿、朮甲謙，字和之，遼東人。」

7 詳定官，即後日之詳定使。《新元史》〈官志〉：「詳定使……，掌詳定四方獻言，擇其善者聞於上。」周止，《中堂記事》：「周止，字定夫，濱州人。資強發有口才，多記前人利害事條，因言事見解，在當時有足觀者。都堂懸其卷於幕，用勸來者。自是遊跡頗廣，嘗權左司郎中。」

8 省掾，《元史》〈官志〉，「中書……漢人省椽六十人；左司三十九人，右司二十一人。」《辭海》：「佐治之吏，正日掾，副日屬。」

王文蔚、劉傑。《中堂記事》：「左房省掾：馬璘……，欒思齊……。王文蔚，字仲玉，東平人，終濟南經歷官。劉傑，字漢卿，益都人。」

9 海店，即今海甸，東南去北京市十八里。今北京至香山線之公路經此。

10 南口，在今河北省昌平縣西北二十四里，因當居庸關南端之口而得名。今平綏鐵路經此。《讀史方輿記要》〈昌平州〉：「志云：州西二十四里，爲居庸關南口，有城，南北二門。」又謂：「洪武二年，大將軍徐達，築石爲城，即今南口城也。」

11 新店，即龍虎台，在今南口東六里。《讀史方輿記要》：「南口東六里，有龍虎台。」《大清一統志》：「龍虎台…………，地勢高平如台，廣二里，袤三里，元時車駕歲幸上都，往來皆駐蹕其上。」《扈從集》：「龍虎台，在昌平境，又名新店，距京都百里。」

12 居庸關，在今河北省昌平縣西北三十里，平綏鐵路經此。又名納款關、薊門關、軍都關。當太行第八徑，爲天下九塞之一。秦始皇築長城時，徙居庸（山）於此，得名。《讀史方輿紀要》〈昌平州〉：「居庸關在州西北三十里……，自南口而上………，五里爲關城，跨水築之。」又謂：「南北關門相距四十里，兩山夾峙，下爲巨澗，懸崖峭壁，稱爲絕險……。亦曰軍都關………，亦曰納款關，又名薊門關。而居庸、軍都，其通稱也。」錢良擇《出塞記略》：「城門額曰：天下第一雄關，蓋京師北之極衝。」復按：居庸山，又名軍都山，疊翠山。《畿輔通志》〈昌平山川〉：「軍都山，在州西北三十里，層巒疊嶂，奇險天開，太行第八徑也。又名居庸山，天下第九塞，居庸是其一。亦名疊翠山。」

13 少陵，杜甫之自號，《辭海》「少陵」：「古地名，在今陝西長安杜陵東南。杜陵爲漢宣帝陵，少陵較杜陵爲小，許后所葬之陵也。杜甫舍於陵西，因自號杜陵布衣，少陵野老，世又稱之杜少陵。」

14 「硤形藏堂隍，壁色立積鐵」，原爲杜甫詠「鐵堂硤」之句，王氏借以狀居庸天險。據《方輿紀勝》：「鐵堂山，在今天水縣東五里。」杜詩云：「山風吹遊子，縹飄乘險絕。硤形藏堂隍，壁色立作鐵。徑摩穹蒼蟠，石與原地裂。修纖無垠竹，嵌空太始雪。威遲哀壑底，徒旅慘不悅。水寒長冰橫。我馬骨已折……。」

15 北口，在舊察哈爾省延慶縣西南三十里，平綏鐵路經此。或曰石門關，以當居庸關北端之口故名。有城，在八達嶺下，蓋元人築戍也。《讀史方輿紀要》〈延慶州八達嶺〉：「州西南三十里，東南去居庸上關十七里，爲往來要衝，元人以爲北口。上有城，設兵戍守。」錢良擇《出塞記略》：「自居庸西北入石門關，關路狹隘，一夫可當百，乃中國控扼契丹之險，或以爲此即石門關。元人以爲居庸北口，築城戍焉。」

16 東井，星名，即井宿。中央研究院《星象統箋》：「井宿之內，星座十九，原星六十三，增星百四十。宋志曰：井宿十八座，乃祇論所屬之星，不及井宿也。」又曰：「石氏（按：申）謂之東井，以其在玉井之東也。」鉞，亦星名，爲井宿十九座之一。《星象統箋》：「星經曰：鉞一星，附井口，即雙子座之中座。」犯，干犯之謂。指月球運行，及於二星之範圍。

17 八達嶺，在舊察哈爾省延慶縣西南三十里、南距北口十二里，平綏鐵路經此，爲居庸山之絕頂。《讀史方輿紀要》〈延慶州八達嶺〉：「在州西南三十里……，下視居庸關，若建卅，若闕中。昔人謂居庸之險，不在關城，而在八達嶺也。」錢良擇《出塞記略》：「又三里至居庸上關（按：北口），關城稍低，而山益高，又十二里，至八達嶺，乃山之絕頂。」

18 棒椎店，據《畿輔通志》〈山川〉：「棒椎谷，在懷來縣東南三十八里。」疑棒椎店或因此得名。

19 據《畿輔通志》：「榆林驛，在舊察哈爾省懷來縣東南三十里，東至延慶州（即延慶縣）岔道口二十五里，至居庸關五十八里。元置榆林驛，明因之，清朝設把總駐守，舊兼設驛丞，今裁。」

20 沙磧，即今日所謂之沙漠戈壁。宋程大昌《北邊備要》：「大漠，言沙磧廣莫，望之漠漠然，漢以後史家，變稱磧。磧，沙漠也。其義一也。」祁韻士《萬里行程記》：「入沙磧，土人呼爲戈壁，即古瀚海也。地似沙石爲膏，如熔鍊而成膚。」唯此地，因當媯河河床，似釋爲沙磧爲宜。

21 媯川，唐郡名，即舊察哈爾省懷來縣地。或謂即古之阪泉，今日韓家川。《讀史方輿紀要》〈懷來〉：「漢上谷郡地，貞觀八年，改爲媯州，天寶初，曰媯川郡。」又謂：「媯川，即古之阪泉，今名韓家川，與天壽山咫尺，其地可屯兵十萬，設險處也。」

22 懷來縣，即舊察哈爾省懷來縣，平綏鐵路經此。《讀史方輿紀要》〈懷來衛廢潘縣〉：「漢置潘縣，晉因之，後魏亦曰潘縣。後周改爲懷戎。唐爲媯州治。契丹得地，改曰懷來縣。金明昌元年，又改爲媯川縣，元復爲懷來縣。」

23 玉液泉，在舊察哈爾省延慶縣西南，東北去懷來縣里許。《讀史方輿紀要》：「玉夜泉，在延慶州西南，元時取以造酒，因名，其水西流入清水河。」御醪，宮廷御用美酒；《說文》徐灝箋：「醪則醇酒，味甜。」

24 統墓店，在舊察哈爾省懷來縣西二十五里。又稱土木，土幕，統漠。平綏鐵路經此。《讀史方輿紀要》：「統漠鎮，在延慶州西南三十八里。《一統志》云：遼主遊辛，張大帕於此，因名統幙，誕矣。俗訛為土幕，又為土木。」《清一統志》：「在懷來縣西二十五里，為往來孔道。本名統漠鎮，後訛為土木。」《畿輔通志》：「土木驛，在縣南，即英宗蒙塵之處……。」又《通鑑》：「武德（按：唐高祖年號）六年秋七月辛巳，高開道率所部安陽、統漠二鎮來降。」則統漠之名，唐初已有。

25 雷氏驛，亦名雷家驛，雷家站，即舊察哈爾省琢鹿縣之新保安。平綏鐵路經此。《清一統志》：「新保安州、在懷來西北七十里，即舊保安衛也。其地本名雷家站，明章泰二年……，改築新城。」《畿輔通志》〈水道〉：「渾河又東南流，逕新保安州城南，即所謂雷家站也，或言卅之譌。」《扈從集》及元人中晚詩集，皆稱雷家驛。

26 雞鳴山，又曰磨笄山，在舊察哈爾省宣化縣東五十里，雞鳴驛北五里。平綏鐵路經其下。《畿輔通志》〈山川〉：「雞鳴山，在宣化縣東五十里……，雞鳴驛北五里。」《讀史方輿紀要》：「磨笄山：在保安州（按：今琢鹿縣）西北二十里。《史記》趙襄公姊，為代王夫人，襄子滅代，夫人磨笄自殺於此。因名磨笄之山。代人憐之，為之祠。每夜有野雞群鳴祠屋上，亦名雞鳴山。」

27 桑乾河，流經舊察哈爾省南部，與洋河并為永定河之上流。永定河、蘆溝河、渾河，亦即古卅水。《新元史》〈地志〉：「渾河，亦名盧溝河，其上流為桑乾河，發源於太原之天池，伏流至朔州馬邑，渾泉湧出，曰桑乾泉。東流至奉聖州，入宛平界。」

28 奉聖，即舊察哈爾省涿鹿縣。《讀史方輿紀要》：「保安州，隋爲幽州地，唐爲嬀州地，石晉納於契丹，改爲奉聖州，金大定升爲興德府，元初因之，至元初，復改爲奉聖州，尋改爲保安州。」《地名大辭典》：「涿鹿縣，舊保安州，民國二年二月改縣，三年元月改名。」

29 唐太宗東征，據《讀史方輿紀要》〈磨笄山〉：「亦名雞鳴山……，唐貞觀十九年，北巡雞鳴山。」按指太宗貞觀十九年，親征高麗，駐蹕於此也。

30 宣德州，即舊察哈爾省宣化縣，平綏鐵路經此。《讀史方輿紀要》〈萬全指揮使司〉：「秦爲上谷郡地，石晉初，入于契丹，改歸化州，後又爲德州。金天眷初，改宣德州，屬大同府。大定七年，又改爲宣化州，明年復爲宣德州。元初改宣寧州……。中統四年，改爲宣德府，至元三年，改爲順寧府。」《清一統志》：「康熙三十二年；改置宣化府，治宣化縣。」《地名大辭典》〈宣化縣〉：「舊宣化府附郭置縣，民國二年二月改縣。」

31 考工官，乃工部官屬之統稱，掌營造百工之政令。《漢書》〈百官公卿表〉：「漢少府屬官，有考工令，主作器械。」《元史》〈官志〉：「工部……，掌天下營造百工之政令。凡城池之修浚，土木之繕葺，材物之給受。工匠之程式、銓注，局務司匠之官，悉以任之。」

32 青麓，即今青邊口，又曰鎭宜台口。在舊察哈爾省龍門縣西北百里，常峪堡西二十里，青山南八里，宣化縣西北五十里，形勢衝要。《畿輔通志》〈關隘．張家口廳〉：「距青鹿（今青邊口）二百六十五里。」又「龍門縣青邊口堡」。「距龍門縣一百二里，在常峪西二十里，堡北有青山。」又「龍門縣鎭宜台口」：「即青邊口，在縣西北一百里，東有石槎山台。」《讀史方輿紀要》〈萬全指揮司青邊口堡〉：「在司（按：今宣化縣）西北五十里，本堡沿邊形勢中斷，故置青邊口，蓋中路最衝要之地：堡北八里有青山，十餘里有石槎山。」

33 定邊，即靜邊城。在舊察哈爾省張家口東北九十里，遺址猶存。《畿輔通志》〈古蹟〉：「靜邊城，在張家口東北九十里，王惲《中堂記事》，至定邊城憩焉，蓋金所築城也，疑即此。」

34 黑崖子，待考。

35 確場浴，即今張北縣第一區，縣城北三十里之黑城子。《張北縣志》〈古蹟〉：「雙城榷場，在今第一區，縣城北三十里，西大諾爾南，黑城子地方。按《三廳志》載，《中堂記事》云：距黑崖子之一百里，柢榷場，蓋金初南北互市之所也。是夜，宿雙城。考雙城榷場，在燕子城、北羊城之間。今查西大諾爾南，土人呼爲黑城子者，在二城之間，遺址形跡可辨，與諾爾距離相近，水草豐富，謂爲互市之所，尚近情理。

36 互市，與外國交易之謂。《後漢書》〈烏桓傳〉：「歲時互市焉」。

37 雙城，在舊察哈爾省龍門縣青邊口西北二百六十五里。《畿輔通志》〈山川〉：「旺國崖……，西距雙城七十里，距青麓（即青邊口）二百六十五里。」亦即前註之燕子城、北羊城。燕子城，即今張北縣。北羊城，即今張北縣第一區，縣北三十里之白城子村。《張北縣志》〈古蹟〉：「燕子城，舊興和路，即今張北縣。」「北羊城，在第一區，縣北三十里，白城子村。內有皇城，外有大城，皇城遺址，高約丈餘，有四門。」

38 察罕諾爾，湖泊名，在舊察哈爾省阿巴噶部左翼旗西南。沙井濼，元時用以釀造御酒，置鷹房，建行宮，爲駐蹕校獵之地。《蒙古遊牧紀》〈阿爾噶部左翼旗〉：「旗西南二十里，有鴛鴦泊……。東南十餘里外，所見諾爾，則元人之察罕諾爾矣。」《扈從集》：「至察罕諾爾，猶漢言白海也……。其地有行宮在……沙井甘濼，釀酒以供上用。又作土屋養鷹房，駐蹕於此，秋必校獵焉。」按：諾爾即腦兒，猶華語湖泊也。

39 行宮，天子行幸所止之處也。《昭明文選》〈吳都賦〉：「梁岷有陟方之館，行宮之基歟。」《元史》〈官志〉：「雲需總管府，掌守護察罕腦兒行宮供辦之事」。

40 單韋，單層之皮被褥。《辭海》「韋」：「熟治之獸皮也。」

41 金蓮涼徑，即金蓮川，今名金蓮花灘，在舊察哈爾省沽源縣北，獨石口西北一百二十餘里。《讀史方輿紀要》〈金蓮川〉：「川產黃花，狀若芙渠，因名。金主雍，大定十二年，如金蓮川納涼……，元主忽必烈為諸王時，總治漠南，開府金蓮川，即此地也。」

42 旺國崖，亦作望國崖，又名靜寧山，在舊察哈爾獨石口北四十五里。《畿輔通志》〈山川〉：「旺國崖，亦作望國崖，金大定八年，更名靜寧山。」又謂：「與金蓮川、白海子相近，為獨石口西北壩外之地。」唯據《清一統志》謂：「旺國崖，在赤城縣北，望雲川東北，下有擔子窪。」按《畿輔通志》〈山川〉：「擔子窪，在獨石口偏嶺下，元時設巡檢於此。」又「偏嶺」：《元史本紀》：「至順元年，大駕將還，由偏嶺至明安巡邏，即此山。胡嶠《陷北記》，謂之辭鄉嶺。《口北三廳志》，謂為天嶺之謂。在獨石口北四十五里。」故旺國崖即偏嶺，雖距金蓮川，南北相去七十餘里，然與惲之所記，語意並無不合。蓋遼金時代，曠野無垠，以一地每代表某一地區也。

43 鞍子山，《畿輔通志》〈山川．多倫諾爾廳〉：「鞍子山，在廳界。」然確址待考。按《張北縣志》，有駱駝山、馬鞍山，雖形似馬鞍，然二者皆非鞍子山。蓋王惲行程，乃自察罕諾爾，北至鞍子山。周伯琦之行程，係「至察罕諾爾，由此轉西，至輝圖諾爾，猶漢言後海也。」復按：張北縣之東西大諾爾，即鴛鴦泊，在縣城北三十里。故鞍子山，應在鴛鴦泊之後海——輝圖諾爾，亦即懷禿諾爾，以及察罕諾爾，張北縣城以北。故在縣城西南，一百二十里之駱駝山，其南之馬鞍山，因方位不合，顯非鞍子山，或馬鞍山。《張北縣志》〈諾爾．東西大諾爾〉：「在第一區，縣城北三十里……。查此諾爾…，元時為懷禿諾爾……，由石頂河，流入鴛鴦濼。」「山，駱駝山」：「在縣城西南一百二十里，馬鞍山北。」

44 桓州故城，在舊察哈爾省獨石口東北一百八十里，蒙人呼為庫爾巴爾哈孫城，故址猶存。《畿輔通志》〈古蹟城址〉：「桓州故城，土人呼為庫爾巴爾哈孫城，直獨石口東北一百八十里……灤水徑其南。」《讀史方輿紀要》：「桓州故城，本烏桓所居，金置桓州，亦曰威遠軍，治清塞縣。州有二城，南爲新城，北爲故城，相去三十里。」

45 李陵台，去上京百里，明日威魯驛，蒙人呼爲波羅河屯，猶華言青城也。在舊察哈爾省獨石口東北一百四十里，西南距紅城子六十里，俱已湮沒，《灤京雜詠》：「李陵台，去上京百里許。」《古今圖書集成》〈宣化府古蹟考〉：「李陵台，《元史》以台屬開平，且云在糧道側。國初人運餉時，猶見之……。蓋李陵不得歸，登以望漢焉。」

《畿輔通志》〈古蹟署宅〉：「威鹵廢驛，亦名李陵台……。永樂二十年……。師旋過威鹵鎮…，有石出土尺餘，發之，乃李陵台驛令謝某德政也。」又〈古蹟城址〉：「威鹵廢縣，土人呼爲博羅城，在獨石口東北一百四十里。明初置驛，爲開平西南第二驛……。按威鹵城，蒙古呼波羅河屯。猶華言青城也。在明安城東北六十里。」按明安，據《畿輔通志》〈古蹟署宅〉：「明安，明初開平西南第三驛，城西有涼亭故址，又西白海子也。案明安城，今人呼爲紅城子，蒙古名諾霍朔，亦曰五藍，華言紅也，在獨石口北一百里。」又「石城子……再五十餘里，爲紅城子，垣牆猶在。」

46 道陵，疑爲遼道宗洪基，待考。

47 和林，元太宗七年建。今外蒙古之額爾德尼召，即其故址，因其西有哈剌和林河而得名。《元史》〈太宗本紀〉：「丙申七年乙未，城和林，作萬安宮。」《蒙兀兒史記》：「今外蒙古土謝圖汗本族牧地西南之額爾德尼招，即元和林地遺址也。《元史》〈地志〉：「和寧路，始名和林，以西有哈剌和林河得名。」

48 炊州，疑即元代之八里沙，亦即濱於吹河，西遼故都之虎思斡耳朵地區。吹河，又稱垂河，碎葉川，今名圖斯庫勒河。按吹與炊對音，故吹河一帶，西遼之故都，疑即炊州。《長春眞人西遊記注》〈大石林牙〉：「西遼建都之地……，作虎思斡耳朵……。地濱吹河……，在今吹河之南，阿歷山之北……。西域人……，謂之八喇沙袞，元人又略爲八里沙……。碎葉水，今之吹河……。垂河即吹河。」《西域圖志》稱之爲「圖斯庫勒河，其爲碎葉遺跡無疑。」

49 山椒，即山頂。《昭明文選》〈謝莊月賦〉：「菊散芳於山椒」。

50 新桓州，請閱註44。

51 界壕，王國維《觀堂集林》卷十五〈金界壕考〉；引注甚詳。

52 開平，在舊察哈爾省巴哈呼爾虎山之麓，城址猶存。又號上都，亦稱灤京。《畿輔通志》〈古蹟城址〉：「開平故城，在上都牧廠東北，灤河北岸，巴哈呼爾虎山之麓，土人呼奈曼蘇默城，直獨石口東北二百二十五里……。城址猶存，宮闕舊蹟：俱已堙沒。」《元史》〈地志〉：「唐爲奚契丹地。金平契丹，置桓州……。憲宗五年，命世祖居其他，爲重鎭。明年，世祖命劉秉忠，相宅桓州東：灤水北之龍岡。中統元年，爲開平府，五年以闕庭所在，加號上都，歲一幸焉。」《新元史》〈地志〉：「開平……，有重城外郭，周十六里三百三十四步。」

53 龍岡，即今臥龍山。《古今圖書集成》：「臥龍山。在舊開平城三里，元上都北枕龍岡，即北山也。」

54 灤江，即今察哈爾中部之灤河，古稱濡水，源出炭山。上流因繞元之上都，故又稱上都河，下流經熱河、河北，注入渤海。《畿輔通志》〈水道〉：「今灤河之上流，曰上都河，源出獨石口外東北百餘里巴彥屯圖固爾山……。上都者，元之開平府，灤水繞其西南，故名上都河。」《讀史方輿紀要》：「灤河，出宣化府衛西百三十里之炭山：《水經注》濡水……，即灤水也。」

55 察必鶻，華言白鶻也，觜爪玉如，與海東青，同爲獵禽之珍品。《牧庵集》〈平章政事忙兀公神道碑〉：「海東青，雜鷹；先朝或十賜。惟至白鶻，觜爪玉如。聖語曉曰：是禽惟朕及鷹師所鞲，以卿世臣諸孫，宣力之多……；皆殊賜也。」

56 烏桓，古代邊疆宗族名。《後漢書》卷九〇：「烏桓者，本東胡也。漢初，匈奴冒頓滅其國，餘類保烏桓山，因以爲號焉……。及武帝遣驃騎將軍霍去病擊破匈奴，因徙烏桓於上谷、漁陽、右北平、遼東五郡塞外，爲漢偵察匈奴動靜。」

57 按烏桓山，據《辭海》謂：「在今內蒙阿魯科爾沁西北一百四十里，有烏聯山，亦曰烏遼山，即此。」

58 都堂，宰相辦公之處所。《永樂大典》〈析津府〉：「至元四年四月，築燕京皇城，置公署，定方隅。始於新都鳳池坊北，立中書省，以新都位置，居都堂於紫微桓。」

59 都西門，上都之西門也。《新元史》〈地志〉：「開平……，有重城，外城十六里……。，南北有一門，東西各有二門。內城周六里……，東西南各一門。」

60 牛群頭，在察罕諾爾東北。《扈從集》：「至失八兒禿，地多泥淖，又名牛群頭……，驛路至此相合……至察罕諾爾。」

61 崖嶺，疑即偏嶺。蓋此處正當南北通衢，南至雲州爲一日程也：請閱註42。

62 雲州，初名御莊，又曰望雲，今稱雲州堡，舊察哈爾省赤城縣北三十里。《讀史方輿紀要》：「雲州堡，本望雲川地，契丹常爲遊獵之所。遼主賢；初建潛邸于此。其後號爲御莊，尋置望雲縣……，金因之，元置雲州治焉……。堡當南北通衢，堡北五里爲龍門口……，東北有獨石口、鎭安，爲衝要之地。」

龍門河，又曰龍門川，以水出龍門峽下而得名，即今白河。《畿輔通志》〈水道〉：「白河者，北運上流之中支，即《漢書》〈地志〉之沽水……。按沽水上源有二：西曰䧢頭河，東曰獨石水，分流入邊合爲白河……。獨石水其源有二，皆自塞外流入。一曰獨石水：逕城西，，爲西河。一曰紅石水，由紅石山，逕獨石城東，爲東河。俱流至城南合……，沽河西源既合，遂稱白河。仍南流……，出龍門峽……，白河至此，號龍門川。」又謂：「雲州堡東北，有龍門山，亦曰龍門峽，下爲龍門川是已。」《讀史方輿紀要》

〈龍門山〉：「雲州堡東北五里，兩岩壁峙，高數百尺，望之若門，塞外諸水，皆出於此，亦曰龍門峽，塞北控扼之衝也。」

63 寒山峪待考。

64 靖邊，疑即赤城縣之靖邊墩。赤成縣「藝文，獨石長城形制，靖邊墩，南爲滴水崖。」

65 《畿輔通志》〈山川〉：「碧落崖，亦名滴水崖，在鵰鶚堡東四十里，亦名灑水崖。高一百八十餘丈，石崖滴水，去地百餘仞，隆冬不凍。上有碧落洞，又名碧落崖，山半有千松嶺，西北有朝陽觀，觀旁鑿石爲樓，前一石柱，高可百尺，上鑿天柱二字，壁有滴水崖三字。東石壁半，忽開豁二丈許，下有地道，其中建樓三層……，登其巔，上平廣約二十里。」又「清水崖堡，在赤城縣東南七十里。」

66 朔方，古地名。漢武帝逐匈奴，收復河南地，置朔方郡。《地名辭典》謂：「即內蒙鄂爾多斯地。」武陵溪，典出陶淵明之〈桃花源記〉。

67 十八骨了，按：骨了，不解其意，故待考。

68 灰嶺：據《畿輔通志》〈延慶輿圖〉，在八達嶺與南口之間，近彈琴峽。有東西之分，《畿輔通志》〈山川，延慶州〉：「東灰嶺，在永寧城東南十五里，城南十二里，又有西灰嶺。」

69 桃花峪溫泉，在八達嶺下，爲濶河之源。

70 璐河，即今北運河。通縣而上稱白河，其西支曰榆水，源出八達嶺下。始稱濶河，出居庸關後，稱榆河。《畿輔通志》〈水道〉：「白河入通州北界，自此以下，改稱潞河，而即今所謂北運河也。」又謂：「榆河者，北運河之西支也。《漢書》〈地理志〉作溫餘水，而《水經注》作溼餘水……。今案榆河：源出於延慶東南岔道口、八達嶺下，其水南流。」《讀史方輿紀要》：「濶河，源出於八達嶺東四里，有青龍橋，濶河經其下，東南流入居庸關，達昌平州界，入於榆河。」

元代兩京間交通圖

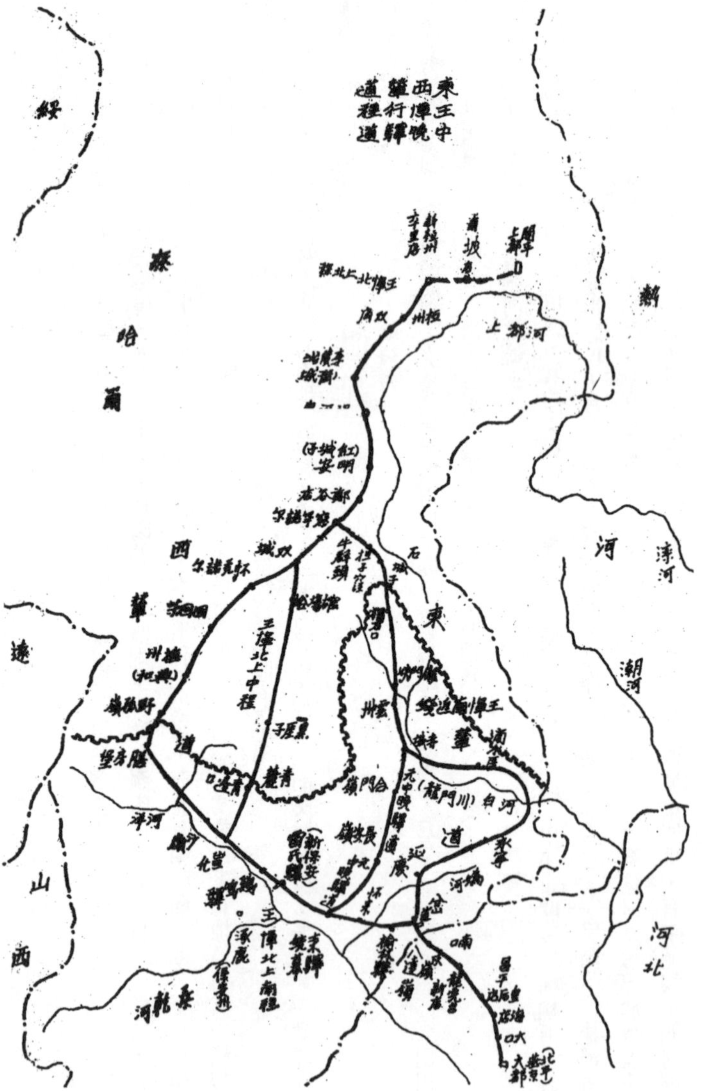

十六、元代衛輝之地位

今汲縣，昔日衛輝，明清爲府，元代爲路，唐宋爲州。

《讀史方輿紀要》〈衛輝府〉：「禹貢冀州之域，殷紂所都……，曹魏置朝歌郡，晉改汲郡，後魏因之，東魏置義州，後周改衛州，隋初郡廢，仍曰衛州，大業初復為汲郡，唐復曰衛州，天寶初復故，宋仍曰衛州，亦曰汲郡，金因之……，元曰衛輝路，復治汲郡，明朝為衛輝府……。」

《古今地名辭典》〈汲縣〉：「舊衛輝府附郭首縣，民國二年，裁府留縣。」

本文所論，雖以汲縣爲主，然亦兼及所轄之二州四縣。

《元史》〈地理志〉：「衛輝路，金衛州，屬河北東路，舊治汲縣，以水患徙治於宜村新城，以胙城為倚郭。憲宗元年，還治於汲縣。中統元年，升衛輝路為總管府，縣四：汲縣、新鄉、獲嘉、胙城。州二：輝州、金河平縣，又改蘇門縣，升為輝州。淇州，本衛州之鹿臺鄉，憲宗五年置為淇州……。」

一、形勢衝要

按衛輝，左孟門，右太行：常山在其北，大河經其南，北通燕趙，南趨汴洛，西控上黨，東迫齊魯，而衛水貫其間，故地當衝要，向爲交通之孔道，而於蒙元則爲尤甚。

《清一統志》〈衛輝府〉：「左孟門而右漳滏，前帶河，後背山（戰國策），左孟門，右太行，常山在其北（史記）。南濱大河，西壓上黨（宋史）。峰麓峻奇，地當衝要（元史）」

《秋澗集》〈汲郡圖志引〉：「衛輝中天桑土之野，北通燕趙，南走京洛，太行峙其西，大河經其南，河山之間，盤盤焉一都會也。」

《古今地理辭典》：「孟門，在太行山東，《左傳》襄公二十二年，齊侯伐晉，取朝歌，入孟門，登太行……，杜預曰：孟門晉隘道，蓋太行隘道名，疑即今河南輝縣之白徑，為太行第三徑也。」

《讀史方輿紀要》：「太行山，在輝縣西五十里，南至懷慶一帶，群山雖多：太行其總名也。

《古今地名辭典》：「常山，即恆山。」北嶽也。

蓋衛水，東出臨清，北通直沽。

《新元史》〈河渠志〉：「衛河，出輝縣蘇門山，經新鄉汲縣，而東至大名路濬州，淇水入焉，名為御河。經凡城縣東北，流入濟寧路館陶縣西，與漳水合，又東北至臨清縣，與會通河合，從河間路交河縣北，入清池縣界，永濟河入之，又東北至清州靜海縣，合白河入海。」

《讀史方輿紀要》：「漕河在臨清州城西，自州北以達於天津，皆衛河也……。漕舟入衛河，始無啟閉之阻，安流以達天津矣。」

昔時，沁嘗通衛。

《清一統志》〈沁水〉：「故道自懷慶府武陟縣，流入獲嘉縣南，又東南經新鄉縣南，又東北經汲縣北入清河。按沁河支流，自懷慶府武陟縣紅荊口，經衛輝入衛河。」所謂「沁水支流」，即小丹河，亦曰蔣河。據《清一統志》：「小丹河，在獲嘉縣北，自懷慶府武陟縣流入，經縣東北，合清水入衛，一曰蔣河。」

隋鑿沁入河，遂成永濟。

《隋書》〈帝紀・煬帝〉：「大業四年……，發河北諸郡男女百餘萬，開永濟渠引沁水，南達於河，北通涿郡。」

《清一統志》〈沁水〉：「隋大業中，開永濟渠，嘗引以通涿郡。」

後大河南徙，

《讀史方輿紀要》〈川瀆〉：「大河舊道，在陽武縣北，又東經延津縣北，又東經胙城縣北，河之北岸，為新鄉及汲縣境。」註謂：「河在陽武縣北二十三里，河之北岸，即新鄉境，南去大河三十里，金明昌中，河決陽武，入封邱，於是河益東南下……。先是胙城隸開封府，泰和八年，以限大河，改屬衛州……，胙城在河北，自金始也。」

沁不通河，亦不入縣。故中統三年，嘗鑿沁入河，名曰廣濟。郭守敬亦上言，導沁入衛，復隋舊觀。

《天下郡國利病書》：「宋以前，河東北流，而不受汴水。…元以前，黃河東南流，而不受沁水也。」

《清一統志》〈衛河〉：「出輝縣西蘇門山百泉…，隋煬帝引之為永濟渠……，其後河決而南，清水道合淇水東北出，不復入河。」

同書〈廣濟河〉：「在濟源縣北，東南流，經河內縣南，又東經溫縣北，又東南入黃河，本沁水支流。《元史》〈河渠志〉：中統三年，於太行山下，沁口古蹟，置分水口，開浚大河四道，歷濟原、河內、河陽、溫、武陟五縣入黃河，約五百餘里，灌民田三千餘頃，渠成賜名曰廣濟。」

《元文類》〈知太史院事郭公行狀〉：「中統三年，公面陳水利六事……。其五……懷孟沁河已灌溉，尚有漏堰餘水，東與丹河餘水相合，開引東流，至武陟縣北，合入御河，其間亦可灌田四千餘頃。」（按：是時沁不入衛，故有此論。）

後因董文用之諫阻，遂罷。

《道園學古錄》〈翰林學士承旨董公行狀〉：「十四年，以職事詣汴，河司方議通沁水，東北合流御河，以便漕運。公曰：衛為郡，地最下，大雨行時，沁輒溢出百餘里，間雨更甚，水不得達於河，即浸淫及衛。今又道之使來，豈惟無衛，將無大名長蘆矣。會朝廷遣使相地形，上言衛州城中浮屠最高者，才與沁水平，勢不可開，事得寢不行。」

證諸明代，至為卓識。

《讀史方輿紀要》〈武陟縣蓮花池〉：「在縣東北，沁河東岸，地名木欒店……，東去衛河百里，萬曆十五年，沁於此決，衛輝府之獲嘉，新鄉、俱受其患。時有議引沁入衛，既以殺黃河之勢，而沁河水盡，東注運河，足資其利，當因其決，不必塞也。科臣常居敬言：沁河身闊里餘，穿太行而南，濁水喘急，較黃河為甚。衛輝在沁河下流，地形卑下，橫流一發，被災最遠。且臨漕運道，不能賴其清流之利，而每遭其淤塞之害，此前事可覆也：蓋衛小沁大，其勢難容，衛清沁濁，其流必淤……。嘉靖二十五年，從此橫決，突入衛河，泥沙彌漫，至臨清逆流，上擁運河板閘至甄關七十餘里，淤塞難行，此患不專在衛輝，而更患于漕者也。於是復提塞之，而引沁入衛之議始格。」

按今沁水，自南賈口入河，不通於衛，故道悉湮。

《方輿紀要》〈武陟縣沁河〉：「在縣東，南河內縣流入，又南達于河，其入河之處，名南賈口，支流復自縣北，東引灌田，二千餘頃。」同書〈河內縣沁河〉：「在府北二里，源出山西沁源之綿山，穿太行而東南流，經濟源縣東北，流至此，又東南流，經武陟縣入黃河。」

二、交通樞紐

金源南渡，恃黃河以爲拒守。《元史》〈太祖本紀〉：「帝臨崩，謂左右曰：金精兵在潼關，南據連山，北限大河，難以遽破。」同書〈睿宗傳〉：「鳳翔既下，有降人李昌國者言：金主遷汴，所恃者黃河潼關之險耳。」故自太宗之世，以迄世祖亡宋，河北之糧，悉賴此南輸，以餽諸軍。是以，衛輝遂成爲元初交通軍需之中心。

《秋澗集》〈故真定五路萬戶府叅議兼領衛州事王公行狀〉：「衛當四達之衝，民敝事劇。」同書〈大元故衛輝路監郡塔必公神道碑銘並序〉：「公諱塔必失迷，系出翰海大族……，至元三年，詔以衛封皇侄玉龍答失為采邑，升州而路，遂輟公來監治。既下車，以衛壤偏狹，路郊衝會，使軺營帳騷屑，無時不為撫養。明年，諸王禿忽魯南征，道出淇右，供頓儲待，至駭民聽……。嘗帳于地，分牧共西，夏則避炎潞頂，冬則迎澳山陽，踐食村落，輳轢州縣，有不勝其擾者，蓋十年于茲。」

《牧庵集》〈有元故少中大夫淮安路總管兼府尹兼管內勸農事高公神道碑〉：「至元……六年……，又以用兵襄陽，賦河北諸路之民轉漕，人畜勞斃，而粟至者，亦絕續不時。公請增值以糴，則人趨利自至，以賦民漕，功將倍蓰。省行其策，由是軍中困廩充溢，或露積不垣。」

蓋太宗之初，嘗立軍儲所于新衛。

《元史》〈世祖本紀〉：「太宗朝，立軍儲所於新衛，以牧山東、河北丁糧。後惟計值銀帛，軍行則以資之。」

《讀史方輿紀要》〈胙城縣新城〉：「在縣城西南，金志：大定二十六年，衛州避河患，徙治共城，二十八年，還治汲縣。貞祐二年，城宜村。三年徙衛州治于宜村新城……正大八年，以石甃新城是也。元初，復還舊治。」按：衛輝舊治汲縣，故汲又稱舊衛。後徙治宜村新城，故又稱新衛。

以宗亨爲漕使。

《秋澗集》〈胙城縣廟學記〉：「國朝甲午（按：太宗后三年）歲，漕使宗亨肇建禮殿三巨筵。」

同書〈大元故奉訓大夫尚書部郎中致仕丁公墓碑銘並序〉：「國朝方事江淮，總廩餉于衛，漕長宗侯亨，奏公充軍儲經歷官，收德望也。公籌會漕計，雖內輸外饋，應期取辦，以抒民力為心，俾人忘飛輓之勞……。」

憲宗二年，復立沿河五倉。

《元史》〈世祖本紀〉：「帝請于憲宗，設官築五倉於河上，始令民入粟。」

按〈沿河五倉〉：據《元朝名臣事略》〈尚書劉文肅〉：「軍儲歲輸新衛，東平水運萬石至舊衛，再輦而五十里，公具圖言于朝，乞立衛州倉，朝議從之」復據《元史》〈河渠志〉：「至元九年，河決新鄉廣盈倉南，河北岸。」

故五倉可考者二，餘待考。

置都運司于胙。

《牧庵文集》〈中書左丞姚文獻公神道碑〉：「憲宗即位，詔凡軍民在齊拉袞山南者，聽上總之。大為張宴，群下罷酒將出，遣人止公，頃者眾人皆賀，汝獨默然，豈有意耶？對曰……，何若以是秋去春來之兵，分屯要地，寇至則戰，寇去則耕，積穀高廩，邊備既實，俟秋時大舉，則宋可平也。上善之，始置屯田經略司于汴……，又置都運司於衛，轉粟於河，續饋諸州。」

《新元史》〈世祖本紀〉：「二年（按：憲宗）……，帝請置經司於汴京，以圖宋。置都轉運司於新衛，以濟軍儲。」

《牧庵集》〈故提刑趙夫人楊君新阡碣銘〉：「當憲廟世……，置經略司於河之南，宣撫司……行部於秦，都漕于衛。」

《讀史方與紀要》〈衛輝府胙城縣〉：「府東三十五里，古胙伯國，周公支子封此……，漢置南燕縣……，隋開皇十八年，始曰胙城，屬滑州，唐宋因之，金屬開封府，又改屬衛州，貞祐中，移衛州治此，元還治汲縣，以縣屬焉。」

《清一統志》〈胙城故城〉：「在今延津縣北三十五里，縣志：始自東燕故城，移治西三十五里華里店，金貞祐中，又徙治宜村，元泰定甲子，仍治華里店，即今治。」清廢入汲縣。

初以周惠主其事。

《新元史》〈循吏本傳〉：「周惠字德甫，晉州隰縣人，憲宗二年，朝廷經略江淮，擢惠江淮都轉運使，置轉運司於胙州。惠入覲，圖利病上之。詔以彰德衛輝大名民戶各五千，實胙州。復其賦，改胙州為淇州。惠治官廨倉庫及境內之廛市阡陌，皆井井有法……，後卒于官。」

《秋澗集》〈淇州創建故江淮都轉運使府君祠堂碑銘〉，「壬子（按：憲宗二年）秋，國家經略江淮，行台聽事官周侯，充諸道轉運軍儲使，仍置司于胙……。公諱某：字德甫，晉之隰人。」

同書〈碑陰先友記〉：「周惠字德甫，隰州人……。性慷慨，有大志，早貴幸，樂與賢大夫遊，終江淮都轉運使。」

中統之世，復以其子繼領之。

《秋澗集》〈中堂記事〉：「二年……夏六月……三十日庚戌，以前軍儲所官塔塔兒……等，爭相為用，史公（按：天澤）與闊闊右丞議……，特旨以前都運周惠子鍇，領其事。」

《新元史》〈循吏周惠傳〉：「子鍇，淮東高郵路總管。」

逮至元十二年，伯顏南征，議立水站，固多以衛河爲徑。

《元文類》〈知太史院事郭公行狀〉：「十二年，丞相伯顏公南征，議立水站，命公行視所便，自江陵至大名，又自濟州至沛縣，又南至呂梁，又自東平綱城，又自東平清河，逾黃河故道，至與御河相接。又自衛州御河至東平，又自東平西南水泊至御河，乃將濟州大名東平汶泗與御河相通形勢，圖奏之。」

及滅趙宋，仰食江南，自浙西涉江入淮，而達于河，復逆河至中灤，置運糧都提舉於此，陸運一百八十里，至淇門，下衛河，以抵京師，亦以衛輝爲轉運中心。

元危素《海運志》：「元都于燕，去江南極遠，而百司庶府之繁，衛士編民之眾，無不仰給于江南……，而運糧則自浙西，而涉江入淮，由黃河逆水至中灤旱站，陸運至淇門，入御河以達京師。」

《讀史方輿紀要》〈汲縣衛河〉：「在城北一里；源發蘇門山……，元人漕江淮之粟達于河，至封邱，陸運一百八十里，至淇門入御河。」

同書〈封邱縣中灤鎮〉：「在縣南，大河北岸，元人運道，此為中頓。」

《道園學古錄》〈高魯公神道碑〉：「後夫人趙氏，生中灤運糧都提舉兀魯臺，次即公。公諱觴，字彥解……，事世祖於潛藩。」

《讀史方輿紀要》〈汲縣淇門鎮〉：「城東北五十里……，九域志：汲縣有淇門鎮，元運道，自封邱中灤鎮，陸運至淇門。」

《清一統志》〈封邱縣中灤鎮〉：「在封邱縣西南三十五里，大河北岸，舊有城，元至元中，以運道煙塞，命轉運使，歲漕江南米數十萬，由淮入汴，至中灤城，陸運赴淇，仍以舟載赴京師，蓋運道以此為中頓，後以勞費不貲，改從海運，而中灤遂廢。」

按宋熙寧中，河決澶州，分爲二派，東流奪濟入海，南派注泗入淮。

《穀山筆塵》：「熙寧十年，河決澶州，北道斷絕。河流南徙。東匯於梁山濼，分為二派，一合南清河入於淮，一合北清河入於海……，宋元以來，未之有改。」

《元史紀事本末》：「河自熙寧中，決澶淵曹村，北流斷而南徙，東匯于梁山濼。灑為二：一合南清河入淮，一合北清河，為齊水故道入海。」

《杞乘》：「自宋神宗熙寧十年，南徙分為派：一入淮，一入海，故道遂失。」

迨金之亡也，河決入渦，東流遂涸，全河入淮（請參閱《大陸雜誌》二十七卷四期拙作〈元初河漕轉變之研究〉。）

《大學衍義補》：「金之亡也，河始自開封北衛州，決入渦河，以合於淮。」

《明史》〈河渠志〉：「黃河，宋熙寧中，始分趨東南，一合泗入淮，一合濟入海。金明昌中，北流絕，全河皆入淮。」

方回曰：「是時，淮僅受河之半，金之亡也，河自開封北衛州，決入渦河以入淮。一淮水獨受大黃河之全，以輸海。」

《安平鎮志》：「自南渡後，河益南徙，由渦入淮，東流故道遂涸。」

故元之開濟州河，即所以用濟故道，以通於海。

據《元史》〈河渠志〉：「濟州河，至元十七年，姚演議用濟州泗河，入大清河，至利津入海。」

《東阿縣志》：「大清河者，故齊濆也；指元代海運之法，自任城會源閘，導汶水北流，入清齊故濆，由東阿舊城，至利津入海。」

《天下郡國利病書》：「元世祖至元二十年，以江淮水運不通，命兵部尚書奥魯赤，自任城（按：今濟寧）委曲開穿河渠，導及汶、洸、泗水北，……，入清齊故濆，經東阿至利津入海。」

《新元史》〈河渠志〉：「元初遏汶入洸，以益漕運，汶始與洸、泗、沂合，水猶未分於北。至元二十年，自濟寧開新河，分汶、泗諸水西北流，至須城之安民山，入清濟故瀆，以達於海，猶未通於御河。」

於是，運輸日緊，晝夜不絕於道；蓋始有亡宋圖籍、金帛、宗室之運。

《道園學古錄》〈翰林學士承旨董公行狀〉：「會初得江南，圖籍金玉財帛之運，日夜不絕於道，警衛輸輓，動役數千夫。」

《牧庵集》〈崇陽廟學記〉：「當至元十有三年，宋平，凡江之南，財之儲府庫，賦之產山澤者，悉輸京師。」

《秋澗集》〈書畫目錄序〉：「至元丙子春正月，江左平，冬十二月，圖書禮器，並送京師，丗平章太原張公（按：易），兼領監事。」

《元朝名臣事略》〈左丞董忠獻公〉：「時翰林直學士李槃，奉招詔致宋士，至臨安，公謂之曰：國可滅，而史不可沒……，其太史所記，具在史館，宜悉收入，以備典禮，乃得宋史及諸注記，凡五千餘冊，歸之國史院典藉氏。」

《秋澗集》〈吳娃行〉：「元十三年丙子歲，冬十月二十八日，亡宋太后謝氏，次衛州唐津渡……，有是作。」

繼則有江南粟米之輸。

《道園學古錄》〈翰林學士承旨董公行狀〉：「諸郡運江淮粟至京師，衛當送十五萬，公曰：民藉可役者無幾，且江准舟行，風水不時至，而先弊吾民……。」

《新元史》〈海運志〉：「至元二十年，左丞麥朮丁奏……亡宋都汴時，每年運糧六百萬……，今止中灤一處，漕運三十萬。」

迄至元二十二年，雖罷中灤運道。

按罷中灤運道時間，史無可考，然據危素元《海運志》：「二十二年（按：至元），參政廉不魯迷失海牙等奏：自江南每歲運糧一百萬石。從海道運者十萬石，從阿八赤、樂實二人新挑河道者六十萬石，從奧魯赤所挑河道運者三十萬石。」無衛河漕量，當罷於是是年。

然沿河州縣之租，仍賴此北輸，置都運司以主之。

《元史》〈官志・都漕運使司〉：「秩正三品，掌御河上上至直沽，河西務、李二曲、通州等處，儹運糧斛。至元十四年，自京畿運司，分立都漕運司。於河西務置總司，臨清置分司……。（掌）河西務十四倉……，通州十三倉……，河倉十有七……，滎陽等綱凡三十，曰濟源……，獲嘉……，衛輝……，每綱皆設押綱官二員……，每編船三十隻為一綱，船九百餘隻，運糧三百餘石。」

三、文學重鎮

衛輝既爲元初之交通中心，故亦爲北上學者，元好問遺山、張德輝頤齋等舊遊之地。

《秋澗大全集》〈遺山先生口誨〉：「遺山先生向與頤齋張公，自汴北歸過衛。先君命錄近作一卷三十餘首，摯拜二公於賓館……，時歲甲寅（按：憲宗四年）春二月也。」《陵川集》〈遺山先生墓銘〉：「諱好問、字裕之，太原定襄人……。為箕山琴台等詩，趙禮部見之，以為少陵以來，無此作也……。金亡，不仕而卒。」

《元朝名臣事略》〈宣慰使張公〉：「公名德輝、字耀卿……。中統元年，拜河東宣撫使……。屢與遺山、敬齋遊封山，時人目為龍山三老云。」

而郝陵川經。

《秋澗集》〈祭郝奉使墓文〉：「甲寅（按：憲宗四年）之冬月之尾，公自杞來……，始覿清揚。重於夙契，把酒論交。」（按：甲寅王惲二十八歲，在衛。）

《元朝名臣事略》〈國信使郝文忠公〉：「公名經，字伯常，澤州陵川人，召居潛邸……，中統元年，拜翰林侍讀學士……。公幼至孝……，篤友樂施。德於己者，雖細惠必報。然操持方嚴，風岸峭立……。日以立言載道為務，於文辭以理為主，雄渾有氣。」

《秋澗集》〈祭郝奉使墓文〉：「公之問學，閎肆汪濊。公之文章，豹炳虎蔚，萬斛淵泉，出不擇地。」

王鹿庵磐，桓多經此。

《元朝名臣事略》〈內翰王文忠公〉：「公名磐，字文炳，廣平永年人……。歲壬辰（按：大宗六年），河南受兵……，遂北遊河內。居無何，置王榮之變，去隱共山。」

《秋澗集》〈中堂記事〉：「王磐先生字文炳，永年人，前進士第，道號鹿庵。」又〈碑陰先友記〉：「王磐字文炳，永年人。人品高邁，儀範一世，文章精極理要，臨大節不可奪，今為翰林學士承旨。」

《清一統志》〈共山〉：「在輝縣北九里，縣志亦謂之九峰山，蘇門山之別阜也。」

兼之，有蘇門、白鹿、九峰、天門、青巖諸山之勝。

《秋澗集》〈郭氏挹翠樓記〉：「共人郭子忠起書樓於所居之西市……，予以邑距太行東麓，連山疊阜，映帶回抱。矯首而觀，得西南林壑風煙之勝，因扁其顏曰挹翠……。蚤歲有懷嘗從諸賢談書山房，洒洒然遂有所得，如龍門、石門、白鹿嵬、石家巖等山，皆左戒絕觀。」

《清一統志》〈蘇門山〉：「在輝縣西北七里，一名蘇嶺，即太行支山也。本曰柏門山，《魏書》〈地形志〉，共有柏門山，《寰宇記》，俗名五巖山。」

同書〈白鹿山〉：「在輝縣西五十里，舊志：山西與太行接連，上有天門谷，百家巖。」

同書〈共山〉：「在輝縣北九里，縣志：亦謂之九峰山，蘇門之別阜也。」

同書〈天門山〉：「在輝縣西北五十里，亦名石門山。」

同書〈青巖山〉：「在淇縣西南三十里，名勝志：有水濂洞，出泉澄澈可鑒。」

水濂洞、百門泉、黑龍潭之奇。

《秋澗集》〈青巖山道院記〉：「衛奠太行東麓，山形迤逶，自南運肘，北闖其間，峰巒欻斷，入靈初闢，望之儼然，而巉者蒼峪也……。東行十餘里，抵青巖山。崖壑尤美，四顧皆亂山，茂林列時……，其東南有洞府，軒豁層崖，上廣丈許，選四五十步，其中泉水泓澄叵測。春仲二日，洞出怪光…，泓水湧落……，瀉山谷間者…，呼曰水濂洞……。」

《讀史方輿紀要》〈百門泉〉：「縣（按：輝）西七里，一名百門山、有百門泉，泉通百道……，衛（按：水）源於此。」

《清一統志》〈百泉〉：「衛河源出輝縣西蘇門山百泉……，百泉一名搠刀泉。」故百門泉，亦名百泉，搠刀泉。

《豫志》：「衛水發源蘇門山，如珠璣百萬，飛躍可愛。」

《讀史方輿紀要》〈汲縣黑龍潭〉：「在府城西，舊時黃河決溢，而瀦為潭處也。」

具江南山水之秀，而無卑濕蒸炎之苦，誠中州之江南也。

《秋澗集》〈總尹湯侯月臺圖詩序〉：「蘇門山水，秀為天下甲，至有東南佳麗瀟洒之勝，而無卑濕蒸炎之苦，誠中州之江南也。」

加以，湧金亭、邀月樓、飛雲樓、安樂窩、玉虛觀，可供宴飲賦詩，以賞風月。

《清一統志》〈湧金亭〉：「在輝縣西百門泉上，亭在泉側，泉從地湧，日照如金……，金明昌間建。」

同書〈邀月樓〉：「在府治中，《明一統志》，唐刺史李憲建。」

同書〈飛雲樓〉：在府治北城上，《明一統志》：金大定間……建。」

《秋澗集》〈輝州重修玉虛觀碑〉：「雪齋（按：姚樞）愛其幽勝……，倘佯其間……。」

《清一統志》〈安樂窩〉：「在輝縣西北蘇門山中，百泉上，宋儒邵雍讀書處。」

朝歌、牧野、鹿臺、枋頭、淇園及安厘王、比干墓，可資訪古探幽，以發遐思。

《讀史方輿紀要》〈淇縣朝歌城〉：「在縣東北，杜裕曰：衛縣西二十五里：有朝歌古城。

《括地志》：在衛州東北七十二里，即紂所都也……，今縣西南，有朝歌岩。」按：衛縣即今淇縣，元以前曰衛縣。

同書〈汲縣牧野〉：「在府東北，司馬彪曰：北去朝歌（按：隋時衛縣，亦即淇縣，曰朝歌縣）十七里，周武王伐付，陳於牧野……，又有比干墓。」

同書〈淇縣鹿臺〉：「在縣西北，劉向曰：朝歌城中，有鹿臺，大三里，高千尺。志云：今縣南陽社有鹿臺。縣東北吳里社，有鉅橋，皆殷紂積粟處。」

《清一統志》〈衛輝古蹟〉：「枋頭城，在濬縣西南八十里，即今淇門渡，古淇水口也。」

（按：東晉劉裕北伐，即敗於此。）

同書〈衛輝古蹟〉：「淇園，在淇縣西北三十五里，即《詩》所詠淇澳也。」

同書〈衛輝陵墓〉：「魏襄王墓，在汲縣西二十里，或言安厘王冢。」

遂致學者，多隱居教授於此。如壬寅姚雪齋樞，隱居蘇門，版刻群書，傳伊洛程朱之學。

《許魯齋集》〈考歲略〉：「壬寅（按：太宗后元年），需齋隱蘇門，傳伊洛之學，於南士趙仁甫。」

《收庵集》〈左丞姚文獻公神道碑〉：「乙未（按：太宗七年），詔二太子南征，俾公從楊中書，即軍中求儒道釋醫卜。會破棗陽：併公所招，將盡坑之…。繼拔德安，得江漢先生趙復仁甫……，公曉以徒死無益……，遂還。盡出程朱二人性理之書付公。江漢至燕，學徒從者百人，北方經學自茲始。」

《元朝名臣事略》〈左丞姚文獻公〉：「公名樞，字公茂，營州柳城人……。歲辛丑（按：太宗十三年），賜金符，以郎中佐伊囉斡齊行臺於燕。時惟事貨賂，天下諸侯，競以掊克入媚。以公幕長，必分及之。乃一切拒絕，遂攜家來輝，墾荒雲門，糞田數百畝，修二水輪，誅茅為堂，城中置私廟，奉祀四世，中堂龕魯司寇容，榜垂周、兩程、張、邵、司馬六君子像，衣冠莊肅，以道學自鳴。佳時則鳴琴百泉之上。遯世而樂天……。又汲汲以化民成俗為心，自版《小學》、《書》、《語》、《孟》或問《家禮》，俾楊中書板《四書》，田尚書板《詩》折衷，《易》程傳，《書》蔡傳，《春秋》胡傳：又以《小學》書流布未廣，教弟子楊古，為沈氏活板，與《近思錄》，《東萊經史論說》諸書，散之四方。」《牧庵集》〈歸來園記〉：「歲壬子，余與令醴泉雷君損之交，至元丁亥最之，二十六年為故人。始余從先世父左轄公（按：姚樞會任中書左丞，號左轄）受讀四書，君與橫經几席，為同業……。」

甲辰，王鹿庵磐，隱授共城。

《秋澗集》〈提點彰德路道教事寂然子霍君道行碣〉：「國朝甲辰（按：太宗后三年）乙巳（按：太宗后四年）間，鹿庵先生教授共城，不肖（按：王惲）亦添侍几杖。」同書〈感皇恩〉：「李士觀……，予二十時，鹿庵先生門，同舍生也」」又〈題王明村黃老店壁〉：「當時同門者十三四人，止有李士觀、傅士開。」

《讀史方輿紀要》〈輝縣共城〉：「今縣治，春秋時衛邑……，漢置共縣……，隨改置共城縣，自唐至宋，因而不改。」又〈輝縣〉；「在府西六十里……，漢置共縣……，金大定中……；改縣曰河平，又改曰蘇門，貞祐中，又置輝州治焉，元省蘇門入州，明改州為縣。」

庚戌，許魯齋衡，亦隱授於此：

《魯齋集》〈考歲略〉：「壬寅雪齋隱蘇門，傳伊洛之學，於南士趙仁甫。先生即詣蘇門訪求之。得伊川易傳，晦庵《論》《孟》集註，《中庸》《大學》章句……。讀之，深有默契於中，遂一一手寫而還……。庚戌（按：定宗后二年），先生力疾還鄉，聞懷孟之政尤苛虐，遂止蘇門，與雪齋相比，以便講習……。辛亥（按：憲宗元年），雪齋赴徵，先生獨處蘇門，始有任道之意。」

壬子，劉德淵道濟，授於胙。

《秋澗集》〈卓行劉先生墓表〉：「先生諱德淵，字道濟，襄國內邱人……。壬子（按：憲宗二年）秋，予始見先生於胙，對榻學館。」

《清一統志》〈胙城縣〉：「隋置胙城縣；唐、五代、宋、元、明因之，清廢。」又〈衛輝古蹟〉：「胙城故城，在延津縣北三十五里。縣志：始自東燕故城，移治西三十五里華里店。金貞祐中，又徙治宜村。元泰定甲子，仍治華里店，即今治。」

徒單公履雲甫，教於汲。

《秋澗集》〈故真定五路萬戶府參議兼領衛州事王公行狀〉：「待制徒單雲甫，肥遯鄰邑，聞公典衛也，幡然來歸。為治堂黌，極賓禮。選子弟之開敏者，從而師之。自是，郡之文風，尤為熠興。」

同書〈哀友生季子詞並序〉：「壬子秋，顒軒單公，自寧來居。」又「昔顒軒、鹿庵樂育淇上，一時秀造，時號多士，逮中元以來，例官遊四方，僕二十年間，才三至鄉里。」
同書〈碑陰先友記〉：「徒單公履，字選甫，遼海人……，官至侍講學士。」
《道園學古錄》〈田氏先友翰墨序〉：「徒單公履字雲甫，女真人。」

皆一代大儒。

《秋澗集》〈中堂記事〉評姚樞謂：「姚樞，字公茂，柳城人。資明亮識深，有理學……，官至中書左丞，終翰林承旨。」

《元朝名臣事略》〈內翰王文忠〉，李野齋評王磐謂：「公性剛方，凡議國政，必正言不諱，雖上前奏對，未始將順苟容，上嘗以古直稱之。夙有重名，持文炳主盟吾道，餘二十年。天下學士大夫，想望風采，得被接納，終身為榮。言論清簡，義理精詣……為文沖粹典雅。得體裁之正……。以義理養其心，世俗紛華，略不過目。惟喜作書，晚年益造精妙……，世得遺墨，爭寶藏之。」

《秋澗集》〈碑陰先友記〉，王惲評乃師謂：「人品高邁，儀範一世，文章精極理要，臨大節不可奪。」

《收庵集》〈送姚嗣輝序〉，《虞集》評許衡謂：「司徒文正許公微時，于大名，于輝，于泰，于河內，以倡鳴斯道為已任，諄諄私淑，少長不一其年也，銳鈍不齊其才也，積多至數百人……。其後弟子，繼司鼎鉉者將十人，卿曹風紀二千石使，綦錯中外者，又十此焉。」

> 《元朝名臣事略》〈左丞許文正公〉評之謂：「文公歿百十年，魯齋先生焉。聖朝道為一脈，迺自先生發之，至今學術正，人心一，不為邪論曲學所勝，先生力也。所以繼往聖，開來學，功不在文公下。」故皇慶二年，得從祀孔子。據《元文類》〈魯齋先生陞從祀祭文〉：「惟皇慶二年……，欽承綸旨，以先師文正公魯齋先生，列為大成至聖文宣王從祀之位。」

> 《秋澗集》〈卓行劉先生墓表〉評劉道濟謂：「性癖直，有操守，好學能自刻厲，及游濬南王先生門……，饜飫史學：為專門之業。非禮義不妄言動，一介不取於人。朋友死，雖千里之遠，徒步必至……。始則人大以為異，既而疑焉，終迺歎服曰，先生篤行直躬，守死善道者也……。魯齋許公，每道邢，必式閭致恭而去。」

> 《秋澗集》〈碑陰先友記〉，評徒單雲甫云：「學問賅博，善持論，世以通儒歸之，性純孝，樂誨人。」

遂致衛輝在元代，與東平並爲學術重鎮。

> 《清容居士集》〈翰林學士承旨榮祿大夫遙授平章政事贈光祿大夫司徒上柱國永國公謚文康閻（按：復）公神道碑銘〉：「時則有嚴忠武公，披荊剪蕪，扶植儒學，作成逢掖，卒能敷文帝庭，風動八表，鄆之得人，號稱至盛。」

> 《秋澗集》〈蝶戀花〉：「昔鹿庵顒軒，樂育淇上，時號多士。」

淇上三王，東平四杰，東西相映輝。

《秋澗集》〈壽七十詩卷〉：「文衡始自文康公，敬齋鹿庵聲望隆。共城三王稍後出，秋澗早直蓬萊宮……。」

同書〈故翰林學士秋澗王先生哀挽序〉：「曩自幼把公盛名，知衛有三王，與吾魯有四杰。並嘗求其所為文，諷誦之，愛其氣格雄拔，不窘近世繩尺……。」

按東平四杰，據《元史》〈閻復傳〉：「幼入東平府學，師事名儒康曄，嚴實招諸生肄進士業，延元好問校試……，彼為首，徐琰、李謙、孟祺，時稱東平四杰。」

復按淇上三王，據《秋澗集》〈大元故翰林學士中奉大夫知制誥同修國史贈學士承旨資善大夫追封太原郡公謚文定王公神道碑銘〉：「少與西溪，春山友善，時目為淇上三王。」

四、太一教中心

元代道數，演爲五宗，太一教其一也。

《松雪齋集》〈制贈大道正宗四世稱號碑〉：「其時推崇釋老黃冠之徒，各立名號，凡有五宗：邱處機學於王重陽，號全真教；張宗演傳其祖道陵之學，號正一教；張留孫實正一徒派，以受時王寵異，別稱其號為元教；酈希誠學於劉仁德，號直士教（按：眞大道教）；蕭輔道學於蕭抱珍，號太一教。」

金天眷中，衛人蕭抱珍，創始淇上。

《元史》〈釋老傳〉：「太一教者，始金天眷中，道士蕭抱珍，傳太一三元法籙之術，因名其教曰太一。」

《秋澗集》〈大都宛平縣京西鄉𡺸建太一集仙觀記〉：「金源氏熙宗朝，一悟真人蕭公，以仙聖所授秘籙，刱太一教法於汲郡。」

《滹南遺老集》〈太一教三代度師蕭公墓表〉：「太一之教，實金朝天眷間，衛郡蕭真人其始祖也。靈異之迹，上賜至尊，敕賜觀名太一。」

汲之萬壽宮，即其祖觀。

《秋澗集》〈凝寂大師衛輝路道教都提點張公墓碣銘〉：「時衛之祖觀，兵後燬廢掃地，度師遣提點張善淵詣衛興復，且請師以左葺理。」

同書〈萬壽宮方丈記〉：「維太一教興於金初，始祖垂創……。貞祐之兵，燼為飛煙，四代中和仁靖真人，披荊榛，㩜瓦礫，成難于易，不十年略見完具……，今六代純一師……，八年之間，一新而改觀，可謂善維善述者矣。」

自茲以降，所傳諸祖，幾悉爲衛人。蕭二祖韓道熙，衛人。

《秋澗集》〈太一二代度師贈嗣教重明真人蕭公行狀〉：「師諱道熙，字光遠，本韓氏……。大定六年冬十有一月，真人羽化於萬壽（宮）（方）丈室……，既窆師，乃陳寶籙法物，具香火，陞堂以二代嗣事謂眾。」

同書〈故太一二代度師光遠韓君墓碣銘〉：「君諱矩，字某，其先為大梁望族……，五季初……，避地北渡，遂占籍為衛人……。天眷中，太一始祖真人，以神道設教，遠近嚮風……，君舉族法修……。君內子閻，以嗣事為禱……，誕師……。真人目之曰，他日輔興吾教者，此兒也……，今追定仙號曰太一二代嗣教重明真人。」

三祖王志沖，博州人。

《秋澗集》〈太一三代度師先考王君墓表〉：「君姓王氏，諱守謙，字受益，博之堂邑人……。有子曰志沖，即今太一三代度師也……，丗定仙號體道虛寂真人。」

《濬南遺老集》〈太一三代度師蕭公墓表〉：「師諱志沖，字用道，博州堂邑人，本姓王氏。」

四祖蕭輔道，衛人。

《秋澗集》〈大都宛平京西鄉丗建太一集仙觀記〉：「其四代東瀛子，即祖（按：始祖衛人蕭抱珍）房孫，諱輔道……，士論有山中宰相之目，大元壬子歲，應世祖皇帝潛邸之聘，占對稱旨……，賜號中和靖仁真人。」

五祖李居壽，衛人。

《秋澗集》〈太一五祖演化真常真人行狀〉：「師姓李氏，諱居壽，字伯仁，道號淳然子，衛之汲縣西晉里人。」

六祖李全祐，衛人。故太一固發祥于衛，亦以衛爲中心。

《秋澗集》〈凝寂大師衛輝路道教都提點張公墓碣銘〉：「至元十九年，六代純一真人，嗣主法席……。純一真人，以予鄉曲，故持狀來碣銘。」按王惲秋澗，衛之汲郡人，六祖既為鄉曲，故亦衛人。

同書〈太一五祖演化真常真人行狀〉：「至元十七年七月二十六日羽化……，治命令觀妙大師李全祐，嗣主法席。」

至其聲勢，雖不足與全眞，玄教相抗頡；

《松雪齋集》〈制贈大道正宗四世稱號碑〉：「五宗之中，惟全真教顯於元初，元教（按：亦稱玄教）顯於中晚。其盛時皆參預朗政。正一教則自行於江南而已，餘二宗，尤不敢望其肩項。」（請參閱姚從吾鄉賢《東北史論叢》有關全眞教論著，及《政治學術季刊》創刊號拙作〈玄教考略〉一文。）

然亦出入宮禁，爲帝王所尊。

《秋澗集》〈大都宛平縣京西鄉㞭建太一集仙觀記〉：「一悟（按：抱珍）傳之重明（按：二祖），大定間，召住天長觀，嘗入禁中，論道稱旨，寵賜甚渥……。其四代……，大元壬子歲，應世祖皇帝潛邸之聘，占對稱旨……，賜號中和仁靖真人……。及登大位，中和已仙去，玄談粹宇，有不能忘者。詔五代度師居壽至京師，特建琳宇，丗額太一廣禧萬壽宮。」
同書〈清蹕殿記〉：「己未春，鑾輅南駕，次牧之野，時師（按：四祖）僊已邈，上以隱居所在，特枉駕來幸。」

範圍所及，北達燕趙，東漸於海。

《滹南遺老集》〈清虛大師侯公墓碣〉：「師諱之仙，字子真，趙州人……。聞淇上蕭真人立太一教，因往參，為門弟子……，乃即本州及真定之第，各建太一堂。」
《秋澗集》〈太一二代度師嗣教重明真人行狀〉：「聲教大振，門徒增盛，東漸于海。」
同書〈大都宛平縣京西鄉丗建太一集仙觀記〉：「詔五代度師居壽至京師，特建琳宇，丗額太一廣禧萬壽宮。」

而營堆金塚，說愛民治道，亦功在生民也。

《秋澗集》〈堆金塚記〉：「國朝癸酉歲，天兵北動……，衛乃被圍輿，三日城破，以州旅拒不即下，悉驅民出泊近甸，無焦類殄殲……。時太一度師……，自河南來歸，睨視城郭為墟，暴骨如莽……。募人力斂遺骸……，瘞而丘之……，俗呼為堆金塚……。師諱輔道字公弼。」
同書〈清蹕殿記〉：「太一四代度師……，既至，上詢以所以為治者，師以愛民立制，潤色鴻業，用隆至孝者，數事為對。」

五、典守者皆名臣

衛以地當衝要，故可考之典守者十一人，悉爲名臣。初憲宗於二年，以衛之五城，賜史天澤。天津遂以王昌齡領衛州。

《秋澗集》〈故真定五路萬戶府參議兼領衛州事王公行狀〉：「王衛州……，諱昌齡，字顯之，姓王氏，滄州人……。辛亥（按：憲宗元年）秋七月，先皇帝即位，正封邑，賜勳舊，復以汲……六縣地，封史大丞相……，以衛乏人為憂……，特命公領事。」

九年，復以其子繼父職。

《秋澗集》〈故正議大夫前御史中丞王公墓誌銘〉：「公諱復，字子初……，府君諱昌齡……。己未（按：憲宗九年）冬，自齊經起君襲職，仍領州務。明年，中統建元，實授衛輝府同知。」

中統初，高源繼之。

《新元史》〈本傳〉：「字仲淵，青州饒陽人……，中統初，擢衛輝路知事。」

至元二年，陳祐拜衛輝路總管。

《秋澗集》〈大元故中奉大夫浙東道宣撫使陳公神道碑〉：「公諱祐，字慶甫，世家趙之晉寧人……。至元二元……，授嘉議大夫衛輝路總管。」

逮懷孟衛輝，省入彰德，詔覃懷任同知總管府事。

《新元史》〈本傳〉：「字彥清，與德懷來人……，世祖南征，使澄專治懷孟，至元二年，省懷孟衛輝兩路入彰德，改授同知總管府事。」

十三年，董文用出爲總管。

《道園學古錄》〈翰林學士承旨董公行狀〉：「十三年，出為少中大夫、衛輝路總管：兼本路諸軍奧魯赤總管，佩金虎符。」

十七年，尙文典輝州。

《元文類》〈平章政事致仕尚公神道碑〉：「十有七年，出守輝州，不事刑撻，因其土俗，以禮導之。」

二十一年，耶律漢杰除總管。

《秋澗集》〈重修衛輝路總管府帥正堂記〉：「中統建元之明年……，後二十五年，嗣侯荅失帖木兒，暨總管耶律漢杰……。」

三十年，司仁毅夫知淇州：

《秋澗集》〈三賢堂記〉：「奉訓大夫知輝州司侯仁，以至元三十年，下車奠謁孔廟，還謂之曰：是州學宮……，簡陋也……。又舉我先世父太子大師，故翰林承旨王公，故中書左揆許公，語州人曰：之三賢者，皆股肱之首……，其可不祀……，侯字毅夫。」

迨至正八年，劉秉直授總管。

《新元史》〈循吏傳〉：「劉秉直字臣，大都武清人，至正八年，為衛輝路總管。」

史天澤子杞，亦嘗總管於此。

同書〈史天澤傳〉：「八子……杞，前衛輝路總管。」

六、結語

總之，衛輝自金源南渡，即成汴京北門，爲蒙元攻防之戰略重地。及金源既覆，則又爲經略江淮之軍需中心與大河南北交通之樞紐。迨平趙宋，江南之財帛賦稅，復以此爲運道。加之更爲學術宗教重鎭，是以地位之重要，實非他地可比。蓋爲學術宗教重鎭者，未必爲交通戰略中心也。

（原載一九六六年九月《中國邊政》十三期）

十七、元史劄記

一、蒙元克汴免屠，非楚材一人諫阻之力

元軍克汴，嘗欲屠城，幸賴耶律楚材之力諫得免。

據《元朝名臣事略》〈中書耶律文正王〉：「國制：凡敵人拒命，矢石一發，則殺無赦。汴京垂陷，首將蘇布特遣人來報，且言此城相抗日久，多殺傷士卒，意欲屠之。公馳入奏曰：『將士暴露凡數十年，所爭者土地人民耳，得地無民，將焉用之。』上疑而未決，復奏曰：『凡弓矢甲仗金玉等匠，及官民富貴之家，皆聚此城中，殺之則一無所得，是徒勞也。』上始然之，詔除完顏氏一族外，餘皆原免。時避兵在汴者，戶一百四十七萬。」《元史》、《新元史》所記亦同。

據《新元史》本傳：「國制：凡攻城，城中一發矢石，即為拒命，既克必屠之。汴京垂拔，大將速不台奏言……。宜屠城。楚材馳入奏曰：『將士暴露數十年，所欲者土地人民耳……。』帝始允。詔除完顏氏一族外，餘皆原免……。」

然鄭龍岡，亦有力焉。且影響之巨，較之楚材，似尤過之。

據《牧庵集》〈鄭龍岡先生挽詩序〉：「燧少時，聞鄭龍岡公……。後為國學生，始與其孫有節、有文二人者友……。今年來關中，有文……示吾友江西行省郎中高道凝所撰埋銘，而得見公大節有三：一曰廉，太宗賜銀五萬，辭。今上賜鈔二千緡償責（按：債），辭。二曰讓，太宗再富以地，比諸侯王封，再辭。貴以上相，位兩中書右，又辭。三曰仁，金以蹙國，汴都尚城守，太宗怒其後服，拔將甘心，公拂逆曲折陳解，城賴不屠，所全無慮數十萬人。世之知公淺淺者，唯曰尚醫。夫善鍼艾藥石者，孰與和扁意佗。稽之書傳，所起死，唯各數人。使四子者存，盡鍼艾藥石一世之技，能起數十萬人之死于膏血橫流之下乎？四子所能者，公或不能，公之所能，不唯四子之不能。雖一時四海動戚將相，結主知未固者，皆不能也。古稱仁人之言，其利溥哉，其不信然乎！自公之賈謝，凡在庭將相……以誄之，集將百篇……。」

按鄭龍岡，景賢之號也。《元史》無傳，以醫受知於太宗。

據王國維氏《耶律文正公年譜》：「案公集中，投贈唱和者，有一人即鄭景賢是也。集中呈景賢，或和景賢之詩，至五十七首，占全集十分之一……，其人蓋以醫事太宗，即《長春真人遊記》所謂：三太子醫官鄭公者也。景賢號龍岡居士……，《牧庵集》三，有鄭龍岡先生挽詩序。」

復據《湛然居士集》〈寄景賢一十首〉：「龍岡居士得賢君……。」「龍岡醫隱本知機……。」故龍岡為景賢之號，乃醫隱，受知太宗。所謂：「摩撫瘡痍正似醫，微君孰宜拯危時，萬金良策悟明主，厚德深仁四海施。」或耶律文正對克汴免屠，記實之詠也。

二、元世官俸至薄

元俸，諸品分上中下三等。

據《新元史》〈食貨志〉：「世祖中統元年，始給內外官吏俸鈔……。二十三年，重定百官俸，始於各品，分上中下三例……。凡百官俸例，各分上中下三等。」以朝列大夫從四品下爲例，月俸一定四十兩。

據《新元史》〈食貨志〉：「從四品上，二定。中，一定四十五兩。下，一定四十兩。」復據《元史》〈官志〉：「朝請大夫、朝散大夫、朝列大夫、以上從四品。」

按五十兩爲一定，故從四之俸，即中統鈔九十兩，蓋俸給以鈔爲準也。

據《新元史》〈鈔法〉：「至元三年，諸路交鈔都提舉楊楫，上鈔法便宜一事，請以五十兩鑄為一定，文以元寶，從之。自後，十三年伯顏平宋，鑄揚州元寶，納於朝。」

復據《新元史》〈官俸〉：「世祖中統元年，始給內外官吏俸鈔……。」又「內外官俸數」：「中書右丞相，一百四十貫，米十五石。右丞相、平章政事，一百二十八貫六錢六分六，米十二石……。廉訪司廉訪使，俸中統鈔八十貫，副使四十五貫……。」律以貫為準，非給白銀。（復按：一貫同中統鈔一兩，兩貫同白銀一兩，故從四一月之俸，合錢九十貫，爲銀四十五兩。）

據《新元史》〈食貨志‧鈔法〉：「中統元年，始造交鈔，以絲為本。以銀五十兩，易絲鈔一千兩，諸物之值，並從絲例……。是年七月，又造中統元寶鈔，其文……以貫計者，一貫文，二貫文。每一貫同交鈔一兩，二貫同白銀一兩……。」

復據秋澗卷八十：「諸路通行中統元寶，街下買賣……。每貫同鈔一兩，每兩貫同白銀一兩行用，永為定例。」

據王惲謂：至元二十年，斗米兩貫，故從四之俸，僅合米四石五斗耳。

據《秋澗大全集》卷四十四〈僮喻〉：「今日炊煙晨冷，庖人告乏……，時斗米直鏹餘二千，是旬月所糜，須六萬三千餘錢耳……。」又謂：「汝翁行年五十有七」。

復據同書附錄「故翰林學士秋澗王公哀挽詩序」：「內翰秋澗公謝事之明年，終命於家，春秋七十八，實大德甲辰六月辛丑也。」（按：大德甲辰，惲七十八歲，故上逆至五十七歲，即至元二十年。）

時惲爲朝列大夫，從四品。嘗謂其家，月需食糧五釜。

據《秋澗集》附錄〈神道碑〉：「十四年……明年秋，選授朝列大夫、河北河南道提刑按察副使。」復據《元史》本傳：「十八年，拜中議大夫、行御史台治書御史，不赴……。」又謂「十九年春，改山東東西道提刑按察副使，在官一年，以疾還衛。」故至元二十年，仍為朝列大夫，從四品。

復據《秋澗集》卷四十四〈僮喻〉：「今日炊煙晨冷，庖人告云，計口而食，月得粟五釜可足。」

按六斗四升爲一釜，故據前述（斗米兩貫，一貫同交鈔一兩，從四品月俸中統鈔九十兩），惲之一家，僅食粟一項，即須中統鈔六十四兩，爲其俸給之三分之二。

據《辭源》：「六斗四升曰釜。」復按：五釜，為三石二斗，每斗二貫，計六十四貫，亦即中統鈔六十四兩。為四品下，月俸九十兩之三分之二強。

惲又謂：其家二十口，一日之需，酌中計之，爲錢五貫，而慶弔、賓客、差徭之數不與。是一月之費，一百五十貫，即中統鈔一百五十兩。

據《秋澗集》卷四十五〈儉訓〉：「今余家二百指口（按：二百指，即二十口），所費酌中計之，日約五貫文，是須千八百緡，可支一歲，其慶弔賓客差徭之數，又不在內。」

故從四之俸，僅給秋澗家用之半耳。

按前述，從四之俸九十兩，是僅家中衣食，即尚缺七十兩。

若較之唐代，仍以從四爲例，不足五之一。

據《新唐書》〈官俸〉：「武德元年，文武官給俸祿，頗減隋制……。從四品，二百六十石……，皆以歲給之……。一品有職分田十二頃……，四品七頃，五品六頃……，皆給百里內之地，以地租給京官。」故唐代從四品，月粟二十一石三斗，即不計職田之租，較之元代從四品俸四石五斗，已五倍矣。

若較之宋代，以宰相爲例，則相去數十倍不啻。故元俸之薄，可以概見。

據《宋史》〈官俸〉：「祿粟：宰相月給二百石。奉祿：宰相月二百千。隨身傔人衣糧：宰相，七十人。」他如茶酒廚料，薪炭等之給，未列。

復據《新元史》〈官俸〉：「中書右丞相，一百四十貫，米十五石。」故元代宰相，月粟二十二石五斗。蓋斗錢二貫，合七石五斗。是宋代宰相，僅祿粟一項，幾十倍於元。再計之他項，當相去數十倍不止。

三、蒙元陷蠡未屠，有異說

元軍攻蠡，雖石抹也先戰死，史載陷而未屠。

據《新元史》〈木華黎傳〉：「蠡州力屈始降，大將石抹也先，攻城中砲死，木華黎欲屠之。蔚州人趙瑨，從軍為署百戶，泣請曰：母與兄在城中，乞身贖一城之命，木華黎義而免之。」《元史》本傳同此。

復據同書〈趙瑨傳〉：「蔚州飛狐人，太祖八年，大軍至飛狐，瑨迎降。十二年，木華黎署瑨百戶，從攻蠡州，裨將石抹也先戰死，木華黎怒將屠城，瑨泣曰：母與兄在此，願以身贖城中民命，木華黎義而許之。」《元史》本傳同此。

復據《牧庵集》〈提刑趙公夫人楊君新阡碣〉：「二子珪、瑨，珪將萬夫，戍蜚狐，後遷刺蠡州。留瑨在鄉守舍，天馬南牧，度形勢不支，倡縣民以城下之。從太師國王（按：木華黎封號），徇地至蠡，其刺猶守城，砲死王悍將蕭大夫（按：石抹也先，亦蕭姓，官御史大夫），王恚，欲坑城，公請以身贖母兄死，王哀之，併全蠡民。」

然《吳文正集》，《牧庵集》，併有異說，咸謂屠之。

據《吳文正集》〈江州路總管王公（按：彥弼）墓碑〉：「國朝兵至河北，忠惠率三十村之民，迎其帥，帥授以幟，及蠡陷受屠，三十村之民，獨免。」

復據《牧庵集》〈懷遠大將軍招撫使王公神道碑〉：「王彥弼……，諱興秀……，皆農蠡之博野宋村……，撼三十村之民……，迎兩大帥，萬戶劉伯林，御史大夫蕭公（按：石抹也先）降……。大兵及城，……砲死蕭大夫，兩軍憤厲，一鼓屠其城，無噍類遺。」

四、元代暴民悍兵，以人為食

金元之際，石海之衆，以人爲食。

據《青崖集》〈重修北嶽露台記〉：「有金南渡，河北羣雄如毛，弱之肉，強之食，鄉人惴惴焉……。自貞祐初，天兵南牧，衆推公石城縣尹。丙子（按：元太祖十一年），石海亂，歲且饑，民瀕於沙河者，夜採魚藕草糧以糊口，晝穴窨，不敢出。海遺何運副者，擁精騎五千，駐之曲河村，得一窨，即食之。折骸爨骨，腥聞於天。」

至正之世，淮右軍人，復嗜食生人，謂之「想肉」。

據《綴耕錄》〈想肉〉：「天下甲兵方殷，而淮右之軍，嗜食人。以小兒為上，婦女次之，男子又次之。或使坐兩缸間，外逼以火；或於鐵架上生炙；或縛其手足，先以沸湯澆潑，却以竹帚刷苦皮；或乘夾袋中，入巨鍋活煮；或封作事件而淹之；或男子斷其雙腿，婦女則特剜其兩乳，酷毒萬狀，不可具言，總名之曰想肉，以為食之而使人想之也。」

復據《新元史》〈陶宗儀傳〉：「至正間……，辟舉行人校書，皆不就。藝圃一區，躬耕之暇，以筆墨自隨……，每記一事，輙摘頁書之……，如是者十年……，合三十卷，題曰《南村綴耕錄》。」同書〈韓林兒傳〉：「至正十一年……，福通遂……以眾反。」〈方國珍傳〉：「國珍……曰：蔡能為盜，我顧不能也……，遂……亡入海……，時至正八年十一月也。」〈倪瓚傳〉：「家本素封，至正初，忽散其財，給親友，人咸怪之，未幾兵起，富室悉被禍。」故至正之初，已江淮亂起，而宗儀之作，又當在中晚，是所記，或聞於斯時。

際茲浩劫，眞乃天綱絕，地軸折，無復人紀矣！

據《元文類》〈中書令耶律公神道碑〉：「國家承大亂之後，天綱絕，地軸折，人理滅。」復據元遺山集「聶孝女墓銘」：「時京城圍久，食且盡，閭巷間……，剽奪凌暴，無復人紀。」

五、元代地方治安窳劣

元代州縣，雖有弓手之設，職司巡捕。

據《元史》〈兵志〉：「元制：郡邑設弓手以防盜也……，外而諸路府所轄州縣，設縣尉司巡檢、司捕盜。所置巡軍弓手，而其數制有多寡之不同……。」

漢人亦有挾兵之禁。

據《元史》〈刑志〉：「諸漢人持兵器者禁。」「諸民間有藏鐵尺、鐵骨朶及含刀、鐵柱杖者禁。」「諸神廟儀杖，止以土木紙綵代之，用真兵器者禁。」

復據《秋澗集》卷八十四：「論品官懸帶弓箭事狀」：「任三品至七品以下官員，皆不許懸帶。」

然初制，僅持悶棍，至元二十三年，始得持兵。且百里之縣，五副而已。千里之路，亦無逾十副，有若趙宋然。

據《元史》〈兵志〉：「至元二十三年省台官言：捕賊巡馬，先令持悶棍以行，賊眾多，有弓箭，反致巡軍被傷。今議給各路弓箭十副，府州七副，司縣五副，各令置備防盜，從之。」

復據《宋史》〈王禹傳〉：「大郡給（兵）二十人，小郡十五人，以充長隨，號曰長史，實同旅人。名為郡城，蕩若平地。雖則尊京師而抑郡縣，為強幹弱枝之術，亦匪其中道。」

故盜賊充斥。

據《元朝名臣事略》〈耶律文正王〉：「國初，盜賊充斥，商賈不能行，則下令凡有失盜去處，周歲不獲賊，令本路民戶代償其物。」

眞定一夜間，盜發二十餘處，闔郡大驚。

據《秋澗集》卷八十九〈為盜賊糾治真定路官吏事狀〉：「今體訪得真定府，羣盜公行，或劫無所畏避。據前月上半月內，一夜之間，失事者凡二十餘處……，闔城之民，遇夜驚懼，寢處不安。」

極其所至，竟夜入太廟，盜武宗金表神主。

《元史》〈禮志〉：「四年（按：泰定）夏四月辛未，盜入太廟，失武宗神主及祭器。」復據《元史》〈禮志〉：「至元……六年十二月十八日，國師奉旨造木質金表牌位，十有六，亦號神主。」

治安之壞，與趙宋之盜入濮州，劫知州監軍而去，如出一轍。

據《宋史》〈王禹傳〉：「咸平三年，濮州盜，夜入州城略知州王守信、監軍王昭度而去。」復據《宋史》〈陳希亮傳〉：「仁宗嘉祐間，石塘河役兵叛，其首領周元，自稱周大王，率其徒三十四人搔擾，汝洛間為之震動。」

六、蒙韃備錄之移剌晉卿，即耶律楚材，王氏疏於箋註

王國維氏為近代史學名家，號稱博覽。所註「蒙古史料四種」，亦向為世人所推崇。維《蒙韃備錄》中之移剌晉卿，未加箋註，良屬疏誤。據《蒙韃備錄》〈任相〉：

「燕京現有移剌晉卿者，契丹人，登第，為內翰，掌文書。」

按《湛然居士集》卷八〈范彥實琴譜序〉謂：

「任辰仲秋二月，湛然居士、漆水、移剌楚材、晉卿序。」

復按《元朝文類》〈中書令耶律公神道碑銘〉謂：

「公諱楚材、字晉卿，姓耶律氏，遼東丹王突欲之八世孫……。金制：宰相子得試補省掾。公不就，章宗特賜就試，則中甲科……。京城不守，遂歸國朝。太祖……嘗訪遼宗室近族，至是徵詣行在……。」

又《元祕史》李文田注亦謂：

「金劉祁歸潛志，凡姓耶律，皆書作移剌。」

是移剌晉卿與耶律楚材，無論族屬、功名、姓氏、字號，無不相同，故爲一人。

七、元史王惲傳，「五年再上章」請老，語意不明

據《元史》本傳：

「二年（按：大德），賜鈔萬貫，乞致事，不許。五年，再上章求退。遂授其子公孺，衛州推官，以便養。」

按此所謂「五年」，就文意而論，當爲大德五年。然據《秋澗集》〈故翰林學士秋澗王公哀輓詩序〉：

「內翰王公謝事之明年，終命於家，春秋七十八，實大德甲辰（按：八年）六月辛丑也。」

王惲秋澗既於大德八年卒，是「謝事之明年。」，即七年，再上章請退。故《元史》所謂之「五年」，意爲二年上表請老後，又歷五年，即七年，復上章請退，廷議推恩照准，官其子以便養。故而，此「五年」，語意不明，當予修正。

八、元史至元五年，監察御史人數有誤

據《元史》〈官志・御史台〉：

「至元五年，始置御史十一員，悉以漢人為之。」

然據《秋澗集》〈烏台筆補〉：

「至元改元之五年，憲台肇建……。監察御史，純用漢人，其裏行十有二人。」

復據《元朝文類》〈御史台記〉與《輟耕錄》〈置台憲〉：

「御史台，至元年五年置……。監察御史十二人，後增十六人，皆漢人。」

故至元五年，御史台監察御史人數，《元史》、《新元史》所載皆誤。兼以，不唯〈御史台記〉

為元人所記，且〈烏台筆補〉作者王惲，於至元五年，首膺監察御史之選，所記必然無誤也。

九、元朝名臣事略所記亡宋謝太后，入上都時間有誤

據《元朝名臣事略》〈丞相淮安忠武王〉：

「十三年（按：世祖至元）……四月，獻宋主趙㬎、謝后、全后於上都。」

然據《元史》〈世祖本紀〉：

「十三年……三月……詣宋主宮，趣宋主㬎同太后（按：全氏）入覲……，唯太皇太后謝氏以疾留。」

故亡宋趙㬎與全后北上，謝氏未嘗攜行。復據《秋澗集》〈吳娃行〉：

「至元十三年丙子歲，冬十月二十八日，亡宋皇太后謝氏，次衛州唐津渡……，有是作。」

故《元朝名臣事略》謂亡宋謝后，四月入覲上都，實誤。夫猶有進者，《元朝名臣事略》，故為元人蘇天爵所著，似可徵信其說。然《秋澗集》作者王惲，時家居在衛，親歷其事，兼以又非孤證，則尤為可信。

十、木華黎專征蒙古十部軍，可考者七部

據《元史》本傳：

「丁丑（按：太祖十二年）詔封太師國王都行省，承制行事……，分弘吉剌、亦乞烈思、兀魯兀特、忙兀等十軍……，以圖中原。」

按《元史譯文證補》〈太祖本紀〉，載其六軍：

「率汪古特萬人、兀魯特四千人。亦乞剌思人二千，孛徒古兒干統之。忙兀特人一千，木勒格哈兒統之。翁吉剌特人三千，阿勒赤諾顏統之。札剌亦兒二千人，木訶里（按：木華黎）之弟帶孫統之。」

《元史》〈忒木台傳〉，又見一軍：

「木華黎卒，命忒木台以行省，領兀魯特、怯烈、弘吉剌、札剌兒五部之眾。」

故木華黎經略中原，所統十部軍，僅汪古特、兀魯特（即兀魯兀特）、亦乞烈思、忙兀特（即忙兀，奪特音）、弘吉剌（即翁吉剌特）、札剌兒（即札剌亦兒）、怯烈，七部可考。

十一、至元五年，御史十二人，可考者僅六人

據前述，至元五年，立御史台，置監察御史十二人。唯可考者，僅六人而已。計王惲，

據《元史》本傳：「字仲謀，衛州汲縣人……。至元五年，建御史台，首拜監察御史。」

梁貞，

據《新元史》本傳：「字幹臣，彰德人……。至元初，始立御史台，世祖御廣寒宮，召拜監察御史。」

康天英，

據《烏台筆補》〈荐前御史康天英狀〉：「憲台初立，首以材望，擢監察御史。」

李天祐，

據《秋澗集》〈中堂記事〉：「字輔之，安次人，同年御史，今戶部尚書。」

孫亮，

據《秋澗集》〈大元故正議大夫浙西道宣慰使行工部尚書孫公神道碑銘〉：「公諱亮，字繼明，世家渾源橫山里……。五年，憲台肇造，特拜監察御史。」

另疑楊清卿，亦於是時詔除御史。

據《烏台筆補》〈薦濟南士人楊從周事狀〉：「今體訪得濟南士人，前監察御史楊清卿孫楊文郁……，明經行修……，倘蒙省錄，必有可稱。」（按：《烏台筆補》，爲王惲任職監察御史時期之作品，亦雜有外放提刑按察副使或正使之作。此狀雖未繫年月，然不成於任職監察御史之時，即成於任職山東東西道提刑按察副使之時。如成於任職御史之時，則楊清卿必爲至元五年十二御史之一。）

十二、元太祖幼年，為金虜為奴婢，未知此說趙珙所本為何

據《蒙韃備錄》〈韃主始起〉謂：

「成吉思少被金人虜為奴婢者十餘年，方逃歸。所以，盡知金國事宜。」

證諸有關蒙史，對太祖早年事迹，史述甚略。

《元史譯文證補》〈太祖本紀〉：「帝自幼年，至四十一歲，疊遭危難，國史敘述甚略……。故早年事跡，不能甚詳。」

以及金大定間，每三歲，輒北剿蒙古以滅丁，虜韃人甚眾。

《蒙韃備錄》〈征伐〉：「金虜大定間……，下令極於窮荒，出兵剿之。每三歲，遣兵向北剿殺，謂之滅丁。迄今中原盡能記之曰：二十年前，山東河北，誰家不買韃人為小奴婢，皆諸軍掠來者。今韃人大臣，當時多有虜掠往於金國者。」

故元太祖被俘爲奴，似屬可能。唯所及諸書，又律無是說。未知趙珙所本爲何？錄此以爲存疑。

十三、初從許衡學之蒙人十一子弟，字號皆可考，唯生平可詳者僅三人

至元七年，世祖嘗選蒙人弟子十一人，從許衡王恂學。

《元史》〈選舉志〉：「七年，命侍臣子弟十一人學，以長者四人從許衡，七人從王恂。」

及恂從太子撫軍北邊，始悉歸許衡。

《元朝名臣事略》〈太史王文肅公〉：「公名恂……，世祖擇勳戚子弟學於公，及從裕宗（按：太子眞金之廟號）撫軍稱海，始以諸生，屬許文正公。」

此十一人，後悉成名臣，且字號皆可考。

《烏台筆補》〈議復立國學〉：「竊見至元七年，朝廷立國子學，命許衡為祭酒，選朝右貴臣子弟，令教授之。不滿五年，其諸生俱能通經達禮，彬彬然為文學之士。及其入仕，皆明敏通疏，果於從政。如子諒侍儀之正大，子金中丞之剛直，康提刑之仕優進學，親臣之經明行修，堅童、君永之識事機，子享待制之善書，學企、中客、省之、貞幹，揚歷台省，蔚為

國用。」

然生平可詳者，僅不忽木、堅童、禿忽魯三人而已。

《元史》〈不忽木傳〉：「一名時用，字用臣，世為康里部大人……。師事太子贊善王恂，恂從北征，乃受學於國子祭酒許衡……。十三年，與同舍生堅童、太答禿魯等上疏……。十九年陞提刑按察使……。」故前述康提刑即此人。

《元史》〈闊闊傳〉：「蔑里吉氏……，子堅童，字永叔……，奉命入國子學，從許衡學。」

《元史》〈禿忽魯傳〉：「字親臣……，自幼入侍世祖，命與也先鐵木兒、不忽木，從許衡學。」

至也先鐵木兒、太答禿魯，爲上述何人之姓名，以余淺陋待考。（按：七十三年，曾閱元人傳記索引，亦無此八人之資料，可能已無法查考。）

十四、世祖徵聘許衡之次數，史載有誤，可考僅六次

據《圭齋集》〈大元敕賜故中書左丞集賢大學士國子祭酒贈正學垂憲佐運功臣太傅開府儀同三司追封魏國公謚文正許先生神道碑〉：

「覃懷之居，軌車十來。」

故文正一生，十被徵聘。復據《元朝文類》許衡〈上時務書〉：

「自甲寅（按：憲宗元年）至今，十有三年（按：中統三年），凡八被徵召。」

故十被徵召，八次在世祖至元以前，兩次在至元之世。然據《元朝名臣事略》〈左丞許文正公〉：

「甲寅，京兆宣撫使廉公，奉潛藩命來征……。中統元年，應召北上……。三年九月，應召北上……。至元……二年十月，應召北上。四年……十一月，應召北上……。十三年七月，應召北上……。」

可考者六次。且至元以前，徵召三次，至元以後，徵召三次。據前述，至元以前，「凡八被徵召。」，連至元以後之三次，則徵命之來，爲十一次。故謂「軺車十來。」，必有疏誤。

十五、元多乖㈣、邪惡建議

太宗之世，別迭等嘗請盡去漢人，空地以爲牧場。

《元朝文類》〈中書令耶律公神道碑〉：「中使別迭等僉言：雖得漢人，亦無所用，不若盡去之，使草木暢茂，以為牧也。」

世祖至元二十三年，雖國學創立有年，據程文海稱，蒙人乃視詩書爲無用。

《元史》〈選舉志〉：「二十三年，集賢學士程文海言：臣聞國於天地，必需才為用，而人才之盛……，全在國家教育之勤……。而主論者……，謂詩書為無用。」

乃惠宗繼立，雖淹有中原百年，然伯顏竟奏請，盡誅張王李趙劉五姓漢人。

《元史》〈伯顏傳〉：「惠宗即位，拜中書右丞相……。三年，奏請殺張王劉李趙五姓漢人，帝不從。」

江淮平章徹里帖木兒，亦因驛請考官，供應甚張，心不能平，奏請停罷科舉。

《元史紀事本末》〈科舉學校之制〉：「至元（按：後至元）元年，詔罷科舉。初徹里帖木兒，為江淮平章，會科舉，驛請考官，供應甚盛，心不能平。及復入中書省，首議罷科舉，及論學校莊田租，可給宿衛衣糧。」

故蒙元南下牧馬，雖君臨全夏，然因不解中原文化，遂致乖粃之論與措施，爲數甚眾（請參閱《中國內政》拙作〈說元代吏治〉，《中華青年》〈詩歌中之晚元國情〉諸文）。

十六、《新元史》〈周惠傳〉出于《秋澗集》

《元史》無〈周惠傳〉，柯氏著《新元史》，本《秋澗集》〈淇州創建故江淮都轉運使周府君祠堂碑銘〉，〈碑陰先友記〉，〈中堂記事〉，以成其傳。蓋王惲秋澗嘗館于其家，故有關文字，多出其手筆。

《秋澗集》〈西溪畫像小序〉：「予既冠，受館漕使周候。」唯女適董文用，王氏文不載，故柯氏撰屬其傳，或因稍失疏漏，未嘗博採，致其事未錄。

《道園學古錄》〈翰林承旨董文用行狀〉：「公諱文用……，先娶王氏……，先卒。再娶周氏，江淮都運使之次。」

（原載一九六七年十二月《大陸雜誌》三十五卷十一期）

參考書目

1 東漢、班固：《漢書》 一百卷 中華 四部備要本
2 宋、范曄：《後漢書》 一百三十卷 中華 四部備要本
3 唐、杜佑：《通典》 二百卷 商務 萬有文庫第二集本
4 唐、魏徵：《隋書》 八十五卷 中華 四部備要本
5 宋、歐陽脩：《新唐書》 二百二十五卷 中華 四部備要本
6 宋、彭大雅：《黑韃事略》 一卷 正中書局 蒙古史料四種本
7 宋、孟珙：《蒙韃備錄》 一卷 正中 蒙古史料四種本
8 宋、祝穆：《方輿勝覽》 七十卷 〈目錄〉一卷 〈引用文集目錄〉一卷 商務 四庫全書本
9 宋、龐元英：《文昌雜錄》 七卷 商務 叢書集成初編本
10 宋、司馬光：《資治通鑑》 二九四卷 中華 四部備要本

11金、王若虛：《滹南遺老集》 四十五卷 〈續編詩〉一卷 商務 四部叢刊初編本
12金、趙秉文：《滏水文集》 二十卷 〈目錄〉一卷 商務 四部叢刊初編本
13金、元好問：《遺山先生全集》 四十卷 〈附錄〉一卷 商務 萬有文庫本
14元、周伯琦：《扈從集》 一卷 商務 四部叢刊初編本
15元、佚名：《元朝秘史》 一冊 商務 人人文庫本
16元、耶律楚材：《湛然居士集》 十四卷 商務 四部叢刊續編線裝本
17元、姚燧：《牧菴集》 三十六卷 附〈年譜〉一卷 商務 四部叢刊初編本
18元、王惲：《秋澗先生大全集》 一百卷 〈附錄〉一卷 商務 四部叢刊續編線裝本
19元、柳貫：《柳待制集》 二十卷 〈目錄〉一卷 〈附錄〉一卷 商務 四部叢刊初編本
20元、楊允孚：《灤京雜詠》 一卷 商務 叢書集成初編本
21元、張昱：《可閒老人集》 四卷 商務 四庫全書珍本初集本
22元、袁桷：《清容居士集》 五十卷 商務 叢書集成初編本
23元、蘇天爵：《元朝文類》 七十卷 〈目錄〉三卷 商務 萬有文庫本
24元、佚名：《大元聖政國朝典章》 六十卷 附〈新集〉 文海出版社 景印光緒本
25元、劉因：《靜修先生文集》 二十二卷 商務 四部叢刊初編本
26元、虞集：《道園學古錄》 五十卷 商務 四部叢刊初編本

27 元、佚名：《聖武親征錄》　一卷　正中　蒙古史料四種本
28 元、程鉅夫：《程雪樓先生集》　三十卷　國立中央圖書館　元代珍本文集彙刊本
29 元、李志常：《長春眞人西遊記》　二卷　正中　蒙古史料四種本
30 元、劉秉忠：《劉太傅藏春集》　六卷　商務　四庫全書珍本六集本
31 元、魏初：《青崖集》　五卷　商務　四部叢刊初編本
32 元、黃溍：《金華黃先生文集》　四十三卷　附〈札記〉　商務　四部叢刊初編本
33 元、馬祖常：《石田集》　十五卷　商務　四庫全書珍本六集本
34 元、張憲：《玉笥集》　十卷　藝文印書館　百部叢書集成本
35 元、迺賢：《金台集》　二卷　商務　四庫全書本
36 元、郝經：《陵川集》　三十九卷　〈附卷〉一卷　商務　四庫全書珍本四集本
37 元、托托：《宋史》　四百九十六卷　中華　四部備要本
38 元、托托：《金史》　一百三十五卷　中華　四部備要本
39 元、托托：《遼史》　一百一十六卷　中華　四部備要本
40 元、楊瑀：《山居新話》　四卷　商務　四庫全書本
41 芃元、葉子奇：《草木子》　四卷　廣文　清光緒本
42 元、胡助：《純白齋類稿》　三十卷　商務　叢書集成初編本

43元、王沂：《伊賓集》　三十四卷　商務　四部叢刊初編本
44元、周伯琦：《近光集》　三卷　商務　四庫全書珍本二集本
45元、吳澄：《吳文正集》　八十九卷　〈附錄〉一卷　商務　叢書集成初編本
46元、鄭元佑：《遂昌雜錄》　一卷　商務　叢書集成初編本
47元、許衡：《許魯齋集》　十四卷　商務　叢書集成初編本
48元、劉敏中：《平宋錄》　三卷　商務　叢書集成初編本
49元、李庭：《寓菴集》　八卷　商務　叢書集成續編本
50元、楊翮：《佩玉齋類稿》　十卷　商務　叢書集成初編本
51元、蘇天爵：《元朝名臣事略》　十五卷　商務　叢書集成初編本
52元、馬端臨：《文獻通考》　三百四十八卷　商務　萬有文庫第二集本
53元、揭傒斯：《文安集》　十四卷　商務　四部叢刊初編線裝本
54元、吳師道：《吳正傳文集》　二十卷　〈附錄〉一卷　國立中央圖書館　元人珍本文集彙刊本
55元、蘇天爵：《滋溪文稿》　三十卷　國立中央圖書館　元人珍本文集彙刊本
56元、歐陽玄：《圭齋集》　十五卷　〈附錄〉一卷　商務　四部叢刊初編本
57元、趙孟頫：《松雪齋文集》　十卷　〈外集〉一卷　商務　四部叢刊初編本
58元、劉因：《靜修先生文集》　二十二卷　商務　叢書集成初編本（與四部叢刊本，不相同。）

59元、朱思本：《廣輿圖》　六冊　學海本
60元、方回：《桐江集》　四卷〈補遺〉一卷　國立中央圖書館　元代珍本文集彙刊本
61元、方回：《桐江續集》　三十六卷　商務　四庫珍本初集本
62元、胡祇遹：《紫山大全集》　二十六卷　商務　四庫珍本初集本
63元、張之翰：《西巖集》　二十卷　商務　四庫珍本初集本
64明、宋濂：《元史》　二百一十卷　開明　二十五史本
65明、危素：《海運志》　一卷　商務　叢書集成初編本
66明、佚名：《海道經》　一卷　商務　叢書集成初編本
67明、顧炎武：《天下郡國利病書》　三十四卷　四部叢刊初編本
68明、于愼行：《穀山筆塵》　十八卷　學海出版社本
69明、王在晉：《通漕類編》　九卷　學生書店
70明、陶安：《陶學士集》　二十卷　商務　四庫全書本
71明、李賢：《大明一統志》　九十卷　文海本
72明、顧祖禹：《讀史方輿紀要》　一百三十卷　附〈歷代州域形勢〉九卷　商務　萬有文庫本
73明、邱濬：《大學衍義補》　一百六十卷　商務　叢書集成三編本
74明、黃宗羲：《宋元學案》　一百卷　商務　萬有文庫本

75 明、宋濂：《宋文憲公全集》 五十三卷 中華 四部備要本
76 明、陶宗儀：《輟耕錄》 三十卷 商務 叢書集成初編本
77 明、陳邦瞻：《元史紀事本末》 三十七卷 商務 萬有文庫本
78 清、孫葆田：《山東通志》 二百卷 商務本
79 清、嵇璜：《續通典》 一百五十卷 商務 萬有文庫第二集本
80 清、李鴻章：《畿輔通志》 三百卷 商務本
81 清、嵇璜：《續通典》 六百四十卷 商務 萬有文庫二集本
82 清、李文田注：《元朝秘史》 十五卷 商務 叢書集成初編本
83 清、齊召南：《水道提綱》 二十八卷 文海 中國水利要集叢編第一集本
84 清、魏源：《元史新編》 九十五卷 慎微堂刊本
85 清、洪鈞：《元史譯文證補》 三十卷 商務 叢書集成初編本
86 清、嵇璜：《續文獻通考》 二百五十卷 商務 萬有文庫第二集本
87 清、聖祖敕撰：《淵鑑類函》 四百五十卷 新興本
88 清、畢沅：《續資治通鑑》 二百二十卷 啓明書局本
89 清、陳衍：《元詩紀事》 四十五卷 商務 萬有文庫本
90 清、趙翼：《二十一史札記》 三十六卷 〈補逸〉一卷 世界本

91 清、佚名：《蒙古世系譜》 五卷 二十八年排印博西齋舊抄本
92 清、沈增植箋註：《敕譯蒙古源流》 八卷 文海 中國邊疆叢書本
93 清、穆彰阿：《嘉慶重修大清一統志》 五百六十卷 商務 四部叢刊本
94 清、蔣天錫：《古今圖書集成》 一萬卷 鼎文書局本
95 清、張穆：《蒙古游牧記》 十六卷 商務 人人文庫本
96 清、金志節：《口北三廳志》 十七卷 成文 中國方志叢書本
97 清、劉統勳：《西域圖志》 五十二卷 商務 四庫全書本
98 清、孟思誼：《赤城縣志》 九卷 成文 中國方志叢書本
99 清、西清：《黑龍江外紀》 八卷 成文 中國方志叢書本
100 清、錢擇良：《出塞紀略》 一冊 廣文 史料叢編本
101 清、張廷玉：《明史》 三百六十六卷 中華 四部備要本
102 清、張登高：《易志》 十八卷 學生書店本
103 清、祈韻士：《萬里行程記》 一卷 商務 叢書集成初編本
104 清、程大昌：《北邊備要》 一卷 商務 叢書集成初編本
105 清、鄭大進：《正定府志》 五十卷 學生書店本
106 清、俞廷獻：《容城縣志》 六卷 成文書局本

107 馮承鈞編：《元代白話碑》 一冊 商務本
108 王國維：《觀堂集林》 二十卷 藝文印書館本
109 柯劭忞：《新元史》 二百五十七卷 開明書店 廿五史本
110 屠寄：《蒙兀兒史記》 一百六十卷 世界本
111 姚從吾：《姚從吾先生全集》 七冊 正中本
112 馮承鈞：《成吉思汗傳》 一冊 商務 人人文庫本
113 高魯：《星象統箋》 一冊 中央研究刊本
114 王德毅：《元人傳記資料索引》 五冊 新文豐出版公司本
115 馮承鈞譯：《多桑蒙古史》 兩冊 商務本
116 馮承鈞譯：《蒙古史略》 一冊 商務 人人文庫本
117 張星烺：《馬可孛羅遊記》 一冊 商務 人人文庫本
118 馮承鈞譯：《馬可波羅行紀》 兩冊 商務本
119 札奇斯欽譯：《蒙古與俄羅斯》 上下冊 中央文物供應社 現代國民知識叢書本
120 海思、穆思：世界通史上下冊 東亞書社 沈剛伯校本
121 王國維：《韃靼考》 一卷 正中 蒙古史料四種本
122 宋哲元：《察哈爾通志》 二十八卷 文海 中國邊疆叢書本

123 陳繼淹：《張北縣志》　九卷　成文　中國方志叢書本
124 丁文江等申報六十週年紀念《中華民國新地圖》　一冊　申報館本

新萬有文章

元史研究論集

作者◆袁冀
發行人◆王學哲
總編輯◆方鵬程
責任編輯◆李俊男
美術設計◆吳郁婷
校對◆楊福臨

出版發行：臺灣商務印書館股份有限公司
台北市重慶南路一段三十七號
電話：(02)2371-3712
讀者服務專線：0800056196
郵撥：0000165-1
網路書店：www.cptw.com.tw
E-mail：cptw@cptw.com.tw
網址：www.cptw.com.tw

局版北市業字第 993 號
初版一刷：1974 年 9 月
初版一刷：2006 年 9 月
定價：新台幣 320 元

ISBN 957-05-2086-8

元史研究論集 ／ 袁冀著. -- 二版. -- 臺北市 :
臺灣商務, 2006 [民 95]
面 ； 公分. -- (新萬有文庫)
參考書目 ； 面

ISBN 978-957-05-2086-6 (平裝)
ISBN 957-05-2086-8 (平裝)

1. 中國 - 歷史 - 元 (1260-1368) - 論文，講詞等

625.708 95013835

讀者回函卡

感謝您對本館的支持，為加強對您的服務，請填妥此卡，免付郵資寄回，可隨時收到本館最新出版訊息，及享受各種優惠。

姓名：________________________________ 性別：□男 □女

出生日期： _____年_____月_____日

職業：□學生 □公務（含軍警） □家管 □服務 □金融 □製造

□資訊 □大眾傳播 □自由業 □農漁牧 □退休 □其他

學歷：□高中以下（含高中） □大專 □研究所（含以上）

地址：____

____

電話：（H）______________________（O）______________________

E-mail:____

購買書名：____

您從何處得知本書？

□書店 □報紙廣告 □報紙專欄 □雜誌廣告 □DM廣告

□傳單 □親友介紹 □電視廣播 □其他

您對本書的意見？（A/滿意 B/尚可 C/需改進）

內容_______ 編輯 _______ 校對_______ 翻譯 _______

封面設計_______ 價格_______ 其他 ______________________

您的建議：

____

____

____

臺灣商務印書館

台北市重慶南路一段三十七號 電話：（02）23713712轉分機50~57

讀者服務專線：0800056196 傳真：（02）23710274

郵撥：0000165-1號 E-mail：cptw@cptw.com.tw

網路書店：www.cptw.com.tw